一页 folio

始 于 一 页 ， 抵 达 世 界

朴

童庆炳口述自传

童庆炳 口述　罗容海 整理

GUANGXI NORMAL UNIVERSITY PRESS

广西师范大学出版社

·桂林·

图书在版编目(CIP)数据

朴：童庆炳口述自传 / 童庆炳口述；罗容海整理. --
桂林：广西师范大学出版社, 2022.1（2023.3重印）
ISBN 978-7-5598-4400-2

Ⅰ.①朴… Ⅱ.①童… ②罗… Ⅲ.①童庆炳－自传
Ⅳ.①K825.6

中国版本图书馆CIP数据核字(2021)第219505号

PU TONGQINGBING KOUSHU ZIZHUAN
朴：童庆炳口述自传

作　　者：童庆炳　口述
　　　　　罗容海　整理
责任编辑：王辰旭
特约编辑：任建辉

广西师范大学出版社出版发行

　广西桂林市五里店路9号　邮政编码：541004
　网址：www.bbtpress.com

出 版 人：黄轩庄
全国新华书店经销
发行热线：010-64284815
北京中科印刷有限公司印刷
开本：860mm×1092mm　1/32
印张：13.5　字数：269千字
2022年1月第1版　2023年3月第2次印刷
定价：69.00元

如发现印装质量问题，影响阅读，请与出版社发行部门联系调换。

代序

黄牛一样地耕耘着

王蒙

　　童庆炳先生去世的噩耗突然传来，我的第一个反应是：他是在学生当中去世的吧？我听他在公众场合讲过，他的愿景是，某一天，在课堂上，他倒下了，他走了。这是大美，这是大善，这是他的期待。他热爱教学工作，他爱学生，爱讲堂，爱教室。

　　他永远老老实实，尊重文学，尊重教育，尊重同行，尊重学子。他没有文人惯有的那种夸张与自恋。他从来没有过自吹自擂、张牙舞爪、"轻薄为文哂未休"的表现。他从来不搞什么酷评，什么骂倒一切，什么自我作古，什么爆破恐吓，什么装腔作势，什么迎合与投其所好。

　　但是老童亦有"牛"态：他曾经表示，所有中文系课程，他都教过，他都能开课。我在中国海洋大学就旁听过他的《文心雕龙》讲解，获益匪浅。我还多次听过童老师的倡议，他希望小学语文课本的第一课改为《论语》上的话："己所不欲，勿施于人。"他说起这个话题，也有一种如今少有的诚笃与认真。我们的交往中，我体会到他的君子风范，诚恳，善意，克己复礼。

包括在家中，他对妻子曾恬的恩爱有加，令人感动。

他走了，不是在课堂上，如同在课堂上，是他与学生们一起去登山。他会有一种满足，与学子们一起，与青年人一起，与攀登的愿望一起。

孔子的伟大离不开他的弟子七十二贤人。童老师学生的阵容令人赞美。而他本人是黄牛一样地耕耘着，坚持着，谦虚着与进展着。他的去世引起了很大的响动，当然不是偶然。

童老师文如其人，写什么都是那样诚挚、清明、深情且正直。他生活内容非常丰富，见多识广，多读多思，他的文字也是涵盖四方八面。在他的文字中，我好像看到了他的朴实的微笑，听到了他的亲切的声音，分享着他的思索与观感。我更加怀念他。

如今童老师去世已经五年，我愿意以这段五年前的文字，再次置于童老师的书前。

2020 年 8 月 20 日

目 录

1955—1958，求学北师大

1958—1963，初为人师

1963—1965，越南行

1966—1976，两次选择

1978—1989，风雨兼程

1990 年代，走出低谷

步入新世纪

杂忆杂谈

附录：追忆

1936—1944，童年

童庆炳一家（后排居左为童庆炳）

1936 年 12 月 27 日，我出生在福建省西部龙岩地区连城县的一个乡，莒溪乡。这个乡挺大，有两千多户人家，现在要建成一个镇了。莒溪乡有条河叫莒溪。这条从深山里流出来的河，环绕莒溪乡一周，就流到汀江去了。汀江是闽西最重要的一条江，所以莒溪也好，汀江也好，都是我的母亲河。

　　这里的山水是非常美的。在我童年的时候，所有这一切都没有遭到破坏，山上的物产比较丰富，比如有土产的毛竹，因此在一些比较偏僻的山区里有手工的造纸厂、小作坊，做的是宣纸。我们那做的宣纸是比较好的。漫山遍野都是竹林，走进幽静的竹林，用手打几下竹身，满山都是回声，就像是音乐。

　　春天到来的时候，布谷声声，漫山遍野的映山红都绽放了，那景色真的叫人难忘。山上古树很多，最多最大的就是樟树，许多樟树已有好几百年树龄。我们小学里面就有一棵大樟树，非常古老。记得有一次我们十二个孩子手拉手环绕这棵樟树都还没围过来，可见非常大。后来这些樟树都遭破坏了，当年知青下乡的时候，许多人把樟树砍了，做成樟木箱子，可以防虫。现在只有几年、十几年树龄的樟树了。

再有就是松树，松树是成片成片的。童年时我最喜欢听的就是松涛。听松涛，我都不用跑到山上。我家门口是一条河，河对面有一点田，田那边就是山，松涛响起时，在家就能听到，那简直就是天籁。

我们那边的山是很美的，水是很甜的。家乡有三种水。第一种最常见，就是河里流淌的水。莒溪的水可以直接饮用，那是从深山里流出来的矿泉水。每天早晨，每家每户都去挑水，大家约定好了早晨去。我们家总是母亲去挑，挑满两缸水。等到太阳出来后，牛啊羊啊，开始在河中嬉戏，水就不能喝了。但第二天早晨，又是清的了。第二种水是温泉水。那时候家里没有浴室，而南方的夏天又很长，热季之中，一到傍晚，我们就去温泉边洗澡。除了冒热气的温泉，我们老家还有一种很少人知道的恒温泉，这种泉一年四季水温是不变的，永远保持在二十一摄氏度。夏天很凉爽，冬天冒热气，妇女们都在泉边洗衣服。不光只是一个池子有泉水，它是活动的，从村子中间冒出来，流出后经过几十个池塘，再流到莒溪里。每当家里要做酒或煮粥，都要来挑这个水。这水里可能有特殊的成分，煮出来的粥特别香甜。所以，我对朋友介绍我的故乡，最后一句总是——山是故乡美，水是故乡甜。

儿时的梦

但是，在这么一个山清水秀的地方，贫穷伴随着我，而且时刻剥夺我学习的权利。现在想想，我能够到北京来读书，留在北师大，成为教授，现在还给我评了个资深教授，愉快地跟朝气蓬勃的学生们一起谈论学问，纯粹是偶然。因为从小我的理想就是每天能让家里人有五斤米下锅。我们家老少三代，七口人，每年到了三四月青黄不接的时候，所有的东西都吃光了。这时候父母就要吵架，因为第二天没有东西下锅，连南瓜和番薯（白薯）也吃光了。

那时我刚上小学，有两个弟弟一个妹妹，还有我的老祖母。我自己饥饿，痛苦，所以更能体会他们忍受的饥饿和痛苦。他们很为难，虽然乡里的亲戚朋友很多，但是一次次去借，这是受不了的，父母已经没有勇气去借了。所以，每次都这样：第二天没有粮食了，父母总要吵一架，吵架结束，家里静得不能再静，连我们小孩都知道，家里面临着走不出的穷苦，最后是我母亲，或者祖母，拿着一个口袋，说"去你姑姑家"，或者"去你舅舅家"。我在家是老大，那时已经懂事了，所以每次都让我去借米。但借米不是件好差事，因为姑姑舅舅家也并不富裕，跟我比较亲近的是二姑。于是我到了二姑家，一句话不说，把米袋子往桌子上一扔，姑姑就知道，说"又没有米啦"，我也不回答。她问"你们怎么回事"，我只能说"我说不清楚，你去问我爸爸"。这样的贫穷，在我的童年记忆里，是很可怕的。由于总是干这样难堪的事，痛苦就像瘟疫，在我心灵深处传染开来，我终日都是无精打采的。所以小时候，我最大的梦想，就是希望每天有五斤米下锅。

挑柴的启示

因为贫穷，我很早就从事体力劳动。什么活我都干，插秧、割稻、除草，我们管这些田里的活叫"作田"，此外是挑水、放牛、挑柴、拔猪草、拔兔草……尤其挑柴这个活，是相当艰苦而又危险的。记忆中，父母交给我最多的，就是挑柴。

夏收之前，一定要把家里的柴挑满，因为夏收时节，就得下地干活了。我写过一篇散文《柴路》，讲的就是砍柴的经过。柴路弯弯，我和小伙伴雪老子（这是他的小名）要到深山里去，找到一片山。砍柴不是砍一次，而是通常要砍三四天，将一座山里那些不太高，看起来不可能成才的树全都砍掉，然后晾在那里，晒上一个月。等晒干了，再砍成一段一段，挑回家。

问题不在于砍柴，而是山路非常狭窄，一边是陡峭的山坡，另一边是万丈悬崖，悬崖下是深不可测的溪水。所以在柴路上，每走一步都要稳稳的，要很小心，不然会掉下去。我们那里很多人都是这样掉下去了。特别是雨天，上面下雨，我们头上却冒汗，全身的衣服都湿透了。等脚踩上了平地，这一天的危险才算结束。

到家里，母亲还要用秤，称一称挑回来的柴有多少斤。我初中的时候停学了一年，那时候给我规定的是每天九十斤，也就是说我十三岁的时候要挑到九十斤。我从三十斤开始挑，每天加几斤，最后定格在九十斤。所以我性格的一部分，是由弯弯的山路塑造的。我知道，山路挑柴是这样，干别的事情也是这样，人的一生更是这样，总是艰苦而又危险，因此要拿出你的坚定、坚持、坚韧，要拿出这种不倦的精神，才可能把柴挑回家。长大以后，我明白的第一原理就是天上不会掉馅饼，想获得成果，就要有那种在山路上挑柴的精神。

挑柴是贫苦童年给我的一大馈赠。农村的孩子和城市的孩子是不一样的，他们吃过苦，吃过苦的孩子再来上学，不用催促，就知道怎样把习学好。后来当教师、当学者，我知道要拿出挑柴的精神加以对待才会有结果。所以，我们小时候虽然贫穷，但那种劳动、奋斗和困苦也给了我许多精神上的启示。

祖母

我从小更多是和祖母在一起的，因为父母要下地干活，祖母长期在家，而我又是长孙，所以祖母很疼爱我，甚至连晚上睡觉都是我和祖母在一张床上。

我祖母是非常有见识的。她是非常善良，非常乐于助人，非常克己的这么一个人。她不识字，小脚，但是懂中草药。她已经年纪大了，也不用干活，每天就去田头田尾看看各处长了什么植物，就像在寻找什么宝贝似的。只要乡里有人病了，吃中药、西药又没有治好，最后就会来求我的祖母。祖母知道宝贝在哪里，因为她知道什么植物长在什么地方，什么药长在什么地方。她找来草药后，用石臼子捣烂，开水冲了，让病人喝下去。很多病人在垂危之际，被挽救回来，都是她的药起了作用。所以，她知道知识的重要性。这是我祖母很难得的地方。

她的善良是出了名的。我家在村头，村里的乡亲去种地，或者种地回来，都要经过我家门口。我家的门是永远不关闭的。

每天早上，我祖母做的第一件事，就是用一个很大的陶罐子，泡一大壶凉茶。我家的结构像祠堂，她就把罐子放在下厅里，那是天井旁边一个不会被雨打到的地方。村里的人，无论是出工还是返工，渴了都会"破门而入"，来喝祖母的茶。祖母的茶，不是我们现在的红茶、绿茶，而是一种草药，很清凉，可以败火的。碰到祖母在的时候，祖母常常招呼他们聊聊天，祖母不在，他们自己喝了水就走了。

农村的妇女有时东家长、西家短，常常闹些矛盾。这些矛盾跟我祖母毫无关系，有的人骂久了，祖母还过去劝几句，说你骂得也够久了，不要想那么多，都是乡亲，磕磕碰碰总难免，互相原谅之类的。她常常做这种工作。

祖母身上最突出的，就是她的善良，她的善良影响了我一辈子。在我印象中，土地改革的时候，她就对某些方式不能理解，比如阶级斗争。她常说，今天我们还是邻居，还是亲戚，怎么能第二天就变成敌人了，要去批评、斗争，还有的就枪毙了呢？像我大姑的一个儿子，当时匆忙被枪毙，现在看来完全是一个冤案错案。当时他们罗姓家族内部有许多斗争，这些斗争各自涉及许多利益，于是他们就把这种利益争夺带到了土地改革的运动中来，要置我这个表哥于死地。前几天还好好的，突然抓起来，过两天就开大会，马上枪毙。我祖母很难过，说他怎么可能是犯人、罪人呢。祖母完全无法接受。

这件事对我影响极深、极大。直到今日，我可以问心无愧地说，我没有在政治斗争和各种运动中整过任何一个人。连"文革"中，我也没有敌人，都是人家批判我，不是我去批判。这都是受我祖母的影响。我常常想，按照祖母的逻辑，她会这么想：今天我们还是同学，怎么第二天就变成敌人，就要来斗争了呢？他或者她可能身上有种种矛盾或缺点，但怎么可能会是敌人，要斗争、批判，甚至送到监狱里或者送去劳改了呢？按那时候流行的出身讲，我出身于"红五类"。可是看到批判别人的事情，我不能理解。

比如"文革"初期，工作队进驻北师大女附中，当时我妻子在那里当语文教师。进女附中后，工作队批判的第一批人是十个年轻的高中学生，才十几岁。我妻子回来跟我讲这件事，我说这不对啊，完全整错了，因为按照毛泽东的说法，这次运动是要整走资本主义的当权派和反动学术权威这两种人，怎么批斗起学生来了。学生再有问题也不至于遭到批斗啊，肯定是错的。妻子义愤填膺地叙说了整个批斗经过。当时我们还住在二龙路二号的一个院子里，这个院子有好几个老师，他们和我妻子的感受是一样的。他们说这肯定是工作队弄错了，于是要写张大字报贴出去，就在我屋里写。那一天写到大半夜，两点多了，还写不出来，我说："哎呀，你们可真笨，这样一个大字报都写不出来，你把《红旗》杂志的社论抄上几句不就行了吗？"他们让我别在那说风凉话，赶紧起来写。于是我拿起笔对着《红旗》杂志，写了半张大字报。贴出去第二天，我妻子在女附中就被打成反革命，我在北师大也被打成了反革命。

在亲人中，祖母对我的影响最大。有一次，我和我的一批硕士生，到江西庐山游玩。走到一条偏僻的路上，遇到一个算命先生，他要给我算命，说是在那等我很长时间了。我问怎么算，他说不问任何东西，只要告诉他我出生的年月日，就知道我姓什么以及我过去的最起码五件大事，还能预测我未来的走向，等等。学生们怂恿我算一个，我就算了一回命。很奇怪，算命先生在讲到我过去的时候，讲得大致不差，甚至算出我身上哪哪有痦子，有些是平时我自己都没注意到的。其中讲五件大事的时候，就有说到我祖母。我想祖母之于我，当得起最重要的几件大事之一。

我大概三四岁时，有一次得了大病，现在回想起来，可能是肺炎。当时发高烧，老是不退，咳嗽不止，眼看就不行了。祖母在我的床边一直求，求祖宗、上天、各种菩萨，"求求你，我老了，你们让我去，千万不要让我孙子去！"呼天抢地，这是我幼年最深刻的记忆之一。所以，从小我就知道，祖母对我的那种爱和亲，我是永生难忘的。后来我每次回家，第一件要做的事情，就是去给祖母扫墓。

我从来不埋怨我的童年生活。相反，正是那贫寒艰辛如借米的经历，那弯弯柴路上的风雨，还有祖母、母亲舐犊般的爱——这三者如同鼎之三足，托起了人生的宝鼎，这是我获得的童年的珍贵馈赠。

母亲

客家的一个传统就是妇女特别勤劳。一些描述南方客家风俗的作品，往往把男人写成懒汉，他们成天待在家里看孩子什么的，妇女则下地干活儿，十分辛劳，似乎"内外颠倒"了。这种描写完全是漫画化的，实际情形并非如此。我的家乡在福建西部一个不算小的村庄里。小时候我们头上戴的斗笠每每写着"雁门童氏"四个字，我当时不解其意。长大后读了家谱，才知道我们三十四代以前的老祖宗是从山西雁门迁移来的，是"客家"，为了不忘老本，父亲总是在一些器物上写上"雁门童氏"。客家人无论男女都很勤劳。男人同样下地干活儿，而且一些关键、技术的活儿，如赶牛犁地、莳田、插秧、脱粒等，还是以男子为主。只是那种"男耕女织"的传统分工不甚明显。当然客家妇女什么都能干，确是里里外外一把好手。

不过在我们家情形有些特殊。我父亲身为农民却不安心务农。他读过两年私塾，识字，写得一笔好字，过年时村子里各家门前贴的对联，有不少出自他的手；他还会用毛笔画竹子和蝴蝶，虽然所画的"范式"就那几种，倒也栩栩如生。于是有一些亲朋好友来求他的字或画，可能就因为这点"优越感"，他觉得只是种地太没出息，便尝试着做点生意。记忆中，他贩卖过布匹和木柴，还从政府那里贷款，进深山建造纸厂，用手工生产毛边纸，可能还折腾过别的什么，不过结果都一样：失败。这样一来，家庭的担子完全落在两个女人加"半个"男人身上，两个女人是祖母和母亲，"半个"男人就是半大不小的我。

从我懂事起，祖母已经年迈，又是小脚，只能在家里缝缝补补、洗洗涮涮。田地里的活儿差不多都要靠正当壮年的母亲。母亲一天的生活是很紧张的。在我们家，天还没大亮，母亲就起来挑水做饭。我们起床后舀水洗脸，发现两个硕大的水缸已盛满清凉透亮的水。她总是把一天的米饭都蒸在一个大的饭桶里，饭桶的盖一揭开，冲出一股白气，白气慢慢散去，露出上面蒸的豆酱、酸菜什么的，下面才是带着清香扑鼻而来的白米饭或红米饭。全家数口一天三餐的饭食都在里面了。

在田地里干活时，母亲永远用一个背带背着还要吃奶的弟弟或妹妹，一边耘田，拔草，一边哼着歌，哄背上的孩子。有时候也把年少的我带到田地里去，听她的调遣，或拔兔草，或放水，或在田头哄弟弟妹妹。我最愿意跟她到菜地去。因为菜地通常间种黄瓜和甘蔗，母亲会摘一条黄瓜给我，用她粗糙的手擦一擦，说，吃去吧！或者折一根还不太熟的甘蔗给我，说，咬去吧！这可是我童年时期的一种特殊"享受"，也是母亲赐给我不多的爱中令我感到甘甜的部分，至今回忆起来，仍有一种不可言传的甜蜜感涌上心头，能让我幸福地发半天愣。

母亲在我们家乡绝对是一位口头"文学家"，虽然不识字，但总是能把各种乡间琐闻通过她那抑扬顿挫的嗓音和巧妙的叙述变成有趣的笑谈。无论是在田间还是在路上，她的伙伴总是喜欢拉着她听她讲点什么。这样一来，就总是耽误一些田间的劳作，往往天快黑了，家家屋顶上都冒出了袅袅炊烟，她还得在田里赶活儿。这时候祖母就会站在大门口的台阶上向着小溪对面的田野拉长声高喊起来："新人！转来吧！新人！转来吧！"这喊声总要重复多遍。"新人"是祖母对母亲的称呼。因为我们家乡的"新娘"叫"新人"，母亲过门后祖母第一次如此叫她，从此也就不再改了，那原因一方面是她们婆媳关系好，一方面是我母亲从来没有过正式的名字，在户口本上她的名字叫"沈老妹"（"老妹"是兄弟姐妹中最后一位"妹妹"的意思，只有几个舅舅以"老妹"称呼她）。"转来"是我们家乡话，意思是"回来"。祖母的喊声中隐含些微焦急，但更多的是关切、抚慰、担心、爱护！因此那喊声就像那出色的女高音一样亲切、动人而又绵长，甚至刚从田间劳作回来的乡亲，也会驻足仰头微笑着欣赏祖母的喊叫，并开玩笑说："好听！好听，像唱歌一样。"更调皮的一些后生，会模仿祖母的喊声也帮着喊起来："新人！转来！新人！转来！哈哈哈哈！"这时候，村前村后就会此起彼伏地响起这喊声，像多声部合唱。这可以说是我们家门口天天有的"一道风景线"，那韵味不是人人都能体会的。

家里穷，婆媳俩就把我们家宽阔的祠堂变成临时客店，逢集时搭几个铺位，让四乡那些来不及赶回家的客人暂住一晚，收一些住宿费。更经常的是婆媳俩做米面包子，让我在中午放学回家时端到集市上去卖。她们知道我不好意思干这个活儿，就想出一些办法给我做"思想工作"："咱也不是偷，不是抢，靠的是劳动，有什么不好意思的？"要不就是这样劝告："你父亲不像一个男人，不理家，你可不能跟他学，你还小，当不了一个男人，也得当半个吧！"当然，我乖乖地当了"半个男人"。后来我外出读书，对她们俩来说，可是一个重大的"打击"，你想想连支撑家庭的"半个男人"也跑了。

母亲怎么也没有想到十九岁的我，要离开家乡到北京读书。事先完全没有准备。一切都来得太突然。北京不但在她的想象中，在我的想象中也简直就像天边一样遥远。

1955年，福建还不通火车。从我的家乡连城县出发，要坐五天的长途汽车，才能到达有火车的江西省的鹰潭。山高路险，行程艰难。"宁化、清流、归化，路隘林深苔滑"，毛泽东这句诗所描写的，正是我上北京必经之途。那时候，我们那里的人上一趟北京，比我们现在去一趟西欧、北美还要遥远得多。记得我在龙岩读中等师范时，有一位老师长途跋涉去北京开了一次会，就像出了一次国似的，回来后在全校作了一个报告，专门讲在北京的见闻。至今我还记得，他津津有味地讲冬天北京街道两旁的树干，都涂了像人一样高的白灰，远远望去，像站着一排排整齐地穿着白衣的护士。

我上北京读书的消息，经乡亲们的渲染，变得"十分重大"，使我们家的"两个女人"更是手足失措，心绪不宁，不知为我准备什么好，更有一种生离死别之感盘桓在她们心间，折磨她们，可理智上又觉得儿孙"进京"读书是"光宗耀祖"的事情，是不能轻易哭的。离别的痛苦只能忍着。所以我离开家时，祖母始终是平静的，起码表面上是如此。

我上路那天，母亲要送我到离村子十五里的朋口镇去搭汽车。她着意打扮了一番，穿一身新的士林蓝布衫，脸上搽了白粉，嘴唇也好像用红纸染过，脑后的圆圆的头发结上还一左一右插了两朵鲜红的花，让人觉得喜气洋洋。那十五里路如何走过来的，我的记忆已很模糊了。唯有汽车开动前母亲"空前绝后"的哭和止不住的眼泪至今仍历历在目。她拉住我的手，亲切地语无伦次地说着：北京"寒人"（客家话，寒冷冻人），要多着（读 zhuo，穿）衫（衣服）。实在有困难要写信给家里讲，我会给你寄布鞋。我知道你惦记祖母，不要惦记，有我呢。也不要惦记弟弟妹妹，有我呢。读书是好事，要发奋（努力），光宗耀祖。毕业时写信来，让你爸写"捷报"，在祖宗祠堂贴红榜，大学毕业就是"进士"，就是"状元""榜眼""探花"……说着说着，她突然流下了泪，而且那泪像家门口的小溪那样滔滔汩汩，堵不住，擦不完，完全"失控"，后来竟失声痛哭起来，她的哭就如同蓄积已久的感情闸门被起开，非一泻到底不可……后来她不再擦她的眼泪，任其在脸上自然流淌，一边哭着一边嘴里还叨唠什么，但我已经听不清楚了。我觉得自己无能，在这个时候竟说不出一句恰当的、有力量的话来劝慰母亲，只是傻傻地待着，还轻声说："妈，你别哭了！人家看咱们呢！"谢天谢地，汽车终于开动了，她似乎意识到离别终成事实，她举起了手，我从车窗探出头，看见她的泪脸，这时我发现自己的眼睛也湿润了。她不由自主地向前跑了几步，但汽车快了起来，她向后退去，在第一个拐弯处，她的脸在我的视线中变得模糊了，但我仍清楚看见她头上的那两朵红花在晨风中轻轻抖动……

我从小穿的就是母亲做的布鞋。每年一双足够了。南方天气热，我们那里的习惯，早晨一起床，穿的是木屐。早饭后一出门，或干活儿，或赶路，或上学，都是赤脚的。要是上山砍柴则穿草鞋。只有冬天或生病的时候才穿布鞋，而且是光着脚穿。只有地主老爷或乡绅什么的才穿着长长的白袜子加布鞋。可以说我们那时的客家人差不多都是赤着脚念完小学和中学的。母亲每年为我做一双布鞋，在中学读书时绰绰有余，一年是不会穿烂的。

1955年来北京上大学，母亲给我做了两双布鞋，我以为这足够一年穿的了。哪里想到来北京在校门口看到的一幕是：农民穿着袜子和布鞋在地里耕地。我们几个从福建来的学生为此大惊小怪，觉得这在我们家乡是不可思议的事情。我们那里都是水田，一脚下去就没膝深，穿着鞋袜如何下田？当然大学同学们平时进出都一律穿布鞋或胶鞋，个别有钱的穿皮鞋。开始我只是觉得不习惯，觉得穿着鞋脚上绑得慌，不如赤脚自在随便舒服。起初半个月，只好"入乡随俗"，勉强穿布鞋去上课、上街等。过了些日子，我们三个福建来的同学基于共同的感受，就议论着要"革命"，要把北京人的这"坏习惯"改一改。我们约好同一天在校园里当"赤脚仙子"。哦，赤脚走在水泥地上，巴嗒巴嗒，凉凉的，硬硬的，平平的，自由自在，那种舒坦的感觉，简直美极了。虽然我们三人的举动引来了师生们的异样眼光和窃窃私语，但在我们看来这只是城里人的"偏见"罢了，他们看看也就会习惯的，况且《学生守则》并没有规定学校里不许赤脚。就这样我们大概"自由"了半个月。有一次，校党委书记给全校师生作报告，在谈到学校当前不良风气时，突然不点名地批评了最近校园里有少数学生打"赤脚"的问题，党委书记严厉地说，堂堂大学，竟然有学生赤着脚在校园里大摇大摆，像什么样子，太不文明了。我们第一次听说赤脚"不文明"的理论。我们"赤脚"的自由生活方式不堪一击，一下子就被"剥夺"了。

于是母亲做的布鞋成为我生活的必需。似乎母亲是有预见的，要不她为什么要往我的行李里塞两双布鞋呢！可布鞋毕竟是布做的，并不结实。当北京的杨树掉叶子的时候，第一双布鞋穿底了。等到冬天的第一场初雪降落大地让我这个南方人对着漫天飞舞的雪花欢呼雀跃的时候，我发现第二双布鞋也穿底了。我那时每月只有三元人民币的助学金，只够买笔记本、墨水和牙膏什么的，根本没有钱买对当时的我来说是昂贵的鞋。

　　　　　　　　　朴：童庆炳口述自传

我天天想着母亲临别时说的她会给我寄布鞋来，又害怕地想：她不会忘记吧？如果她记得的话，什么时候可以做好呢？什么时候可以寄来呢？从家乡寄出路上要经过多少日子才能到北京呢？路上不会给我弄丢了吧？在等待母亲的布鞋的日子里，我能做的是，将破报纸叠起来，垫到布鞋前后底那两个不断扩大的洞上维持着。可纸比起布的结实来又差了许多，所以每天我都要避开同学，偷偷地往布鞋里垫回报纸。而且每天都在"检讨"自己：某次打篮球是可以赤脚的，某次长跑也是可以赤脚的，为什么自己当时就没有想到布鞋也要节省着穿，弄到今天如此狼狈不堪？这不是自作自受吗？北京的冬天刚刚开始，我就嫌它太漫长了。

我一生有过许多的等待，念大学期间等待母亲的布鞋是最难熬的等待了。在这之前，我从未想过母亲做布鞋的全部复杂的"工艺流程"，可在那些日子里，连做梦都是母亲和祖母在灯下纳鞋底的情景。那时我想起来了，母亲为全家所做的布鞋，除鞋面用的黑布是从商店里买来的，几乎全部材料都由她和祖母用最原始的办法"搜集"的，连纳鞋底的细苎绳的原料，也是自家种的，这在我们村子里，可能是"只此一家"了。

苎，或者叫苎麻，对许多读者来说，可能是很陌生的东西，但对我来说，却倍感亲切。母亲和祖母在自家门口一块很大的青石块上，垫起厚厚的土，在那上面种了苎麻。苎麻是一种多年生的植物，叶子又圆又绿，每片都有巴掌那么大，茎灰白色，仅手指大小，可长得有一人高。每当苎麻成熟要收割的那天，家里就像过节一样，十分热闹。先是摘那些嫩绿的苎叶，将它们碾碎了和米面掺揉在一起，既可以直接做面饼，也可以做有馅的包子皮，所以割苎麻意味着家里要改善一次伙食，那苎叶做的面饼或包子，吃起来有一股特殊的清香，这在别家是享用不到的。所以苎麻叶饼蒸熟以后，母亲就遣我和弟弟妹妹东家送，西家送，让亲朋们也尝个新鲜。将苎麻的皮从苎茎上剥下来，要花不少工夫，这都是母亲和祖母的活儿。而已经剥干净的苎麻秆儿，白白的、圆圆的、松松的、直直的，再加上一些竹签，就成为我和弟弟妹妹手中的玩具了。我们自由地把它截成长短不同的"小木段"，可以搭成小屋，做成鸟笼，做成一切你想象得出来的东西，整整数天我们都沉浸在由苎麻秆儿构成的游戏里。母亲和祖母为处理那些结实无比的苎麻皮，则要辛苦好几天，从泡到刮到晒到捻，最后像变魔术一般变成了可以纳鞋底的细软却坚韧的苎麻绳。至于糊袼褙、描鞋底样、剪鞋面、纳鞋底等，也是琐碎、麻烦、吃力，这些我都在等待母亲的布鞋的漫长过程中——想过无数遍。这个时候，我才深深感到母亲的爱尽在这不言的琐碎、麻烦、吃力中。

春节前几天，我终于收到了母亲寄来的两双新布鞋。在每只布鞋里，母亲都放了一张红色的剪纸，那图案是两只眼睛都朝一面，正伸长脖子啼叫的公鸡。母亲在家乡可以说是一位剪纸艺术家，这肯定是母亲的作品，以"公鸡啼叫"的形象对我寄予某种希望。我从小就穿母亲做的布鞋，但从未如此认真、细心、诗意地欣赏过她做的鞋。我抚摸着那两双又硬又软的新布鞋，觉得每一个针眼里都灌满了母亲的爱意与希望，心里那种暖融融、甜滋滋的感觉至今不忘。在这一瞬间，母亲的面庞、身影又在我眼前生动地重现，我突然感到虽然离开母亲数千里，可我仍在母亲温暖的怀抱里。我想起那天母亲送我时的哭，痛责自己当时说的那句愚蠢的话。是的，世界上有许多你热衷的事情都会转瞬即逝，不过是过眼烟云，唯有母亲的爱是真实而永恒的。

母亲来过北京两次，一次在1963年，一次在1981年。她是属于故乡的，所以每次都没有住到计划住的日子，就催着我给她买回福建的火车票。第二次来北京时，她的背驼了，牙掉了，看见她衰老的样子，我感叹不已。原说好起码要在北京住一年的，但只住一个多月就受不了。她不会说普通话，而她的客家话除了我，家里人都听不懂，她与邻居们就更难有什么交往了。我整天在学校忙，只有晚上回家才能跟她说一会儿话。她是一个爱说爱笑的人，哪里受得了这种孤独和寂寞？况且故乡有八九个孙子、孙女让她牵肠挂肚呢！在家乡时那些孙子、孙女整天簇拥着她，无论是哭是笑，是闹是吵，是悲是喜，是苦是甜，都是有滋有味的生活。归乡之情油然而生。尽管北京的故宫、北海、颐和园令她感到新鲜，北京歌剧院的宏伟使她赞叹，长安街的宽阔让她目眩，但此刻对她最有吸引力的还是故乡。她对我说："我整日这样吃喝，却没有人和我说话，这不是让我坐禁闭吗？"我拗不过她，只得随她的心意办。

返回故乡前，我问她还有什么心愿。她说："别的什么也没有，只想要一个会画画的人照我的样子给画一张像。"她的话一出口，我立刻就理解了。她想到死后她的"位置"问题。照我们故乡的风俗，每年除夕那天，第一件重大的事情是要把历代祖宗的画像挂在厅堂里，上供，烧香，磕头，以示对祖宗的敬意，祈求祖宗的保佑。到祖父祖母这一代，没有足够的位置了，就单独把画像装在镜框里，摆在列祖列宗画像的下面。母亲也想给后代留个纪念，这是常情，岂有拒绝的理由。不过我给她的建议是去照一张相，然后放大。她很愉快就同意了。于是我让爱人带她去照相。

在礼士路那间照相馆，她们遇到的是一个很有经验的照相师。他可以让最紧张的顾客变得从容而放松。几天后，爱人取回了近两尺见方的放大照片。照片好极了，用光很有层次，构图恰到好处，母亲的脸绽开了微微的笑，像那含苞的花，看起来比现实的她年轻多了，而驼背更照不出来。我跟爱人想，母亲定会满意。

母亲戴上眼镜，看着，开始还露出满脸的笑容，突然她收起了笑容，问我们："我怎么是一只耳朵的呢？我的那只耳朵哪里去了？"我被她的话吓了一跳，连忙凑过去看，看完大笑起来，说："妈，这是艺术性的处理，照相师照这张相片时有一个角度，你懂透视的方法吧？喏，你要是从这个角度来看我，我也只有一只耳朵……"母亲说："什么'豆豉''不'豆豉'的，我不懂！反正我要两只耳朵！"我叹着气："是透视，不是'豆豉'，你真会打岔。喏，'透视'是这么回事……"母亲根本不听我的解释，只说："少了一只耳朵，不好！不好！我不要！我的那些孙子，要是问起他们的奶奶为什么少一只耳朵，那不是太丢人了吗？"母亲既然把问题上升到"丢人"的高度，那就必须重照。爱人带她去找照相师，照相师哈哈大笑，爱人解释说我母亲不懂透

　　　　　　　　　　　　　　　朴：童庆炳口述自传

视原理，看不习惯，无论如何要重照一张，钱可以重付。照相师态度极好，根本不要我们的钱就给重照了一张，并对我母亲说："老太太，放心吧，这一回是有两只耳朵的。"这次终于照出了母亲完全满意的标准像。我们给照片配上了一个镜框，她临离开北京时说，这回从北京带回去的东西中，最让她满意的就是这张照片了。

此后，我在讲美学理论过程中，为了说明"艺术接受"是以接受主体的"预成图式"为依据的，说明"所见出于所知"的理论，有时就把母亲照相的故事加进讲课内容中。我的意思是：母亲缺少"透视"这种知识作为她的"预成图式"，所以她不能接受那没有两只耳朵的照片。每当我讲这个故事时，同学也会心地笑起来。但是有一次，当我又要举这个例子时，我突然觉得母亲对那张照片有她的独特的艺术要求也许是对的。她诚然不懂什么"透视原理"，但她有她的艺术感觉。她甚至称得起是一位民间剪纸艺术家，她的那些剪纸创作在我们家乡是出了名的。我想起了上大学期间，她寄布鞋给我时在鞋里放的剪纸：公鸡的侧面，竟然集中了两只眼睛，把本应是长另一面的那只眼睛也调到同一个平面上来了，这里有变形，有立体构图，可以说有属于"现代"的东西。我有什么资格和理由去嘲笑她呢？实际上对于事物的美是不能孤立起来考察的，一个事物美不美取决于它处在何种环境中，与周围环境构成何种关系，同时还要看它是对谁而言，欣赏它的是哪个主体。母亲深知那张照片将来有一天要挂在那些祖宗的画像下面，同时又是供后代子孙景仰的，因此她的艺术无意识要求达到"天平式的均衡"，这样才能产生和谐、端正、庄重、肃穆的美，才能跟列祖列宗的画像融为一体。

1988年夏天，我回家看望父母。刚跨进大门，一只毛茸茸的又肥又壮的凶猛大狗就朝我这个"陌生人"汪汪大叫起来。这是母亲养的狗。据弟妹侄子侄女们的说法，这只狗跟我们家养过的数不清的忠于职守的好狗比较起来，是一只"坏狗"。它"坏"在什么地方呢？老到邻居家偷东西吃，今天叼人家院子里晾着的一块咸肉，明天咬死人家放在草坪上的一只小鸡，告状的人填塞门户，给家里找来无穷的麻烦，惹来数不清的是非。弟弟妹妹多次建议把这只狗"处理"掉，免得再生出麻烦是非来，但母亲就是不同意，说："狗是我养的，有麻烦找我，谁要是敢动它一根毛，我跟谁拼命。"

我在家的那些日子，这只被弟弟妹妹斥之为"坏狗"的狗，对它的保护人母亲的亲热和依恋则十分动人。见主人摇尾舔脚这些且不说，母亲几乎每天晚上带着一群孙子孙女穿过黑黑窄窄又坑坑洼洼的石砌长街，到离家可能有一里多地的电影院去看电影，她的狗总是冲在前面，为她探路，排除可能出现的"险情"。看电影时，狗静静躺在她的脚边，要是在天寒地冻的冬天，还替她暖脚。电影散场，人多拥挤，狗为他们开道，并紧紧护卫着母亲，不让她被人踩着或挤着，母亲顺手拉着它的长尾巴，闭着眼也能平安摸回家。狗对母亲那种尽职尽责的样子，真是令人感动。有一次，母亲用手轻轻地捋着狗的毛，对我们说："全家人谁这样照顾过我？！"我们听了之后，不用说与母亲争论，甚至连笑都不敢笑。

1990 年，父亲病危，我又一次被召回老家。黎明时分到家，我以为还会遇到那只狗，还会听见它那汪汪的叫声，还会看见它那毛茸茸的样子，出人意料的是"这里的黎明静悄悄"，根本没有什么狗。我张嘴就问："那只'坏狗'呢？怎么不出来欢迎我？"弟弟连忙给我使眼色，意思是别问。幸亏母亲的耳聋加重了，又没有戴上耳机，听不清我的话，才没有引起"麻烦"。

这次在家差不多住了一个月。母亲闭口不提那只狗。狗的"下场"是弟弟妹妹在母亲外出时七嘴八舌告诉我的。那只狗因为总去邻居家偷东西吃，为非作歹已非一时，邻居们损失惨重，对母亲钟爱的这只"贼狗"早就恨之入骨，想除掉村子里的一害，只是考虑到母亲的"苛护"而不敢下手。有一天，村子里几个青年人聚在一起，想打牙祭，可又囊中羞涩，有一位胆子大的，建议趁我母亲去邻村走亲戚之机，偷偷地宰了"贼狗"。他们"论证"了半天，认为这既是为民除害之举，必然会得到大多数村民的拥护，同时又解决了打牙祭资金不足的问题，真是一举两得。我的两个弟弟知道后，采取了不支持不阻拦不参加的"三不政策"，这就更壮了那伙儿年轻人的胆子。他们把狗引到一个小屋里，七八条扁担的力量结束了母亲的"爱狗"、人们眼中的"贼狗"的一生。狗肉在我们家乡是上等的肉食，这些青年七手八脚把狗剥了皮后，看着那鲜嫩的肉，欢喜得手舞足蹈起来。

正当他们为自己的"胜利"欢呼时，母亲似乎从天而降，突然出现在那间小屋的门口。结局是可想而知的。母亲的愤怒、哭骂和要跟他们拼命的劲头儿，把他们吓傻了。母亲给这几个青年上的纲是"谋财害命"，她认为，狗和天下的生灵一样，都是"命"。"命"这个客家话的单词要是用普通话来说，就是"生命"，世界上哪里还有一种东西比生命更可贵的呢！在母亲扬言要到县法院控告他们之后，这几个力大无比的小伙子竟屈辱地一齐跪倒在母亲跟前，请求母亲的饶恕。那天家里也乱了套，我那两个在这件事情上实行"三不政策"的弟弟，也遭到母亲空前的叱骂。只有一个去给她报信的侄子，勉强过关，没有遭受批评。母亲甚至还摔了屋里的一些东西，这是从未有过的。

狗死不能复生。按母亲的意愿，狗的"遗体"被抬到家门口的溪濑边的砂石上，挖了一个深过一米多的深坑，在溪水的呜咽声中，母亲的"爱狗"被隆重地"殡葬"在那里。母亲病倒了，但仍然坚持守在狗的墓地旁，晚上她被劝回家休息，由那位通风报信的侄子替她守望。如此三天三夜。

从此母亲不再养作为生灵的狗，直到她去世。

柴路弯弯

读完中学一年级后，我辍学了。不是因为成绩不好，我的成绩一直稳处在班里前三名。我们家实在太穷了。家里缺少劳动力，父母虽然拼死拼活，顾了地里的活儿，就顾不了上山挑柴，灶里就没有烧的。家里实在维持不下去。父亲对我说："孩子，你不是读书的命，就死了读书这条心吧！"尽管我苦苦哀求，还是无济于事。就这样，我走上了漫长、曲折、崎岖，似乎永远也走不完的柴路。

柴路就是挑柴的路。父母给我规定，每天上山挑一担木柴

　　　　　　　　　　　朴：童庆炳口述自传

回家，灶里烧的全归我这个十二三岁的孩子负责。每天清晨，天刚蒙蒙亮，我就同小伙伴雪老子（这是他的小名），拿着柴担子和柴刀出门上山。近山的柴早就被人砍光，我们只得往远山走去。通常要走二十里左右，才能走到我们每天都去的远山脚下。我们吃力地往山上爬，山很陡，有时候往上爬三步，却又滑下四步。每爬一步都得左顾右盼，找好垫脚的草丛或树根。等爬到有木柴的地方时，已是上气不接下气，全身大汗淋漓。我们坐下来歇口气，面对一轮红得让人发烦的太阳。我们细小的胳膊挥动起沉重的柴刀，把那些最坚硬的杂木当敌人，一刀一刀向它们砍去。坚硬的杂木耐烧火旺，所以我们总是找杂木砍。可杂木是好对付的吗？一刀下去，只去了一层皮或只张开一个小口子，我们不得不放弃这一棵，转向另一棵。我的手掌起了泡，流了血，长了茧子。每天我们都要这样砍两三个小时，放倒一批杂木，然后把枝叶砍去，先晾晒在坡上。我们把可能是一个月前晒干的整根木头用柴刀截断，再一根一根往山下溜。随后，人也往下溜。到山脚的路边，把柴放进柴担里，此时太阳已转到头顶上，我们挑起柴往回走。

下山比上山难得多，挑着柴走那又狭窄又曲曲弯弯的山路，是一件极危险的事。山路的一边靠着陡峭的山坡，另一边则是深不可测的山谷，山谷里传上来轰隆轰隆的声音，那里流淌着一条水势很大的溪。溪水冲击着我们脚下的悬崖峭壁。下山的时候，我们必须全神贯注，低着头看清每一块石头、每一个坑洼、每一级台阶，以防不测。要命的是，我们肩上的柴担越来越重，换肩也越来越频繁，不得不一次又一次停下来休息，有时候还挑出一两块木柴藏在路边的草丛里，以减轻肩上的负担。这样，我柴担里的木柴越来越少，心里的负担却越来越重，因为回到家母亲都要用一杆大秤来称。我记得父母给我规定的起步数是三十斤，以后每隔几天得多几斤。要是哪天挑回的柴超过规定数，那么不但可以得到表扬，而且我的午饭还可以多几条小鱼或一个鸡蛋什么的；要是哪天挑回的柴达不到规定的数，或者没有比前几天增加，那么，母亲的脸就会阴沉下来，有时候还要骂我："懒骨头，就会吃！"我委屈得呜呜地哭。这时候，往往是祖母出来为我抱屈，说："他才多大，十二三岁的孩子从老远的山上能挑回四十斤柴，很不易了，你还要怎样？他本来是个读书的料，硬被你们拽回来挑柴，唉！"祖母不说读书还好，一说读书更触动我的心事，我难过得哭个没完没了。有时候，我会用绝食表示对母亲的抗议，直到母亲收回她的话为止。我从小是个好强的人，这种场面多演出一回，心里就多结出一层茧子，因此我总是咬紧牙关多挑一点。几个月后，我已能挑到八十斤左右的柴，而且走在柴路上的步子也轻松了一些。柴路把我练出来了。

柴路是艰苦的，也是愉快的。每当杜鹃花漫山遍野开放时，挑柴人置身在那红花绿叶之间，仿佛置身于仙境，那种欢愉之情难以言喻。还有山上的野果对我们的馈赠，也使人难忘。特别是在远山某个山坳里或山坡上，我和雪老子发现了只有我们俩才知道的杨梅树。每当果子成熟的季节，我们就起个大早，兴致勃勃直奔远山而去。我记得山坳里那树结的是白的果，山坡上那树结的是红的果。当我们来到杨梅树下，见到那把枝条压弯了的满树的杨梅时，我们简直欣喜若狂。不管三七二十一，

　　　　　　　　　　　朴：童庆炳口述自传

拣又大又熟的果子吃个够。然后爬上树去，使劲地摇，果子纷纷落地。我们常常能收获两大袋。除了送亲友，还能卖点钱，这对我们来说是一大节日。还有，山脚下的小溪，不但能给我们提供清凉的饮料，只要时间允许，我们还跳到溪里去捉鱼，游泳，打水仗……我最喜欢的是躺在松林里，听山风吹过，那松涛声由小到大，像近处传来的鼓声，有一种催人的力量，可又使你的心宁静得像一潭无波的清水。

就这样，在长达一年多的时间里，我和小伙伴雪老子日日与柴路为伴，度过了一段辛劳而又幸福的时光。

当然，我是幸运的。一年后，我重新回到县城上中学，然后从县城到州城，从州城到北京。一路走来，我从一个贫农的儿子成为大学生，从一名大学生又成为大学教授，虽然这条路是那么漫长，有那么多沟沟坎坎。

1944—1955，上学记

龙岩师范毕业留念（后排右一为童庆炳）

因为贫穷，我的读书之路非常曲折。

小学给我留下的印象很深。我的小学是在解放前读完的。我们乡小学的质量很好，老师也不错。整个小学阶段，我的学习都非常好。只是老师的教学方法还是体罚式的，天天都有体罚。国文课很重要，老师讲课的办法是，先疏通文意，高声朗诵，然后要求我们背诵课文。老师念一句学生跟着念一句，最后老师再念一遍，完了就让学生们哇啦哇啦大声地读，所以整个学校都是读书的声音。作业也是背诵，头天教过的课文，第二天要对着老师大声地背诵。要是背不出来，会被老师用竹鞭打手掌，然后到教室外跪着背。

一般情况下，我都是背得比较好的。我在学校里读一读，回家又在小油灯下读一读，一般都能背出来。记得四年级的时候，有一次我没背诵下来，结果被罚跪，那天被罚的同学有一长排，从教室外面一直跪到教室里。地板是细细的鹅卵石，很疼，只有几个同学免于被罚。但总的来说，我算是罚跪次数最少的，偶尔有一两次，四年级那次不留情面地被罚就是其中一次。

那时我能够背下的东西很多，不仅有古代的诗文，也有许多现代的篇章。其实，我们讲的客家话与普通话相差较大，背诵几乎是那时候唯一的办法。我们管"上午"叫"昼时"，"下午"叫"昼了"，都是古文词。这些词在普通话里没有，而普通话里的"上午"与"下午"在我们家乡话里也没有，所以我们只能背诵。老师把家乡话和普通话都写在黑板上，每一个词都要背。有的发音相差很远，甚至一些称谓也不一样，比如我们那儿把奶奶叫"妈"（入声），而母亲叫"奶"。

对我而言，学习是非常愉快的。读书时，我不断地得到学校的表扬、奖励。母亲从我小时候开始，就在我们吃饭的饭堂墙壁上，从下往上开始贴我获得的奖状。最终小学毕业后，我的奖状贴成了一面墙。那是我的"博物馆"，只要有生人到我们家，母亲就要想办法把他们引到这面墙壁前，高兴地给客人讲这张或那张，有时候母亲讲错了，站在一旁的祖母就会出来纠正。母亲和祖母都因为我的学习成绩优异而自豪。她们对我的爱是溢于言表的。

然而生活不会一帆风顺。到了1949年，我要到县城考中学时，父亲的意思却是小学毕业后就不读书了，必须在家参加劳动。父亲说："你读了初中有什么用，还是回来种地，家里也困难，因为下面还有两个弟弟一个妹妹，与其去读书，还不如回来帮把手，做个劳动力。"况且，全县报考的有四百人，只录取四十人，机会很小，父亲说你也不一定能考上，还得花钱。

幸运的是母亲和祖母说让我去试试。于是，我和几个小学同学走了六十里地，到县城去考试。到发榜的日子，我们就一起去看榜。看榜的时候，我跟别人的"看法"不一样。那是一个红榜，四十个名字都在上面。我是从最下面往上看，第四十名没有，第三十九名没有，第三十八名也没有。当我看到第三十七名的时候，一个同伴叫道："童庆炳，你在前面呢！你是第三名！"我连忙往上一看，果然，第一名和第三名是我们乡小学的：我们小学有位年纪比较大点的，他考了第一名，我考了第三名。这下子高兴得不得了，我想可以和家里有个交代了，也许父亲会支持我上学。

回到家里，全村的人都说，第一、第三名都被我们村占了，这是从没有过的，庆炳这孩子有出息，是读书的料子。在乡里那么多人的舆论压力下，父亲说不出"反对"两个字，而且还给我做了一套新衣服。这样我就上了初中。

那是1949年，印象中是9月，我们那里还没有解放。要到那一年的11月才解放。

四个银元

穿着父亲给我的新衣服，我高高兴兴地到县城上了初中。一个孩子想读书，想读完初级中学，会有什么困难吗？对于现在的孩子来说，这不是水到渠成的事情吗？但我的初中充满艰涩的人生况味。

在连城一中，学校生活也很艰苦。首先遇到的是吃饭问题。每周六下午四点，约好几个同村的同伴赶回家，第二天是星期天，我们在家里干一天的活。干完活，母亲给我抓米，边抓边说"看好了"，抓十下，一下是五两，一共五市斤大米，这就是一周的口粮。还有一陶罐子辣酱之类的咸菜。到学校之后自己蒸饭，我们用的是蒲包。那是蒲草做成的小袋子，跟书本差不多大，做成一个个口袋，每次我都会往里放上五六把米，一把一两，系上绳子，挂上竹签，竹签上写有自己的名字。然后放到大厨房里，那里有很大很大的蒸笼，可以同时蒸几百个学生的米。米蒸熟之后，蒲包自己会涨起来，有股清香味，比竹筒饭还好吃。咸菜也蒸热了，香味四溢。于是各人去找自己的名字。一天就蒸这么一次，一次管两顿，早晨我们是不吃的。有时把握不好，前两天吃多了，米吃光了，后两天就没有了，只能找要好的借点或者一起蹭着吃点。

除了吃饭很困难，还有一点就是土匪。连城土匪很多，他们盘踞在县城到我们村的路上。这一路上有两处。我们都不敢从那走，但是不走又不行，去城里上学，从城里返回村子，都得路过那里。怎么办？只有等人，等到二三十人，成群结帮地一起走那个山谷。有时会遇到土匪，他们从山上下来，拿着枪，但不真的打人，只是往天空上放两枪，吓唬吓唬，我们就乖乖地停下来了。我们这些过客一个个被绑在树干上，把口袋翻个遍，都没有一个钱，顶多有一点点米而已。但开学的时候，就麻烦了。那时国民党的法币贬值得非常低了，后来发行金圆券，但根本不顶用。于是学校收学费改收银元，四个银元一学期。父母想尽了办法让我带过去，母亲将钱埋在咸菜罐子里，认为土匪对咸菜没有兴趣。结果，土匪已经摸透我们的门道，看到米就倒出来，看到咸菜罐子，就用力把罐子摔在地上打碎，四个银元的学费就这样被抢走了。遭受了这样的困难，家里又要重新发愁这四块银元的学费，真是很不容易。

初一结束时，父亲终于下定决心不让我去上学了。看到家里的困境，我失去了再反抗的动力，于是辍学。辍学干什么呢？在家挑柴。规定从三十斤挑到九十斤。那时我才十三岁，就开始挑柴、耘田、插秧、施肥、除草、割稻子、晒谷子的生活，已经是一个标准的劳动力了。

尽管我心里深深地埋藏着读书的念头，但家里的日子实在过不去了，如果再不帮着干点活，这个家真的有可能解体。我理解家里的困境，同意在家劳动，后来整整劳动了一年。这一年中，我把村里几乎所有的书都一本一本搜罗来读，有的读懂了，有的不懂。我搜罗到的书大部分是古文。印象很深的有《三国演义》，那是半文言写的，看懂了一句，可是后面又有文言，还是看不懂。尽管如此，我硬是看完了，还看了些别的书。一到晚上，就是我的时间，别人都去逛去聊天去玩，我却在屋子里的一盏小小的煤油灯下，开始了读书时光。

这一年的阅读，让我增长了许多知识，历史、文学等方方面面的；也给了我启发——读书长见识，是一个人成长的关键。我开始隐约意识到，不读书就没有文化。不读书，你的思想是贫乏的，见识是狭窄的，无外乎就是周围亲眼看到的这些有限的现实；只有书本才能给你提供想象，提供新的知识，让你看到新的世界，让你知道，在你之前有很长很长的历史，在你之后还会有很长很长的历史，我们应该知道这些。知识真的是一种力量，它会催促你前行。我常常站在大门边上，望着重重叠叠的远山，想象书中描写的远方的草原、平原和海洋，想象东洋人和西洋人如何生活……

这样，在新的一年开学时，我又闹着去上学。因为这事，我和父亲之间爆发了一场"战争"。我的想法是，我不想在家劳动，无论如何要复学。这场复学和反复学的"战争"持续了半年。开始还不那么急迫，到临近开学的时候，我就什么活都不愿意干了，天天要求父母给我四块钱，要去复学。

这时候家里又分成两派，父母反对，唯有祖母同情我。可是祖母老了，她没有能力支持我。她也跑了许多地方，帮我去借钱，我一共有五个姑姑，她一个姑姑一个姑姑家去跑，可是最终没有借到。父亲坚持说，不要念，念书没用。我只说，读书有用。这样反反复复争吵。临到最后，我对父母说，无论反对与否我都要去上学，我开始自己做准备，卷好了一个铺盖卷，用一张席子卷着，还有一个藤做的小箱子，一根扁担。

到了开学前一天，一个阴晦的清晨，天很早，我一个人担着行李走了。走出大约一里路之后，晨雾中，我看见一个影子向我走来，越看越清楚，是祖母。我停下来，当时心里就知道，无论祖母说什么，我与父亲的"战争"都要在这一刻结束：如果祖母说，家里实在太困难，让我回家劳动，我就跟她回去，我听祖母的话；如果祖母支持我，让我先上城里，说学费以后再凑，那么我就去城里。

祖母向我靠近，她是小脚，走得很慢，我就等着她。祖母看到我满眼的泪水，拍着我的肩膀说，不要哭，读书是好事。然后，她从口袋里掏出一个红布包，揭开红布，里面有一层我们当地产的毛边纸，亮出了四个银元，说这就是你的学费，走吧，还是像以前那样，每周日回来拿一次米，继续你的学业。一定要把习学好，成为一个有知识有用的人。当时我感动极了，祖母在我们家里，就是最高的裁判者。

祖母支持我念书的那些情景，至今我还是历历在目。当祖母出现在我面前，亮出四块大洋，说这就是我的学费的时候，我的眼泪控制不住噼里啪啦掉了下来。我立刻想到她这钱是哪里来的。这是她一辈子积攒起来准备买棺材用的钱，现在却把这份钱拿出来当作我的学费。所以，读书对我来说是一件很不容易的事，像那柴路一样，弯弯曲曲。

如此一来，我也明白了，父母不会支持我读书，初中读完之后，我就得回家种地，没有别的选择。当时我又非常不甘心，于是大概在复学后不久，初中二年级上学期时，解放军来招兵，我考虑了好几天，最后决定去参军。

我进了他们的招兵站，成为他们招来的兵中年龄最小的一个。我现在还有印象的就是，当时吃大锅饭，米饭随便吃，有菜，也是随便吃。就连洗脸，都是几十个人一个大脸盆。

大概待了几天，情况就发生变化了。我母亲不知从哪里得到的消息，立刻赶到县城，先是到学校闹。那时候在我们家乡，参军是不得已的事情，根本不是现在的"一人参军，全家光荣"，那时候还叫兵痞子。所以，母亲到学校找校长、找主任，说我孩子根本还不到年龄，才十四岁，怎么就招兵招走了？学校说这是他自愿的。母亲说："自愿也不行，我不让我孩子走，我等着他回家种地呢。"于是又到兵站，大闹了一通，最后抓着我的手，一边对兵站的负责人说："你们也太不像话，他还是孩子，怎么能够拿枪，他拿得动枪么，他会打枪么？你们凭什么招收他？"一边又骂我："你翅膀硬了，想飞了，没那么容易，你给我回去，立刻回去！"

兵站的领导交换了一下意见，同意放我走。学校也来人，要我接续念书，这样，我就回学校的教室去了。我意识到，我的读书生活随时有可能结束，继续去读高中，想都不敢想。

不敢张扬我考上了

在初中，我的课业好极了，无论是文科的语文、历史，还是理科，第一名第二名对我来说是很平常的事情，如果落到第三名，那就是失败了。我学到了很多知识，同时也释放了我的聪明才智。

那时候有一门课叫几何三角，三角的证法可以有多种，老师给我们的是其中一种证法。一次在课堂上，我突然悟到还有另外一种证法，就对老师说，"能不能让我到黑板前做出另外一种证明"，于是上讲台在黑板上写出了另外一种证明。老师非常高兴，全班同学都给我鼓掌。老师的鼓励、同学的称赞，似乎至今仍在眼前晃动。

我的智力和潜能开始被发掘出来，以至于后来在我上大学的时候，老师都是力主我去学数学的，并说如果我去学数学，以后会有发明创造。当时因为时间比较仓促，我没有去成数学系，反而到了中文系。

初中的老师们很喜欢我，见我有困难，也经常帮助我，所以，对我来说，初中的学习是其乐无穷的。

初三下学期时，命运眷顾我，让我赶上了龙岩师范学校恢复招生。龙岩师范学校有一百多年的历史，是一所与北师大同样古老的学校，也出了好些名人，邓子恢就是龙岩师范学校毕业的。1953年，龙岩师范到各个县招生，我了解到这个学校吃饭不要钱、住宿不要钱，还有奖学金，我想这是天赐良机，于是赶紧去报考，最终以第一名的成绩被录取。

通知书很快发下来，但这一次我有经验了。这是我的命根子，我不敢张扬，用了一个皮夹子夹着，藏在一个别人根本不会想到的地方。那年暑假回家种地，我特别卖力，表现特别好，父亲老说我长大懂事了，将来是种地干活的一把好手。我知道，要是马上拿出录取通知书，他们是不会同意的，那对他们是一个沉重的打击。但是有一次我试探着问父亲："假定有一所学校，吃饭不要钱，住宿不要钱，也不要学费，而且还给零花钱，这种情况你让不让我去？"父亲白了我一眼说："你做梦吧，世上哪有这种学校，不收你们学费还给你们钱，你死了读书这条心吧，好好干你的活。"我又说："我只是问问，如果真的有这种学校，你让不让我去？"父亲当时没有多想，说："如果真有这种学校，我就让你去。"说这话的时候，他和几个朋友在我们家喝酒，气氛很好，我是在他们酒桌旁试探着问的。父亲当时不以为意，说出了假定有这种学校就让我去读的话。

终于快开学了，这事情不能不捅开。我找到一个全家人都在的时候，姑姑、舅舅也都在，似乎是有亲戚过生日，我又向父亲提出，假定有这样一所学校，让不让我读。父亲满口说，"上次不是说过了吗，假定有这种学校，我就让你读"。于是，我请姑姑、舅舅们作证，从口袋里掏出龙岩师范的录取通知书。他们看了以后，都感到惊奇，认为我应该进这所学校。父亲则一方面高兴，认为我很有出息，可以通过学习改变自己和家庭的命运；另一方面，又觉得家里缺了一个最重要的劳动力，起码以后三年内，家庭的负担又会更重了。我许诺他们，毕业之后就去当小学教师，当时小学教师的工资是二十八块钱，我会把二十块钱寄回家，八块钱自己留作生活费。我问大家，二十块钱够不够一天五斤粮食吃一个月，他们算了算，好像只多不少，于是大家都很高兴，同意我去念书，条件是不能向家里要钱。母亲说，除了一年给我寄两双鞋，再没有别的东西给我了。

很快就到了开学的时间。从家乡去龙岩城那天，我一根扁担，一头挑着母亲准备的铺盖卷，一头是新的藤箱子，沿着那高高低低的窄窄山路，翻山越岭，向龙岩城走去，头也不回地离开了故乡。

"龙岩"岁月

那是1953年的夏天，这一路，我走了五天。虽然当时在我们朋口有长途车去龙岩，但要三块钱，太贵了，我只好走小路。我知道怎么走，一天走四五十里地，到一个村子就住下来，当时住客店只要两毛钱。五天后，我到了龙岩城，正式进入龙岩师范学校，开始了"吃饭不要钱、住宿不要钱"的生活。学校每月给我评的助学金是三块钱，当时，三块钱还是很多的，尤其对我这样一个穷人家的孩子来说。

那是解放初期，国家非常重视教育。我还记得，为了保证学生的营养，在两堂课中间，厨房的师傅会挑来一桶豆浆，大家准备个杯子，加点红糖，就可以享用豆浆了。这种生活和农村的日子比，真是天壤之别。我到了龙岩之后非常兴奋，也更加勤奋，不需要老师指点就会把课程预习一遍，所以老师一讲就会。

一所学校对学生的影响，我认为最主要的有三个方面：一是学校的氛围，二是师生关系，三是教师的学问人品和他们教学的态度。我留在北京师范大学任教后，多次带学生到北京几所学校实习，但是就校风、师生关系和教师修养这三者而言，它们都远不如我当年上学的龙岩师范学校。

现在回忆起来，那时龙岩师范的老师们都很年轻，绝大部分住校，相当一部分只有二三十岁，好多都没有结婚，和我们住在一起，玩在一起，吃在一起，什么都在一起。他们给我们的指导是很重要的。他们生龙活虎，英姿勃勃，给学校带来一种富有朝气和无比温馨的氛围。那时，他们跟我们一样住在学生宿舍里。学生住一层，他们住二层。白天宿舍静悄悄，老师和学生各忙各的。上课，做作业，批改作业，读书，写作，研究，锻炼身体，一切都像春夏秋冬的轮转那样，有序、有变化而又富有节奏和生机。每当黄昏时刻，晚霞映照下的校园沉入神话般的世界中。这时候，音乐老师王善杰在他的房间里熟练地弹起了钢琴，语文老师赖丹就以从喉部深处发出的甜美浑厚的嗓音和着钢琴声唱起了他的男低音。在我的记忆中，那些歌儿大部分是中国1930年代电影的插曲，或悲壮，或哀怨，或雄伟，或激昂，极具感染力。琴声和歌声充满了带着田园气息的整个校园，构成了与凡庸生活不同的另一种生活。我们边做功课，边沉浸在那音乐之声所形成的氛围里。那是我年轻的生命所遇到的最美的时光之一。后来我受他们的影响也参加了学校的合唱团。我们唱过的歌中有多声部《黄河大合唱》，还有多声部的苏联歌曲，歌名已经忘了，但第一句始终记得："我们走在尘土飞扬的大道上……"我总是被分配在低音部。低音部的声音常被高音部淹没，所以王老师总是指着我和低声部：你唱一遍，你们都跟着唱一遍。合唱什么歌儿并不重要，重要的是我们从中领悟了什么叫美好、诗意、和谐，什么叫"和而不同"。还有每天集合吃饭前校长陈明和教导主任陈丹心或严厉或幽默的引起阵阵笑声的讲话，成为饭前刺激胃口的"可口可乐"，虽然那时中国还没有这种东西。在"岩师"三年，生活之水如深山的溪水那么清纯。"嫉妒""冲突""排挤""打击"等词语，我们只能从词典里才找到。

那时我家里很穷，有时候连买牙膏和肥皂的钱都没有，每当这时候我就不好意思地敲响政治课老师罗海清或班主任赖丹老师的房门。我低着头，翕动着嘴唇，手指不自觉地捏着自己的衣角。他们总是不等我张嘴，就笑着说："没钱花了吧，喏，给你一块。"等助学金发下来，我再蹭到他们的房间，还他们的钱。

有时候要买件衣服什么的，花的钱多了，他们知道后就不让我还。有时候他们看我穿得太不像样，会把我叫到他们房间去，从衣柜里挑出一两件半新不旧的衣服塞给我。我脸红起来，觉得太不好意思。罗老师就会笑着开始谈天说地，譬如说他最近又画了一张什么画，写了一幅什么字，还拿出来让我"评论"，咧开他的大嘴自然地朗朗地笑着，尽可能把房间里的紧张空气缓和下来。或者说："你脸红什么？要脸红的是我。我不能'赠送'你新衣服，只能'赠送'你旧衣服。"他总是把"送"说成"赠送"。

龙岩师范这三年我过得非常丰富，非常有意义，奠定了我人生的重要基础。这段学生生涯很充实，一方面是老师教的东西结结实实，另一方面自己学习的热情也很高。那时候心里没有别的东西可想，一心想着学习，毕业之后成为一名小学教师，拿二十八块钱的工资。

在龙岩师范，我学到了很多知识，思想进步也比较快。另外还有一件事情，现在看来，对我的命运起到了重要作用。龙岩师范三面是山，有一次山上起火了，山火蔓延，老百姓扑不过来，我们全校就都去救火，每个人拿着一根松枝。我当时身体比较好，很积极，老是冲到前面，一不小心冲到火海里去了。本来没事，没想到风向一改，火苗直向我追来。在后面的同学喊了起来，说"童庆炳你快跑啊，火追着你过来了"，我只好往上跑，跑到山顶上，我已经感觉自己被烧了，火苗越来越大，情急之下，我从山顶上滚了下来。后来我才知道自己后面的头发全都被烧掉了，耳朵后面、脖子也有烧伤。于是在龙岩医院住了几天。后来《闽西日报》登了一则新闻，评我为这次救火的"救火英雄"。现在我还保留了一张照片，是当时在医院里，群众给我送鸡蛋时照的。

由此一来，学校特别看重我，觉得我还没有走出校门，就能得到周围群众的赞赏，于是让我填表入党。我填了表，学校很快通过了，通过之后才发现那时候我只有十七岁，离入党年龄还少一岁。所以我到1955年才算正式入党，成为全校学生中唯一的党员。

我家人在村子里看到报纸上说我烧伤了，急得不得了。后来我写信回去说，不要紧，都是皮肉伤，他们这才放心。这是对我比较有意义的一件事。

还有一件事，对我也很有意义。当时我胆子已经很大了，敢于给外面投稿。现在想来，如果当时《福建日报》副刊发表了我那篇小说，现在我可能不是一个评论家、理论家，而是一个作家了。我写了一篇剿匪的小说，《福建日报》副刊的编辑看了以后觉得非常不错，于是改了改，排版准备发表。后来他们发现作者只是个学生，还是个中学生，又觉得"是不是太幼稚啊"，就没有发表出来。但是他们把校样给我寄来了，印象中上面有很多红笔修改的痕迹。那篇小说是我真正的处女作，可惜没有发表出来。

三年级时，我看了一篇苏联小说，叫《古丽雅的道路》。这篇以苏联反法西斯战争为题材的小说，写了一个女英雄的故事，让当时的我非常激动。我写了篇读后感，给《文汇报》寄去。《文汇报》登出来了，大概不到一千字，很短的，还给我寄了五块钱。后来，在1980年代，《文汇报》编辑部找了三四十个学者座谈，我回忆起这件事情，他们笑道："没想到你的处女作是在《文汇报》发表的。"当时收到这五块钱的稿费，觉得真的很多很多，好像怎么花也花不完，这记忆里的滋味真是令人难以忘怀。我常想，如果当时我那篇小说在《福建日报》副刊上能发表，而不是我的读后感被发表，或许我会走上创作的道路，但也许就不会来北京了。

学校很重视我，让我做各种事情：先是班长，后来是学生会主席、团组织书记。我几乎参与了学校所有的社会工作，包括演话剧、各种社会实践。这使我长了本领，使我知道怎么办事情。这些是和知识相辅相成的，用今天的话说，就是学会如何与人沟通，如何参加实践。所以龙岩师范对我来说是两方面的成长：一是知识的成长，一是实践能力的成长，这两点都很重要。最后面临分配，学校让我留在龙岩师范附小当小学教师。这样也就实现了我当初的梦想，一个月可以拿二十八块钱，我感到心满意足了。

龙岩师范是我永远不能忘怀的学校。我已经决定，我死后，我的这一万多本书，全部要捐赠给龙岩师范学校（现在已经改名叫龙岩中学）。当然，我也可以送给我们北师大和我们中心，只是我买的这些书，和学校、中心大部分是重复的。捐给龙岩中学则不一样，如果那里也正有孩子和当年的我一样在做文学梦，想读《浮士德》，那他们就能从我的书里找到《浮士德》，开辟他们的文学之路。

本来，我是决定要留在小学工作了。突然福建省教育厅来了公文，说这个班可以选四名同学去高考，但是只能考师范类大学。当时我想都没想，直接填了北京师范大学，另外两个志愿根本没有填。当时的想法是，行的话就来北京，见见毛主席，不行我就安心在附小，当我的小学教师，反正有二十八元钱啊！

可喜的是，我们四个人参加考试，四个都考上了，三个人来了北师大，一个去了华东师大。来北师大的三人中，我在中文系，一位在教育系搞数学教学法，现在已经退休了，还有一位搞思政教育，不到六十岁就去世了。华东师大那位同学毕业之后去了河南大学的经济系工作。

那一年，我选择了北京师范大学，决定了今后一生所走的方向。

赖丹留给我的"文学诱惑"

我心中时常想起赖丹老师，眼前似乎总是晃动着他那高大的身影。他在龙岩师范学校讲台前，手里拿着语文课本，来回走动，差不多遮住了大半个黑板。黑板上有他用粉笔写的流畅的独具艺术特色的字迹。他正在慢条斯理地讲鲁迅的《药》或其他文学名篇，用从喉咙深处喷涌而出的迷人的男低音，似乎他不是在讲，而是在唱，唱出那作品中或激昂或悲伤或孤寂或清新的文学音调。许多课文我们自认为阅读过，已经懂了，实际上并没有真正弄懂，经过赖老师细细讲来，才恍然大悟，才算真正理解。他成了我们的文学导师。他的文学智慧像一颗颗种子，撒播到许多学生的心田，生根，发芽，成长，结果。

赖丹生于1926年，福建连城人，和我是同乡。他少有文才，写一手漂亮的文章，很早就出过散文集。解放前夕，因受迫害，不得已赴香港。他在香港迎来了创作的第一个高潮，撰写小说、散文、随笔、杂文等，刊登于当时香港各种报纸的副刊上面。我的印象中，他还有连载小说。在香港那段时间，他与茅盾、聂绀弩、骆宾基、秦似等作家相往来。1951年，他返回福建从事文学教育工作。1950年代到1960年代，他在龙岩师范学校工作，新时期开始不久即在龙岩师专出任教授。教学之余，笔耕不辍，发表了很多有情趣有见解的随笔、散文等，后结集成《艺窗琐记》一书。晚年更专心于中华诗词的写作与研究，留下了很多具有诗情画意的诗篇和具有学术见解的论文。

他最喜欢的作品是德国大文豪歌德的长篇诗剧《浮士德》。他在我们面前不止一次地说：这是文学巨擘以如椽之笔写出的不朽之作，是文学的极致，是文学的太阳。你知道饱学之士浮士德吗？你知道魔鬼摩非斯特吗？你知道他们怎样打赌吗？你知道浮士德与古代美女海伦恋爱、结婚、生子吗？你知道什么叫作"沧海变桑田"吗？你知道"你真美啊，请停留一下"这句话是不能说的吗？……他用了许多形容词和问题吊起我们这些喜爱文学的学生的胃口。然后，我们就去找歌德《浮士德》的中译本。可我在龙岩那三年，整个龙岩城连一本《浮士德》也找不到。赖丹老师是有这部巨著的，我们就去向他借，但他摊开双手说，"我的书还在香港，书要是寄回来，我一定借给你们看"，他英俊的脸上露出一种甜甜的微笑。后来，他的书从香港寄回来了，但多半是发表他作品的报刊，我们翻遍了所有的书，也没有在书堆里发现《浮士德》。赖老师解释说，还有一部分书没有寄回来。那时我真难受啊。你想，我就像一个饥渴的人，想喝到一杯水，想吃到一碗饭，但一时又无法喝到和吃到，只能久久地等待，那种难熬的情境，我想许多人都是体会过的。

1955年秋天，我千里迢迢来到北京，跨入了北京师范大学。办完入学手续后所做的第一件事，就是要立刻解开赖丹老师给我留下的"文学诱惑"，去图书馆借郭沫若翻译的《浮士德》，但图书管理员竟然对我说："这里还有德文原版的《浮士德》、英文本的《浮士德》，你要借吗？"这时，我才真的意识到，世界有多大，知识有多丰富，就是你穷尽自己的一生，也许只能认识生活的一个小小的角落。我没有理由做井底之蛙。我一定要在这文学的山川中永不疲倦地跋涉。

我入迷地读完了《浮士德》，沉浸在浮士德和魔鬼摩非斯特又斗争又合作的世界中。这是有12111行的长篇诗剧，所描写的世界是如此广阔，可以说包罗万象，地上与天上、现实与幻想、人与魔鬼、古代与现代、阴谋与爱情、男人与女人、悲剧与喜剧、诗意与哲理，故事跌宕起伏、曲折离奇，全剧充满奋发之情与哲学之思，似乎它包容我们所能感觉到的、了解到的、想象到的、理解到的一切。

当我读完并理解了赖丹老师所指点的《浮士德》之后，再去学习我所喜爱的屈原、陶渊明、李白、杜甫、苏轼、曹雪芹、鲁迅等中国古代和现代的名家，以及狄更斯、巴尔扎克、雨果、席勒、普希金、列夫·托尔斯泰、契诃夫、海明威、卡夫卡等外国名家，我心中似乎有了一个审美的标杆，知道哪些是好的，哪些是比较好的，哪些则要差一些。所以，我真的要由衷地感谢赖丹老师，他在1950年代初，在龙岩那座小城里，以世界性的阔大眼光，给我和我的同学们的十五岁心灵，提供了歌德这个陌生的名字和《浮士德》这个更陌生的作品。

在那座小城里，在我的青少年时光，文学的种子就这样落在我情感的土壤中了。

北上求学路

那年夏天，我在田里弯腰割稻子的时候，听到邮递员的喊声："童庆炳，你在哪里？你考上北京的大学了。"我拿到录取通知书之后，全村人都惊讶了，可我的母亲却发愁了。第一，没有路费。当时福建没有铁路，北上最近的铁路站在江西鹰潭，我们要路过宁化、邵武等县，一路上花费不小。第二，没有棉衣。北京寒冷，要带棉衣，家里却一件都没有。我母亲就在发愁，说这考上了，怎么供你去？我说这都不用发愁，政府会帮助我的。母亲问，政府会那么好，连你读书也来帮助你？果不其然，过了些天，龙岩师范来了通知，给我们四个人每人一百块钱的路费。这样我们就有救了。于是我又对母亲说，棉衣等到了学校，学校也会帮我们解决的。母亲始终半信半疑。

我去朋口，准备从那儿搭车到连城，到清流、宁化，一路北上，我母亲拉着弟弟、妹妹来送我。在朋口去县城的车站，母亲不停地流泪，说北京"寒人"，而她连一件棉衣也没有给我做。我安慰母亲说，到了北京，会有办法的。她泪流满面，好像生离死别的那种感觉。我现在觉得，她当时可能以为要送我去的北京，就像西伯利亚一样。我宽慰母亲，你担心的所有问题，都会解决。

汽车开动了，母亲也跟着汽车，慢步跑起来。那时我们当地流行妇女头上插一枝花，这花不是真花是假花，花的簪很长，母亲一路跑，她头上的花也一路跳动着。我也一直探出窗户摇手，直到母亲的身影消失在视线里。

我们从连城到北京，一共走了十五天。为什么要走这么久呢？因为当时我们那里的长途车，是一个县城一个县城走，比方上午八点开动，下午两三点到另外一个县城，然后车就不走了。我们没有办法继续向前，只好住客店，第二天早上起来再赶另外一趟车。从连城到闽北的邵武，大约就走了一个多星期。

到了鹰潭，我们才第一次看见火车，以前只是在书本上见到过，这次是真的坐上了，从鹰潭到上海。当时觉得时间来得及，为了省钱，我们就买了慢车票，从鹰潭到上海，走了整整两天。到上海以后，我们觉得浑身难受，因为在家里，每天都要洗个澡，甚至洗两三次。可是一路下来，十来天过去了，一次澡都没洗。

在上海，有一次到了南京路，那是一条很宽的马路，我们要穿过去，但就是过不去，不敢过。那时候没有斑马线之类的，我们每次快走到中间的时候，一辆车就呼啸过来，我们赶紧退回来。这样来回好几次，最后我们看了好几遍，看准时机才小跑了过去，当时觉得真是惊心动魄。

这上海实在太大了，我们几个到了上海，决心要好好吃点东西，于是到一个小饭铺，店名上写着"阳春面"。我们觉得一定很好，每人要了一碗，结果上来一个个超大的碗，面条很粗很粗，里面有高汤，而且汤可以随便添。我们是第一次吃到面条，觉得也不是很好吃，可是很便宜，才三分钱，这是我们在上海吃过最贵的东西了。

然后我们去洗澡，到澡堂就闹笑话了。澡堂每个铺都有布

　　　　　　　　　　　　　朴：童庆炳口述自传

的拖鞋，这布拖鞋是供洗前洗后用的，结果我们到处找洗澡用的木屐找不到，于是不管三七二十一，穿着布拖鞋就直接进浴室了。这惹来了澡堂里那几个大师傅远远地叫，"这不行！这不行"，我们也听不懂上海话，直到进了澡堂，把布拖鞋全弄湿了，大师傅才赶上来制止我们。这是我们在上海出的一个洋相。

在上海停留了一天，有一个人留在上海的华东师范大学，我们另外三个又买了慢车票上北京。这慢车从上海出发，要三天三夜才能到北京。这车是所有的小站都要停，农民种地挑着肥上来，下一站下车去施肥。

经过十五天的跋涉，我终于从福建西部小小的连城县来到了北京城。到北师大之后，我母亲担心的那些问题都解决了。我报名之后，学校总务处说，只要写个申请，要什么就给发，比如棉衣、绒衣——当时普遍还没有毛衣，就穿绒衣，红的绿的，各种颜色都有——一身的棉袄、棉裤、棉帽子。当时我正年轻，有这些就很满足了。

1955—1958，求学北师大

大一留念（北师大教学楼前）

初到北京

1955 年夏天快要结束的时候，我第一次迈进了北京师范大学的校门。

尽管生活用品学校大多都发，但大学生活对我来说仍然很艰苦。当时北京人睡觉都要有褥子，但我们家乡连这个词都没有，最多在席子下面垫一些稻草。而我只带了一床小席子。所以头三年里，我都是睡在这个硬硬的小席子上。家里带来的被子也是旧的，在北京根本御不了寒，每天晚上脚特别冷，我就用一根绳子，把被子靠近脚的地方绑起来，像睡袋一样，每天钻进去睡就是了。枕头则是自制的，就是把我的破袜子等各种各样的破东西，塞到枕套里。

最困难的是我不知道北京这个地方这么费鞋。母亲送我来的时候，给了两双新鞋，都是她自己做的布鞋。但是不到一学期，两双鞋都穿透了。所以每到放寒假，春节还没到的时候，我就盼望着母亲给我寄鞋。那时候，我的鞋后跟都已经穿底了。所以每天早上第一件事，就是找几张破报纸，叠好塞到鞋后跟，第二天再换新报纸。如此，一直苦苦等到母亲寄的布鞋。这以后，我知道了如何爱护我的鞋——去操场跑步和打篮球不穿鞋，更重要的是请师傅给布鞋钉上橡胶底。

另外，那时候我也不习惯北京的饮食。我们是集体伙食，不要钱不要票，随便吃，一人一份，多吃少吃都没关系。但是北京吃面比较多，面里还掺着棒子面。比如我们学校做的馒头是很有名的，不大，只有两个手指那么大小，早餐的时候大师傅用一个大笸箩扛出来，大家围上去就抢，有些人手大，一手伸下去能抓出十个馒头。可是我偏吃不惯，最多能吃两三个。幸亏有粥，我可以随便喝粥，也能喝个饱。

中午饭也碰到了问题，我是学生干部，常常课后要开个会，等开完会，食堂的米饭都吃光了，剩下的只有窝窝头，连馒头都没有了，更吃不下去。幸好我们学生和食堂师傅的关系非常好。其中有一位从部队转业的师傅，知道我南方人不喜欢吃馒头，又看我常常吃不到米饭，他就问，小童，为什么天天这么晚才来食堂。我说自己是团支部书记，课后要开会。他说那这样吧，以后每次给你留一碗饭，菜也给留一份，放在什么地方——他指给我看。后来每次那个师傅在的时候，我总是能吃到米饭和菜，这让我由衷感到温暖。

那时候，一个月有三块钱助学金，用来买牙膏、牙刷、肥皂之类。虽然没什么娱乐生活，但每周都可以看电影，一张票五分钱，一个月总要留够这看电影的两毛钱。地点在北饭厅[1]，中间挂一道荧幕，两面都可以看，能坐不少人。

1　北饭厅后来改成科文厅，北京奥运会前拆除，盖起了邱季端体育馆。

　　　　　　　　　　　　朴：童庆炳口述自传

对我而言，这三块钱，也得节省着才够用。幸亏同班里有七八个调干生，他们是拿着二三十块钱的工资来上学的。实在钱不够用了，我就问他们借。如今我的这些同学都老了，或走了，我真得感谢他们对我的关照啊！

在这种艰苦的条件下，我们还坚持锻炼。当时的口号是"锻炼好身体，为祖国健康工作四十年"。我是团支部书记，要带头，体育委员在整队的时候，我总是在排头。每天早上在西北楼那角上集合，男女同学都来，围着西操场跑一千五百米，这是我们开辟出来的操场。我喜欢体育，各种体育活动我都参加。因此我的身体，总的来说是比较好的。

这一年的"十一"国庆游行，我也在游行队伍中。我们走过天安门的时候，远远地望着毛主席向我们招手。我们欢呼、再欢呼，几乎把喉咙喊破了，可欢呼声一刻也没有停下来。走过了天安门，才发现自己的布鞋被别人踩掉了，可我还在笑。因为，我们觉得国家会越来越好，生活会越来越好，一切都在向前走，就像《解放军进行曲》的歌词：向前！向前！向前！

学苏联

1950年代运动多，学生活动也多。当时我们全面学习苏联，所以娱乐活动也完全是苏式的。我们唱的歌是苏联歌，跳的舞是从苏联那里学的，看的电影也是苏联电影——因为我们自己拍不出那么多电影来，甚至上课用的教材，其中一部分也是苏联的。苏联对我们的学习和生活影响很大，给我们的青春乃至一生，都留下了深深的烙印。

学习苏联，不能说一切都错，也不能说一切都好，而是要一分为二地看。我们学习的东西里面，特别是俄罗斯文学对我们的影响是很大的。从普希金到果戈理到托尔斯泰，一直到法捷耶夫的《青年近卫军》，再到肖洛霍夫的《被开垦的处女地》，我们都系统地学习过。这些东西没有错，这些作品，现在看起来依然是世界文学经典。这里面有一种非常典范的东西，特别是在文学艺术方面，今天我们仍然在学。你看北京人艺是如何成功的，学的就是斯坦尼斯拉夫斯基的那一套方法。

现在的年轻人，只知道美国的东西好，认为美国文明、美国文化是最好的，而我们这一代不这么看。论文化，中国不用说，她拥有五千年的文明。就外国来说，真正有文化的民族，第一个就是俄罗斯。美国是一个移民国家，不过二百年的历史。苏联拥有俄罗斯的传统，里面有很多精华的东西。

当时的文艺活动，学的几乎都是苏联，学习活动有相当部分是苏联的。我们搞文艺活动，没有了苏联歌曲就不行。苏联歌曲是我们随便就能哼出来的，任何一个同学都会几十首，《喀秋莎》《纺纱姑娘》《莫斯科郊外的晚上》……我们看了很多电影，向往的生活也是苏联那样的生活。当时最流行的一句话就是："苏联的今天就是我们的明天。"

当然，学习苏联也给我们带来了不少庸俗的教条主义的东西。当时我们学校来了很多苏联专家，特别是教育系，我印象里有五六个。这校园里的小红楼，原本都是给苏联专家盖的。他们给我们带来了一些很僵硬的东西。

从文学方面来看，就是简单的认识论，主体客体，主体反映客体，文学是对社会生活的反映，等等。认识论讲不出那些很微妙但又非常美的东西，它对作家作为一个人的主体性、想象的能力、情感的能力等讲得非常少，但恰恰是这些东西，最能反映文学的特点。它深刻影响了我们，至今我们的教学仍深受其害。

我前段时间写过一篇文章，意思是说现在"概论""某某史""通史"等太多了，我主张返回去学原典，文学史不用讲那么多，只要二十个课时就够了，拿出时间来学习一篇篇的作品，而且尽可能背诵。这才是好的，这也正是我们传统语文教学的经验。我觉得我们在教学方面存在的问题很多。苏联对于许多问题的绝对的看法、非此即彼的看法、红白分明的看法、阶级斗争的看法，现在看来很多是消极的，是有问题的。

它有很多东西也讲不通，比如"典型"。别林斯基曾下过一个定义，用个性和共性的统一来解释，典型就是"熟悉的陌生人"。马林科夫的党的报告，也认为典型是共性、个性的统一。到现在为止，这个问题，我们没有探索出来。我，还有上海的蒋孔阳先生，都试图在摆脱苏联的影响，寻找一种更带有中国特色的说法，这方面我已经写了一些论文。

就我来讲，苏联小说依然是我非常喜欢的。两三年前，我还指导一个学俄语的学生写论文，研究的是当代俄罗斯的一位作家，这位作家写了很多作品，这个学生用我的观点将这些作品串起来进行研究，论文写得也不错。苏联文化是我们不能够随意藐视的对象，它有很深厚的根基，和西欧的东西又不一样，他们是东正教，东正教有自己的一套东西。

我为什么要提学习苏联这件事情呢？因为这是我们在治学过程中不得不面对的问题。在1958年以前，基本是苏联的思想在各方面笼罩着校园。苏联长远而深入地影响我们，我们不得不摆脱苏联教条主义的影响，这是我们治学很重要的方面，也是我们历史的重要方面。

图书馆

我在北师大学习工作四十七年，对我来说，北师大的每一个角落都向我敞开，我熟悉北师大的每一个地方，甚至一条小路的每个转弯处，都留下了我的足迹；但最让我感觉亲切的地方是图书馆。老师是活的书本，图书馆是前人留下来的老师。

1955年我从福建西部的小山村来到北京，对北京的一切都感到陌生、新鲜、好奇、习惯与不习惯（例如到处是一马平川，为什么看不到一座高山呢）、理解与不理解（例如食堂里的馒头总是那么小，一手就可抓起五六个）。除了老师同学，唯有图书馆让我感到无比的亲切。

我在中学时代向往的《浮士德》，来北师大后就借到了，正是它使我第一次感受到了文学的气场。至今，我还记得借这本书时与图书馆服务员的对话以及他的表情。

我喜欢跑图书馆，只要有新书来了，都要跑去翻一翻看一看。其中的一个中年服务员，对我总是笑脸相迎，态度非常好，谁喜欢读书，他就喜欢和谁聊天、介绍情况。有一天，这个服务员问我："这里还有德文版的《浮士德》，你要不要？"我连忙说：

"我现在还不会德文。"我当时觉得知识就像大海,永远也学不完,来了北京,不仅借到了《浮士德》中文版,郭沫若翻译的,还有德文版原文在等着我呢。面对这个图书馆,第一个体会就是自己太贫乏了,我什么时候能把这些书穷尽读一遍呢?

我喜欢上了苏联的小说和诗歌,喜欢上了俄国文学。那时候图书馆还在数学楼一层教室里,又由于放了过多书架,借书处的光线有点暗,可我一看到借书员同志那张对我微笑的脸,听到那一声轻轻的问候"你又来了",就感到亲切、温暖、热烈和明亮,我年轻时候的羞涩感立刻消失了。我不用去翻找目录,那位我已经叫不出名字的借书员,就会向我介绍图书馆又来了什么新的苏联小说。记得在大学一年级,我如饥似渴地读了马克西姆·高尔基,他的自传三部曲让我产生了共鸣;他的长篇小说《母亲》,让我神往革命,那激情的火焰在心中燃烧;他的《海燕之歌》我朗诵了无数遍,其中的句子"那是勇猛的海燕,在闪电中间,在怒吼的海的头上,得意洋洋地飞掠着;这胜利的预言家叫了:让暴风雨来得更猛烈些吧!"至今仍能冲口而出,成为我生活的血和肉。最令人感动的作品是《卓娅和舒拉的故事》,更有幸的是这两位英雄的母亲曾来到北师大访问,我目睹了她的风采,那种喜悦之情如今再也找不回来了。我喜欢马雅可夫斯基的"楼梯形"诗歌,他的《左翼进行曲》至今仍能背诵:

尽管不列颠狮子

呲着金牙,穷凶极恶

休想征服我的公社!

向左！

向左！

向左！

每当读到这里，我的眼前似乎就看见一队队人民的军队，以有力的节奏，冲破一切艰难险阻，迈着整齐的步伐，向着宽广的大道阔步前进。

那时候，我的阅读兴趣没有固定在一个点上，尤其是一年级的时候，兴趣是比较广泛的。我喜欢《诗经》，当时图书馆给我提供了最好的注译本；我喜欢李白、杜甫和白居易，图书馆也有他们最好的选本；我喜欢苏联的小说，就一部一部找来读。如普希金的书我很熟悉；果戈理的书不仅熟悉，我还对他有思考；"别、车、杜"，这三个理论大家，当时我还不能完全读懂，但也力图从他们的代表作里拣几篇来读。这些书图书馆都有译本，有些书影响了我一生。其中《别林斯基论文学》，一个苏联学者编辑的，上海文艺出版社出版，我一次次地借，后来干脆自己买了一本，现在这本书几乎被我"看"破了。

我的考试成绩不算顶好，记得那时考试还是苏式的，都是口试，没有笔试。印象中有一门课，叫中国现代史，我很想得五分（当时学苏联的五分制），下了很大功夫去背书。我还记得用作教材的那本书的作者叫何干之，书名叫《中国现代革命史》。考试的时候有三个老师，一个主考老师，旁边两个年轻助教。他们面前摆好了好多纸条，一共三堆，你可以任意在这三堆里拿出两张来，然后到隔壁房间去，有二十分钟的准备时间，不可以看书查资料，出的题目也不完全按照书上的来。这门课我做了很充分的准备，认为无论如何要拿个高分的。因为之前那些课已经只拿四分甚至三分了，我把最有希望的五分押在这门课上。结果，给了我一个沉重的打击，考完以后依然只有四分。这是我大一的情景，至今印象深刻，考试的地方在现在的外语楼。

但是我比较强的地方在于课外书看得非常多。很多同学只看教材，基本不看课外书。而我除了教材，最亲近的是图书馆，从图书馆找了很多书读，有些是必读的书，有的只是临时感兴趣，就去图书馆找答案。服务员常说你又来啦，这里来了本新的苏联小说，我说谢谢您，现在兴趣改了，喜欢唐诗宋词了，于是他又给我介绍唐诗宋词的新书和好书。

图书馆是个不竭的源泉，是学习的圣地。任何一个学生，要做好知识的储备，做好教学研究的准备，光靠听课、读课本是远远不够的，也不能只是亦步亦趋地跟着老师，而是要有大量的自由阅读时间。实际上，大学的课没有排得那么满，就意味学校给你一定的自由，这个自由时间属于你，你在这一定的时间不但可以看教材，还可以看图书馆里各种各样的书。有大量的自由阅读时间，自己去学习，主动地去学习，然后逐渐形成自己的兴趣，这样才能把学习推进一步。

图书馆是我喜爱的地方，我这一辈子都要感激它。

我所经历的反右

1956 年，我大学二年级，中央提出"向科学进军"，背景是在"八大"会议上，提出了当时中国的矛盾，已经是人民对于经济文化迅速发展的需要同当前经济文化不能满足人民需要的状况之间的矛盾。

在这个时候，读书是合法的，是受到鼓励的，知识是受到尊重的。1956年"八大"前后，是1950年代最好的时期。那时我真是全心全意地投入学习，沉醉在课堂中，沉醉在书本中。那一年学到的东西，比好多年学的东西都要多；那一年读的书，比好几年读的书还要多，因为那是一个向科学进军的时期。所以青年人重在引导，要是引导正确了，认为读书很重要、科学很重要，学生就会去读书，就会进到科学的领域去。

如果生活一直那样进行下去该多好，可是时过一年，生活就转了个弯儿。

关于1957年的"反右"斗争，大背景不讲了，说说我们班和我是怎么参与的。我们先听到的传达文件，是给党提意见，和风细雨，要鸣放，百家争鸣、百花齐放。当时我在班里担任团支部书记，这个角色非常重要，因为党是要通过每个班的团支部来引导学生。在鸣放阶段，我自己可以说六神无主，不知道怎么做，是响应党的号召，召开鸣放会，让同学们对党提意见，还是不开会，不让同学们胡说，我隐隐感觉夸大其词会犯错误。

为什么我当时会有这样的觉悟？因为我们班有一个党员，是个老大姐，1937年的老共产党员，党龄和我的年龄就差一岁，是当时我们班的调干生。她当时是我们年级党小组的组长，我事事征求她的意见。就鸣放会的事，我问她开还是不开，她说不开。我说别的班都开了，就我们班不开，同学们都有意见，说我们对党的整风消极怠工，我怎么应对这些质疑呢？她说你别理他们，第一绝对不主动开鸣放会；第二要是班里哪个同学贴了什么大字报，你就去把它给撕了。我当时很年轻，才二十几岁，根本没有经验，当时只是觉得这个老大姐很正派，后来才知道1955年评军衔的时候就给她丈夫评了中将军衔。她说不要开，我们就没有开。凡是看到我们班同学写的大字报，我就都给撕掉。

往事如烟，还是往事并不如烟，现在不同的人说法不同。我是同意往事并不如烟的。我的这种看法，不是随便附和别人的意见，它源于时不时地会涌上心头的半个多世纪以前的往事。

那时候大字报贴在哪儿呢？在西饭厅那。当时北饭厅西饭厅东饭厅连在一起，现在都成邱季端体育馆的一部分了。从东饭厅出来到北饭厅有一处拐角，那里正好可以挡住风，大字报就都贴那里。那时候贴大字报，中文系是最积极的，特别是大三、大四那些高年级的，他们还有组织，叫"底层之声""苦药社"等，甚至写章回小说，揭露党委书记如何跟女学生有暧昧关系，就这一类事情，搞得很热闹，我们每天都等着他们新的大字报。

当时我们天天围在西饭厅那，那里又称为枣树林，现在仅剩四棵枣树——我看这四棵也不一定能保住。枣树林是我们辩论的地方，看完大字报进宿舍之前，就在那里辩论。有的人为了突出自己，搬个椅子，站在上面发表演说。我们都是听众。我们班里有几个同学贴了大字报，甚至在《人民日报》6月8号发表社论《这是为什么？》之后，对这社论不理解，还贴大字报，但这些大字报我一一都给撕了。

就这样，我们班在1957年没有一个人成为"右派"，因为我们的鸣放会是在《这是为什么？》发表之后开的。《这是为什么？》发表后老大姐对我说，鸣放会可以开了。我们开了三次，大家不敢说一句话，提的都是鸡毛蒜皮的事情。所以我们那时候一个年级四个班，唯独我们一班没有一个"右派"。

后来在总支档案里，我看到我们全班都被划归一个等级，叫中中。当时分为五等，即左派、中左、中中、中右、右派，到了右派就是敌我矛盾了，中右还不是。我们全班都在中中，这就是说我们的政治面貌不清，因为我们之前没开鸣放会，没有说话，没有贴大字报。而别的班，像三班，出的右派是最多的，抓了五个还是六个。后来大家回过神来才有体会，说我这个团支部书记当得真是太英明了，没有开鸣放会，最后全明朗了才开。我说："不是我英明，都是老大姐的主意呀。"

再往后就让我们班去参加别的班批评右派的会议，每个右派都要被批判得死去活来。我不能理解：为什么昨天是同学，今天就成为敌人了呢？很难讲得通，怎么能这么做呢？于是采取一种消极的态度。当时上面已经给我们每个班派来辅导员了，我们班的辅导员说："你们要积极一点，这是政治斗争。"我说："我们不知道怎么做，昨天还是同学，今天怎么就成为敌人了呢？我们说不出来批判的话，不知道怎么开口。"

那位辅导员也是个年轻的老师，他告诉我，"如果这个右派说党不民主，你只要反问他一下，'难道我们党是不民主的吗'，这个你会不会说？"我连忙说这个会。我们就用这个套路，到二班、三班等各个班去，于是我们的批判就变成了各种重复加提问："难道事情是这样的吗""难道事情是那样的吗"，一路反问下来，只有这一招，从来没有给别人扣过帽子。这也是那个老大姐教导我们的，不要那么激烈。

但是事情还没了。当时划右派是有指标的。我们班也分到了指标，指标怎么下达的，我作为基层党员还了解不到，甚至连党委的某些委员也了解不到，只有党委书记、副书记和总支书记这几个人了解。所以我们班最后也不能都是中中，要根据反右派斗争的表现，分个五等。结果还是没有划出"右派"，大部分人是中中，个别的人被划成中左，有三个人被划成中右。这三个同学都是有人揭发，按照当时的政策，中右属于人民内部矛盾，只要承认错误，做个检讨，就过关了，依然可以毕业分配工作。

那三位同学中，有一位叫张家英。他有一本寓言集，而且在《文汇报》等地方发表了一些寓言，这些寓言背后都有寓意，有人认为他是在影射党，但是字面上又没有直接写出来。后来他在党小组会议上做了个检讨，但坚决不承认影射党，只是说针对一些丑恶的现象，也许是某些地方用词不当，等等。这么着就过去了，没事。

还有一位在武汉大学工作，姓雷，他也在组里做了个检讨。他是个调干生，年纪比我们大几岁。当时班里面有几个女同学，长得很漂亮。他盯紧了一个漂亮的上海女同学，姓冯，两人在学习期间发生了关系。这在当时是很严重的问题。结果那个女同学怀孕了，天天去西操场沙坑边跳高跳远，想办法把孩子给自然流掉。因为不能去医院，一去医院事情就暴露了。但是不管她怎么折腾，就是流不了。责任自然在男方，于是雷同学因为这个生活问题，被划分为中右。

在这个事情上，我是采取一种理解、包容、保护的态度。流不了产，他们的事情自然就暴露了，大家都有意见，这位女同学也很难过，不知道怎么办。后来我问她，你想不想要这个孩子，她说还是想要。作为团支部书记，我就说那你们必须结婚。然后在一个礼拜天，我让她们女宿舍腾出一个房间来，给他们做洞房，号召班里的同学来祝贺，男学生都来了，女学生有一些不愿意来。在一个小屋里，我们给他们热热闹闹地办了婚事，随后他们就请假回上海生孩子去了。雷同学被划成中右，做了检讨，事情也过去了。

第三个同学叫周开弘，他在他所在的团小组里，怎么也不肯做检讨。我和他说，大家给你机会，你随便说几句，就过了。他不，死也不肯讲，于是大家联合起来，跟他对证他说过的话，问他有没有议论过毛泽东、朱德、周恩来几个人的长相，又问他有没有说过"你们共产党把棍子、棒子、绳子统统都收起来吧"这样的话，这句话是到了右派言论的边沿了。这话首先在"你们共产党"就不对了，共产党怎么成了你们的了，还有"棍子、棒子、绳子"，是说党没有民主。这句话本来是别人揭发的，他不承认，我们觉得不承认就算了。可是开会那天，周开弘和大家顶起来了，顶起来之后，团小组的人缺乏政治意识，说"你就是右派"，于是把他打成右派了。

我知道这事之后，着急得不得了，按照我的意愿是不能这样做的。即使这次会开不成功，那就停下来，下来我们做工作，你们做不了我去做，做到让他无论如何在团小组上说上几句检讨的话，然后过关，争取全班没有一个右派。这都已经到1958年，已经是反右后期，很多单位反右斗争都已经结束了。结果，那个组把他打成了"右派"。

我很着急啊，于是就去找党总支书记汇报这个情况，想征得他的同情，和周开弘谈谈，再开个会，让周开弘检讨几句，还是作为中右处理。结果我遭到了严厉的批评，说"你们班一个右派都没有，现在终于有了一个，你还嫌多，你这是什么思想，你是站在哪个立场上，他的话'你们共产党''棍子棒子绳子'这还不严重，这不是右派是什么？"我被大批了一通，心里觉得很难过，只能按照总支的决定，把周开弘划成了右派。当然，批判会只开了一天就完了。

这是我第一次在政治斗争的风口浪尖接受考验，虽然没有改变结局，但是也算尽了力。我的理念是，同学就是同学，不能把同学随便变成敌人，不能今天我们一起好好的，明天就变成势不两立。这不是我的思想，我一直讲我的祖母，我的祖母就是这样影响我的。

所以我一直感觉很对不起这位同学，当然最后还是保了他。因为当时对右派有两种处理方法，其中一种是对极右分子，送监狱或者农村，劳改，不给毕业证。而对于周开弘，我在班里力排众议，认为应该给他毕业证书，分配工作。最后还是给了他毕业证，把他分到了东北。后来"四人帮"打倒之后，评冤假错案，这件事情整个年级都是我和另外一个党员韩兆琦老师做的。我们看了几个人的材料以后说，不用再看了，全年级"一风吹"。他们从当右派开始的二十一年的苦难，就在"不用看了，一风吹"的话里，得以终结。

回忆起这段历史，对于当年没有保住周开弘，我至今心里还有遗憾。

"大跃进"中当厂长

我是一个学文学的人，却当过耐火砖厂厂长。

1958年的"大跃进"，当时校内热火朝天，弄得乱七八糟。之前铁狮子坟真是有两个大铁狮子的，这一次大炼钢铁都给熔化了。"大跃进"中，很多人去炼铁，有些人去农村参加劳动，还有些人在学校里搞教学改革。比如我们同学中有不少人参加《中国民间文学史》的撰写工作，称之为学生编教材。毛主席还为此表扬了我们的同学，周纪彬成为全国建设社会主义积极分子，参加了全国大会。

我则是去当了耐火砖厂的厂长。那年二十二岁，资本是三十元人民币、三十个同学和一块空地。我那时是大学三年级学生，读的是中国语言文学专业。有一天，中文系总支书记把我找去，说你们班别的同学下公社去劳动，经研究决定把你这个团支部书记抽出来。你听懂了吗？我说我没有听懂，是不是要撤掉我团支部书记的职务？书记说，你别油腔滑调的，我说的是真的。我问那把我抽出来干什么？书记说，现在大炼钢铁搞得热火朝天，炼钢的高炉需要耐火砖，可现在耐火砖奇缺，派你去当耐火砖厂厂长，尽快生产出耐火砖。我一脸疑惑，书记，你说什么啊？我怎么越来越糊涂，耐火砖是什么？书记掏出烟盒，从烟盒里拿出一支香烟，在鼻子前闻了闻，然后说，现在得先给你讲一讲当前国家的形势……他从"三面红旗"讲起，讲到超英赶美，讲到人民公社，讲到大办工厂，终于讲到大炼钢铁。他猛吸了一口烟，说炼钢铁，要建高炉，高炉用什么来砌，那就要用耐火砖来砌，现在呢，学校已经建了好几个炼铁的高炉，但遇到了一个大困难，就是缺少耐火砖……学校研究决定，要在校内，就是汽车房前面，建一个耐火砖厂。给你三十块钱和三十个比你低一个年级的同学，当然还有一块空地。这就是你的全部资本。我开始急了，真的急了。书记把香烟掐灭，用了很大的劲儿，一边站起来："就这样。那歌是怎么唱的：年轻人，火热的心……时间紧迫，半个月你给我把耐火砖厂建起来。好了，好了，我就说这么多，剩下的事就是你的了。"他把我留在办公室里，我看着他的背影从走廊消失。

我把三十个同学召集在一起，模仿总支书记的腔调，讲当前国内形势，讲"三面红旗"，讲超英赶美，讲人民公社，讲大炼钢铁，号召大家响应祖国的召唤，投到建耐火砖厂的实际行动中去。同学们热情很高，但一说到"耐火砖"却没有一个人知道。怎么办？我告诉大家，不知道没关系，世界上的事情都是从未知到已知的，我们正在干着前人没有干过的事业。我提议，我们先到北京耐火砖厂去参观。同学们问人家会接待我们吗？我说试试，也许会。我有证明信。我把开好的证明信掏出来给大家看。大家说，那就走吧！

我就是在这样的历史大背景下被赶上了耐火砖厂厂长的位置。

什么是耐火砖呢？炼钢炼铁要建小高炉，小高炉里面那一层要用耐火砖来砌。当时耐火砖非常紧缺，供不应求。在这种情况下，就给三十块钱，让我建耐火砖厂。厂建在什么地方呢？就在现在的学十六楼，启功先生写的那块校训牌背后。学校给了一块地，要我们白手起家、大办工厂。我就这样成了工厂的厂长。

首先遇到的问题是我们自己没有耐火砖，因为耐火砖只有耐火砖窑才能烧出来。耐火砖窑要烧到五百度甚至七百度。我们四处寻找，连续找了好几天，都找不到耐火砖。后来终于在小西天对面的邮电学校里找到一个废烟囱，当时他们说你们响应党的号召建耐火砖厂，废烟囱里的耐火砖你们有本事抠下来，那就归你们了。

那烟囱是他们用过的，里面都是煤渣煤灰，我爬进去观察了一番，研究怎么把里面的耐火砖弄下来，最后发现只能用凿子一块块凿。烟囱里黑洞洞的，先是我进去，凿下一块扔出一块，后来觉得太慢，于是多下来几个人，我们打着手电筒，硬是扒了好几天。每次爬出来，我们全部成黑人了，于是赶紧跑步回学校洗澡。就因为这件事，当时的党总支副书记还写了篇文章发在校报上，表扬我们白手起家、大办工厂的精神。[1]

---

1 见1958年8月1日《师大教学》第2版汪毓馥《文科能文也能武 立志做个多面手》："同志们的干劲冲天，有的同学表现得很突出，如中三童庆炳等三个同志为了找耐火砖建窑，爬进北京邮电学院的一座破损了的大烟筒里，在厚厚的烟灰堆里忍受着急促的困难的呼吸，用铁棍一下下地挖掘，一块块地拉出来，整整一天拉出了九百多块砖。"

有了耐火砖，我们先要砌窑。印象中那一天我发烧三十九度，还跟一个女学生在那砌窑。那位女学生是光未然的妹妹，当时也是和我一样积极。她很可惜，后来自愿到新疆去锻炼，"文革"时，学生批斗她，说她是牛鬼蛇神，她受不了回到宿舍就跳楼自杀了。至今我还记得她当时的样子。窑终于砌好了，我们从北京耐火砖厂请了五个工人来教我们：如何套模子、怎么做坯、打到什么程度、用煤烧到多少度、打好的坯怎么放……师傅们一一指点。产品出来后，效果很好，很多地方都来找我们要。我们是无偿的，只要是拿来砌小高炉炼铁，我们就给。

这就是 1958 年我当两个月厂长的经历。"大跃进"我就是这么度过的。当时真是全心全意希望祖国能大干快上，超英赶美。后来才知道，实际上这是违反经济规律的，小高炉炼出来的那些铁都没有用。

当时不仅我们，大家积极性都很高。我们有位老师叫萧璋，中文系的系主任，党外人士，他家没有铁，不能献什么东西，硬是把家里刚买的锅砸了，扔到高炉里，我们当时看了觉得很可惜。

我这个耐火砖厂厂长干了两个月，全国钢铁量已经到达了1070 万吨，超过了英国的指标，于是耐火砖不再有需要，大家开始复课，我这个厂长就下来了。

卸任厂长后，1958 年夏天，我和班里七八个同学提前一年毕业，开始了留校教学的生活。

等到 1958 年冬天，我已经开始在新一教室给 1958 年"大跃进"招进来的四百个学生上课了，他们会一直在新一教室上课，因为只有那里才能装下中文系那么多学生。

面对四百双渴望知识的眼睛，我踏上了初为人师的道路。

我的老师们

当时北师大中文系老师队伍的力量是很强的。1952年，北京的院校经过一次调整，燕京大学并入北京大学，辅仁大学并入北京师范大学。北大中文系和北师大中文系，力量相当，但各有特色。一般来说，北大中文系的教授比较会讲会说，思想比较活跃；而北师大中文系的老师们写的文章，带有历史考证的性质，比较扎实。当然，这两个学校的老师，也并不是一成不变，像钟敬文先生，原来是北大的教授，后来调入北师大。

当时甚至有人认为，北师大中文系有"十八罗汉"（十五名教授和三名副教授），实力是各高校中最强的。这"十八罗汉"可谓群英荟萃，其中有三位一级教授：黎锦熙（1890—1978，现代汉语专业）、黄药眠（1903—1987，文学理论专业）和钟敬文（1903—2002，民俗学、民间文学专业）；六位研究古典文学的教授：谭丕模（1899—1958）、刘盼遂（1896—1966）、王古鲁（1901—1958）、王汝弼、李长之（1910—1978）和梁品如；三位研究古代汉语的教授：陆宗达、萧璋（1909—1980）、叶苍岑；以及研究现代文学的叶丁易，研究外国文学的彭慧，研究外国文学和儿童文学的穆木天；副教授则有启功（他的墓志铭头几句："中学生，副教授""瘫趋左，派曾右"，完全是写实的）、俞敏、陈秋帆三人。当时，杨敏如、郭预衡、徐世荣、葛信益、聂石樵、邓魁英、钟子翱、李大魁、黄智显、杨占升等二十余人还是讲师或助教。

这些人中，黎锦熙是毛泽东的语文老师，谭丕模是党内专家，黄药眠是从香港归来的左派教授、著名文学理论家，钟敬文是著名民间文学专家，陆宗达是"章黄学派"的重要传人，刘盼遂是清华大学王国维教授的开门弟子等。当时整个学校仅有的六名一级教授，中文系就占了三名。[1]

作为北师大中文系的学生，我们为强大的教师群体感到骄傲。本科期间，我们很有幸听到他们的课，那时候还没有研究生，没有实行学位制，只有四年（有一次改为五年）的本科。所以，很多著名的老教师都给我们上过课，即使一两位老师没有给我们上课，也给我们做过讲座。此外，还请外面的专家来上课，比如当时外国文学这门课，系里的力量不足，就请北大英语系杨周翰、朱光潜等专家给我们上课。

[李长之] 对我影响最深的是中国古代文学。古代文学分为"史"和"作品"两门课。古代文学史是由李长之先生和谭丕模先生分别讲授的。我的印象中，李长之先生讲前一段，谭丕模先生讲后一段。

李长之老师是清华大学哲学系毕业的，思想活跃，时常会有新见解，后来转到中国文学方面从事教学与研究。他学哲学出身，因此讲文学史能提升到理论层面，这对我们有很大的帮助。

---

1 北师大在 1956 年由国家评定出的一级教授：陈垣、黎锦熙、傅种孙、钟敬文、黄药眠、武兆发。

比如文学发生这样一种变化是为什么，唐诗为什么会这么繁荣，宋代为什么会出现词，他都能从理论上作出回答，而不仅仅是叙述过程。

李长之先生给我们上课的教材是自己编写的《中国文学史略稿》，有两三本小册子。在我看来，他是个非常洋派的教授，但总穿着一件非常土的长袍来给我们上课。李长之老师有鼻炎，上课常忘了带手绢，讲课讲到一半，鼻水流出来了，他就用袖子擦一下，后来擦多了，袖子两边就变成了白色。当时，我们只要看到一个小个子穿着两袖变色的袍子进来，就会发出会心而善意的笑。

李先生个子很矮，可是学问很高，对很多问题都有精到的看法，他的全集现在已经出版。他一直熬到1978年前后，那时他住在北医三院，自己都不能翻身了，我们这些学生轮流去守护他，我也去守护过一夜。他到生命最后阶段，趁着能说话，还对我们说他对中国古代文学理论有些新的想法，让我们学古代文论的老师去听他口授，把他的构思记下来。

不幸的是，他曾在1957年被打成右派，而且是极右分子。为什么是极右分子？后来我也没有去追查。打成右派之后，他和黄药眠先生负责旧主楼整个七层的清扫工作，包括两个厕所。东边的厕所由李长之先生负责，西边的厕所由黄药眠先生负责。我那时候已经做助教了，当时组里让我管我们文学理论组里的三个右派，包括黄先生。但是我对两位都称老师，有时候看他们非常辛苦，上班的人都回家了，他们还在那做清扫，我心里不是滋味，就动手帮两位老师把厕所打扫干净。这是我祖母影响我的，老师几天前还在讲台前给你讲课，第二天就变成敌我矛盾，要当成敌人来看待，怎么能这样？

别的组就不一样。在现代组，比如钟敬文先生，每天都要写日记、做检讨，有时候还要全组开会批判钟先生，语气都非常不客气的。他们组里的有些年轻人，一到开会就会厉声呵斥："钟敬文，你给我站起来！"这种事我是从来做不出来的，我总是说："黄药眠先生日记都写了。"其实黄先生的日记是有兴趣就写写，没兴趣就不写的。写日记是要他交代问题，提高对错误的认识，而有一回，我印象很深，很明显是写给我看的。他分析《林海雪原》这部小说为什么会获得成功，写《林海雪原》的环境，写为什么描绘的是小分队而不是大兵团，讲人物如何出场，分析得都非常到位。他这是帮助我去理解，我非常感激他。

[**谭丕模**] 谭丕模先生讲的是古代文学的后一段。谭丕模先生是党内学者，德高望重，学术水平很高。他带着一口湖南口音讲文学史，条理清晰，有板有眼，为我们理清了中国文学发展的规律。特别记得他讲宋词对于唐诗，是一大变化，后来元曲、明清小说兴起，又是一大变化。重要的是，他把这变化的社会历史原因和文学自身的原因讲得清楚、深刻而又明白。他也写过《中国文学史纲》上卷。令人痛惜的是，1958年，他参加中国文化代表团赴阿富汗、阿拉伯联合共和国访问，在北京飞往莫斯科的途中遭遇飞机失事，过早地走了。

谭丕模的女儿也在我们中文系工作，他的女婿就是我们后来的老校长，从南开过来的王梓坤，他们都是莫斯科大学毕业的。

[**陆宗达**] 陆宗达老师讲古代汉语。他在北大时加入共产党，

后来脱党。他的学问在什么地方？对古代汉语烂熟于心。有两部书他是能倒背如流的，至今我还非常佩服，一部是《孟子》，一部是《说文解字》。你想这《孟子》多长啊，但是他认为《孟子》是先秦散文中写得最好的，所以他全背下来了。因为他是搞训诂学的，又把《说文解字》给背下来了。他一辈子就吃这两本书的饭，这非常了不起。

陆宗达是章黄学派的传人，给我们讲古代汉语，这是一门很重要的基础课。虽然读了中学，但是我们还读不通古文，而古代汉语能帮助我们读通古文，所以我们都很认真来听这门课。陆先生讲这门课的方法也很简单。他没有讲稿，来了就先用粉笔在黑板上写一个字，这个字原义是什么，《说文解字》里怎么讲的，引申义是什么，可能有几种，再引申义是什么，他又接着讲。每堂课讲四五个字，清楚明白，又有逻辑性。

他是北京人，北京话说得很流畅。讲课中间，他会插上一些小故事，我记得的还有几个。陆先生非常喜欢吃，喜欢喝酒。有一次讲完一个字之后，他说，你们知道吗，北京最近又开了一家新饭店，这个饭店在什么什么地方，那里面有一种猪肘子，如何如何好吃，滋味特别美，你们可以去尝一尝。正当大家尝试着要问一问"叫什么名字"时，他忽然又说道，孔夫子最喜欢吃的就是这猪肘子，你们知道不知道？然后接着说，好，现在我们讲下一个字。如此一来，我们始终不知那家新馆子在何处。他常常中间穿插些小故事，课堂就活跃起来了，趣味盎然。大家听他的课不但清楚明了，得到了知识，而且也津津有味。

[**黄药眠**] 留校毕业之后，黄药眠先生是我的指导教师，我做他的助教。我读本科的时候，黄药眠先生就研究美学。特别是从1955年开始，由他发动了一次1950年代的美学大讨论，中心点是要批判朱光潜唯心主义的美学。当时他写了第一篇文章，发在《文艺报》上，发了以后，朱光潜先生还来不及回复，就遭到了蔡仪先生的质疑。蔡仪是当时社科院文学所的研究员，他在《人民日报》上发了一篇文章，说黄药眠先生的观点跟朱光潜的观点一样，都是唯心主义。当时用"唯心—唯物"这样单一的套路来看待美学。实际上美学是非常复杂、微妙的，不是简单的认识论，像主体、客体这样一种思路能解释得了的。当时黄药眠先生已经开始意识到这个问题，所以，他对美是什么有自己的理解。

据说当时对于美的看法，有四派：山东大学吕荧教授的"美是主观"派；文学所蔡仪先生的"美是客观"派；朱光潜先生学了马列之后，他认为"美是主观和客观的统一"，称之为"美是统一"派；还有一位是李泽厚，当时他才二十五岁，刚从北大哲学系毕业，是社科院哲学所的年轻研究员，他的观点是"美是客观性和社会性的统一"。这四派的划分，把黄药眠排除在外，当时认为黄药眠没有派。后来1956年到1957年间，黄药眠把朱光潜、蔡仪、李泽厚等美学专家，都约请到北师大，每周做一次讲座，一直讲到"反右"快开始。

这时候留给黄药眠的时间不多了，他可能意识到自己或许要被划成右派，因为他主张"教授治学"。当时他任民盟中央的宣传部长，负责起草了一个提纲，大概讲教授治学的。于是他准备了两次讲演，其中最后一次讲演的题目是《不得不说的话》，意思是如果现在不说，以后可能就没有机会说出来了。很幸运，这次讲演我不但去听了，还留有一位速记员的速记稿。1990年代我根据这个速记稿做了修订，写了序言，发表在上海《文艺理论研究》上。

在这个演讲里，他提出一个新的观点——"美是评价"，美是一种审美评价。所谓"评价"，和"认识"是不一样的，认识是指对客体一种很客观很冷静的分析、综合、概括等，而评价是指我这个评价人对评价对象物产生的感性的、理性的甚至包括情感的分析与判断。这完全是一种新的提法，那时我是在他旁边听的报告，可是我不能理解，听不太明白他说什么，只是觉得说得很有道理。可是道理在哪儿，当时不是很清楚。直到他去世之后，我整理他的文稿，在修订过程中，才真正认识到黄药眠先生在美学上是有贡献的。他在美学上的贡献主要有两点。第一是强调美的社会性。李泽厚的"美是客观性和社会性的统一"，这"社会性"三个字，其概念和内容，是从黄药眠先生这里搬过去的，而"客观性"这三个字，则是借用蔡仪的。黄药眠先生有一系列的美学论著，都是在强调"社会性"。他一直强调文学的社会性、美的社会性、艺术的社会性。

那他这里的"社会性"是什么意思呢？人是社会关系的总和，人是经过社会化的人，经过社会化的人用一种社会化的眼睛去看待事物的时候，他来感受美或不美的时候，就带有社会性。比如，梅花对我们中国人来讲，是一种高洁的象征。这和我们历朝历代一直在歌咏梅花，推崇梅花的品格有关系，这种认识沉淀到我们思想的深处了。当欣赏梅花的时候，我们带着这种长时期社会积淀的感情，所以觉得梅花很美，很纯洁。关于社会性，黄药眠先生在解放前批评"虚无"兼及批评胡风的《论约瑟夫的外套》（约瑟夫即约瑟夫·斯大林）里进行过论述，当时受到文坛名家如茅盾、周扬等人的好评，认为新中国成立之后，可能就要以黄药眠提出的"美的社会性"作为基础，来解释整个文学艺术。茅盾还为此写了文章，这篇文章在我给黄药眠先生编的《黄药眠美学文艺学论集》里有。

此外，黄药眠先生那时候就意识到，单一认识论解决不了复杂的美学问题，从而转到价值论上去思考问题。他才真的是那次讨论中有别于认识论的第一家。黄先生产生这样的思想不是偶然的。他提出"美是评价"，摆脱了简单的认识论的思路，而把美看成一个复杂的、微妙的对象，当作一个评价物。类似这样的观点，直到1980年代，才由苏联学者斯托洛维奇在他的《审美价值的本质》中提出来，而黄药眠先生比斯托洛维奇早了整整三十年。

可惜黄先生马上被打为右派，没能把他"美是评价"这样一个很有新意的观点变得更系统。要是给黄药眠先生留下三五年，他就可以把这个观点完整化、系统化，变成一个理论创造，可惜他当时已经来不及了。而到1980年代初平反之后，他又年迈了，甚至连年轻时期自己讲的这些东西，他都忘了。我提醒他说，您当时都讲了什么什么，他说你真厉害，我五十年代的东西我自己都忘了，你都还能记得住，我说我是看了速记稿的。

黄药眠先生对中国文学理论的建设，对北师大文学理论的建设，是作出了很大贡献的。教育部委托北师大编写的第一部文学概论大纲，就是由黄药眠先生在1950年代起草的。1953年，北师大率先成立了文学理论教研室，这在当时全国是仅有的。1956年，黄药眠先生率先招了全国第一批文学理论研究生，比中国人民大学的那个研究生班要早。1983年，也是黄药眠先生第一个申请到文艺学的博士点。这几个第一，说明他在学科建设上，在培养人才方面，是起了很大作用的。

到1960年左右，黄先生算"右派摘帽"了，理论上讲是从敌我矛盾转为人民内部矛盾了。这样他又有了工作，给我们三四个助教开课。他给我们开的是作品分析课，他认为作品分析对于搞文学理论的人来说，是最基础的工作，一定要把这个基本功练好。

一部作品应该怎么分析，如何看待它的结构，如何看待它的语言，如何提炼它的主题，如何看它的情调，如何看它美学的特性……他一点一点把着手教我们。我记得他讲的第一篇作品是《卖油郎独占花魁》，讲得非常深入，非常有趣。后来还讲过一些现代的作品，有赵树理的等等。他让我们分析作品，之后一字一句地批改我们的作业。所以分析作品成为北师大文学理论学科的重点和特色，这和我们重视当代文学创作是相联系的，也是黄药眠先生开创的传统。

特别让我感动的是，平反之后，黄药眠先生已经八十多岁了，还给研究生、访问学者讲课。平时，他和陆宗达先生的讲课风格是一样的，从不带讲稿，什么都不带的。但是有一天，在教二楼上课，他突然带了一个书包，进来就从书包里掏东西，我以为他要掏讲稿，想是不是他年纪大了，很多问题说不下来要借助讲稿。结果他掏出来两个药盒子，摆在讲台上，然后把我叫过去，说当左胸疼得不行的时候，吃哪一种药，当另外一些情况要送医院之前，吃哪一种药。这是他的最后一课，是他带着牺牲的精神，带着豁出命的精神，来给我们讲这最后一课。

黄药眠先生在我读本科、后来当他助教期间，乃至当新时期开始的时候，都给我很深刻的印象。我认为当教师就要像他那样，不断地钻研问题、提出问题，想办法实现理论创新。现在很多人都在做叙事学研究，但都是西方的叙事学，没有中国的东西，或者中国的东西很少。而黄药眠先生在1950年代初期，就写了一篇很重要的论文，叫《论小说中人物的登场》。他对《三国演义》《西游记》《水浒传》《红楼梦》等古典名著中一些重要人物是怎么出场的，进行了细致的分析。比如王熙凤的出场，现在说到其非常精彩处，都用那句"未见其人，先闻其声"来形容。我写了一篇文章，讨论这个说法从哪来。很多人都以为来源于王朝闻，因为王朝闻的《论凤姐》，那是整整一部书。但其实最早分析王熙凤出场的，是黄药眠，此说法来源于他的《论小说中人物的登场》。因此，我们要像黄药眠先生那样独立地思考问题，带一种创新的精神去研究问题，这样文学理论才会有前途。

黄药眠先生给我的指点不限于此。他看我的文字经常带有感性的色彩。有一次，大概已经是1980年代初期了，我陪黄药眠先生到陕西去，要成立中国文艺理论学会（黄药眠先生是会长，周扬是名誉会长，徐中玉是秘书长、副会长）[1]，火车上黄药眠先生一路和我聊天，现在很多很有意义的东西都忘了，但是有一件事情有一些话没忘。他和我说，你写的东西常常有感性的表达，为什么不尝试着搞点创作呢？写诗歌、散文、小说，都可以。现在的文学理论都是借助概念，完全是一种逻辑推演，其实很多概念是没用的，只有一部分概念是有用的。你通过自己创作的体验，知道哪些概念是有用的，哪些概念是没用的，以后讲课时，把那些没用的清除掉，而那些你在创作过程中感受到有用的概念，要重点先弄懂，再弄深弄透，这样你的课才会讲得好。我当助教以后，确实受到了黄药眠先生不少指点。

　　非常巧的是，黄先生是广东梅县人，他讲客家话，我也能讲客家话。他对所有人都是很严肃的，大家都很怕他，唯独我不怕。我知道，经过了 1957 年反右，以及让我管右派的那段时间，我们之间的关系不但没有更紧张，反而变成了朋友，变成了忘年之交。他把我看成一个年轻的朋友，我把他看成前辈，我们之间有信任感。连最后要平反改正他右派的问题，系里还是派我去的，说让我去的话，黄先生提出问题，我可以抵挡一下，其他人抵挡不了。于是我就去了。我说，按照党委的决定，过去右派是错划的，现在给予完全改正，他所有关于右派的一切资料包括检讨等，都从档案里取出，恢复一级教授的职务和其

---

1 中国文艺理论学会前身为高等学校文艺理论研究会，1979 年 5 月成立于西安，陈荒煤任第一届会长，黄药眠、陈白尘、徐中玉任副会长，周扬为名誉会长，黄药眠先生于研究会头几年的会务工作贡献很大。

他荣誉。他果然提出问题，说那党籍呢。黄先生1928年就入了党。我连忙说，黄先生，您的党籍我解决不了，您在国民党监狱里坐了四五年牢，我不能做见证，也不知道情况，这个问题我给您反映上去，可能由中组部才能解决。

从黄先生那里，我得到了很多教益，不管是治学方面还是其他方面。他从来不怕被打成反革命，他照样做他的学问，做他想做的事。甚至在"文革"的牛棚中，他被分配到操场拔草，或者扫厕所，或者干别的劳动的时候，他仍然能够构思出一两句箴言。他每天把这些箴言构思好了以后，回来就写在一张纸上，塞在家里一个很秘密的地方。十年下来，有了一大团。后来"文革"结束，他把这团纸条交给我和另一位老师整理，出版了一本书，叫《面向着生活的海洋》，书里每一句话都是很有深意的。

黄药眠先生是个硬骨头，他一生中最称赞的植物是胡杨。他认为要像沙漠里的胡杨一样，不怕风吹雨打，不怕干旱，坚持着活下去。他就是这么一个人，很不简单的。他做人上的坚定、不屈不挠，那种韧劲，那种任何事情来了都敢承担的勇气，在我认识的人中是很少有的。这也是支撑他经历那么多动乱，而能坚强活下来的原因。像和他一同从梅县来的一位讲逻辑学的老师，"文革"开始两天，就跳楼自杀了。他与黄药眠先生是一个对比。

黄药眠先生也有口述史，是陆定一要他做的。据说，要建立抗日统一战线的这个指示，是他带回来的。黄药眠先生当年在莫斯科中山大学学习，后担任教员。当时苏联提出中国面临抗日局面，要建立抗日统一战线。带着这个指示，黄药眠先生回到北京，找到王明，给他讲第三国际的指示。[1] 这是历史里一个很复杂的事情，我们只是说说而已。

[**杨敏如**] 杨敏如先生现在依然健在，已经九十七岁了，燕京大学的毕业生，是我非常喜欢的一位老师。她当时给我们上的是外国文学课。她是"文革"结束之后才去古典组的，此前一直都在外国文学教研室。她的英文非常好，但当时给我们讲的都是俄罗斯和苏联文学。她上课的功力很深，尤其对俄罗斯和苏联文学的作家、作品，有非常深刻的体验。更重要的是，她讲课的时候带着一种热情，这种热情会变成一种吸引力。很多老师讲的课我们都忘了，但是杨敏如老师讲课的一些细节，我至今仍然能够记住。

比如讲法捷耶夫的《青年近卫军》，她给我们讲了很多英雄，其中有一位叫刘芭。刘芭被敌人抓住了，敌人要枪毙她，刘芭说那你们就开枪吧，德国鬼子让她转过身去，她说："我是不会转身的，你们要杀我，我就要面着你们，我要看着你们的眼睛，看你们是如何杀人。"杨敏如老师在这种女英雄的气概里面灌注了自己的感情，讲得很细，至今还令我动容。

杨敏如老师平易近人，和学生的关系非常好，常常和学生聊天交流。系里曾有些老师对她有看法，说她不会写文章，没有学问，我在系里面始终是为杨先生辩护的。我认为，能够把课

---

1 根据黄药眠先生自己的说法，他当时被派去苏联青年共产国际东方部，作为翻译技术人员。后来主动申请回国，向王明辞行时，王明请他将建立抗日统一战线的指示带回国内。——编者注

讲得那么好，那么吸引人，那么有魅力的老师，说她没有学问是说不过去的。她能把课讲得那样好，本身就是学问。后来"文革"结束后，她改讲古典文学课，我没有听过。她擅长讲宋词，著有《唐宋词选读百首》。有两个人给她这本书作了评论，一个是叶嘉莹，一个是我。我写了个很长的评论，发表在《人民政协报》，她非常高兴。在那篇书评里，我对她称赞有加，认为这本书很有水平，在字里行间，在注释里，她的学术水平就充分表现出来了。[1]

刚才提到叶嘉莹，她和杨敏如老师关系很好。她们一个在燕京大学、一个在辅仁大学，但都是顾随先生的弟子。过去她们是不相识的。她们的相识是因为我 1980 年代当副系主任时，请叶嘉莹先生来北师大作过一次讲演，学生反响非常热烈。当时是在新一教室，能坐三四百人，连窗户下都站满了人。叶嘉莹讲的是辛弃疾的词，讲得非常好。于是我筹划着来一个擂台赛，邀请杨先生讲李清照。第二天晚上，杨敏如先生如约到来，开讲李清照，讲得也是非常精彩，非常吸引人。这两人旗鼓相当，各有自己不同的讲法，各有不同的体验，都很动人、很有魅力，把中国古典诗词的那种品位展示在了学生面前。我参加过各式各样的报告会，但是至今我都忘不了那次擂台赛。

杨敏如先生至今和我保持很好的关系，早两三年我没有病以前，她是隔一周或两周就要给我打一次电话的。那电话一打，

1　杨敏如先生的《唐宋词选读百首》2013 年由中华书局再版，再版时，杨先生将童先生这篇书评当作跋收入书中。

起码都要半小时、一小时，说得停不下来。我也曾多次到她家去。[1]
我们班校庆的时候聚会，所有的老师都请，杨敏如老师总是很
高兴地来参加。杨敏如先生课讲得好，她是有学问的，这是我
们班一致的看法。

[**启功**]启功先生给我们讲的课很有限，当时他还是副教授，
上课形式多半是专题讲座，主要是元曲部分。这一部分是很难
讲的，不但古文难读，有很多字是元曲里的规定台词，这些话
的意思字典里都查不到，如果没有戏曲知识，根本读不懂。启
功先生知识渊博，他不但能够把元剧的整体讲清楚，而且细节
方面也能讲得津津有味。学问做到他那样，非常不容易。

启先生是个很风趣的人，他将自己的课程称为"猪跑学"，
按我个人的理解，所谓"猪跑学"就是讲到哪里算哪里。但是"猪
跑学"可不简单，中文系没人能讲他那样的"猪跑学"。对中国
的古典文学，除了诗词歌赋等，启功先生对中国的杂文学，比
如古典笔记以及戏曲等民间文化，都有很深的了解。他的记忆
力又特别好，到八十多岁的时候，几十年没有见的学生，他依
旧能叫出名字来。这非常不简单，他是用心去记的，因为他觉
得人是最重要的，所以首先要记住大名。

启先生和我也有间接的某种关系。那是"文革"后期，中
华书局请他去标点《清史稿》。当时标点《清史稿》的人很多，

---

1 杨敏如先生系 1916 年生人，2017 年 12 月 15 日逝世，生前仍笔耕不辍研究《红
楼梦》。据杨先生说，童先生去世前数月还到杨先生家看望她，对她的研究表
示赞赏和鼓励，并说："杨先生您写吧，您写一章，学生我替您改订一章。"

朴：童庆炳口述自传

他算是里头年纪比较大的，但是关于古代的节日、时序、历法等，启先生有时候也弄不清楚。这还不仅仅是推算的问题，可能涉及《清史稿》里一些特别的说法和提法。我岳父曾次亮先生是中华书局的老编辑，1923年北师大毕业，学历史出身，中文英文都非常好。他一生专门研究古代历法，后来要出一本书，据说当时中国只有六个人能读懂，因此出版社不愿意出，说读不懂，没法出，最后还是在胡乔木同志的直接过问之下才得以出版。

启先生在标点《清史稿》的时候，遇到这一类问题，就记录下来，积累到一定时间，来找我岳父，向他请教。我岳父甚至了解清朝哪一天下雨、哪一天下雪，后来他研究《红楼梦》，研究曹雪芹的生卒年，也是从气候的角度来考证的。启功先生对我岳父念念不忘，有时候见到我爱人曾恬，就会问：“你父亲怎么样啊？曾老先生的学问可真了不得啊。”[1]

1980年代有一段时间，启先生住在小乘巷，那是新街口附近很小的一条胡同，独自的一个院子，北房是他自己住的地方，南房是他的书房。而我住在月坛北街，两个地方不远。那时候我当副系主任，常常隔一段时间就骑车去他家，有时候是问候，有时候去请教一些问题，或者麻烦他做一些事情。

当时他还没有被选为书法家协会主席，书法也不像现在这样吃香，他非常寂寞。所以，每当学生来了，他就非常高兴。他的书房非常简朴，除了一些古书，一张书桌，自己坐的一把

1　曾次亮先生1967年去世，而《清史稿》的标点在1970年代，启先生向曾先生当面请教的问题，或许另有其书。

硬椅子，就是放在他对面的一张条凳，用来招待客人。我每次去，他会对我客气起来，因为我是副系主任，他要把他的椅子搬出来给我，把条凳搬进去自己坐。我说："哎呀，启先生，我是你的学生啊，干吗这么和我客气？"他就笑了，很豪爽地问："有什么事？说。"启先生喜欢吃五香花生豆，他也不给我倒茶，只是把花生豆给我推过来，说："你吃点，很香！"我说我不吃这个，给他推回去，然后他又推过来，我接着推回去……这样推来推去，直到把花生豆推到我们俩都够不着的地方，这才开始说正事。

启功先生是一个能够自嘲自讽的人。我觉得凡是能自嘲自讽的人，表明他内在的力量是很大的。"中学生，副教授""瘫趋左，派曾右"，这几个字把他所有的毛病都点出来了，首先是文化程度不高的"中学生"，职称也不高的"副教授"，"瘫趋左"是他的左肩有点瘫，"派曾右"是他曾经当过右派。这是他的墓志铭，现在就写在他的墓碑上。他对学生、对朋友都是非常好，不知帮助过多少学生、多少老师解决了生活方面的困难。

到晚年，我们变成了邻居，我在红三楼住，他住在红六楼。他有时候寂寞了，没人说话了，就给我打个电话，说："请你过来，有一件事找你说说。"实际上就是去聊天。聊天的时候大都是讲古典的东西，甚至我都听不懂。启先生博览群书，尤其喜欢阅读杂书，古典的枝枝节节的东西，他都非常精通，都有研究，对很多问题他有自己独到的看法。

你别看他逢人便说好话，不了解启功先生的人，会以为启功先生客气，可是一旦我们师生在一起聊天时，他就暴露了他的"面目"。比如有一次我们谈到老舍。我说老舍有本小说《骆

　　　　　　　　　　　　　朴：童庆炳口述自传

驼祥子》，里面的人物写得活灵活现。启先生说："你这理解不对，实际上《骆驼祥子》是有点概念化的作品，是图式化的东西。"然后讲一大套理由。我又说老舍还有一部话剧叫《茶馆》，大家都说好。启先生又反问我："你也说好吗？"我说我也很欣赏。他说："那算是好的吗？连写话剧的方法他都没有掌握。"我连忙问是什么意思，他解释说："幕帘一拉开以后，台上好几十上百人，这让观众看哪个人说话呢？哪有话剧这么写的啊？话剧啊，像曹禺那么写，才像是话剧的样子。"我说那老舍的语言总是有特色的，京味语言，地道极了。启先生又说："那你纯粹是个南方人，你知道什么是北京话吗？"然后他叽里呱啦给我说了几句，我根本听不懂。启功是满族，地道北京人。

紧接着启先生又说，解放前有些作家你们都不重视，他跟我提了几个名字——后来我把记下来的纸条给了文学院的王一川了。他说："像这几个人，才可能是京味作家，他们真是在茶馆里，把报纸的边撕下来，一边喝茶一边写，写完后直接有报馆的人来收稿，在报纸上连载。"启先生认为，这些人写的东西很有京味，他们真是很聪明的，在喝茶之间挥笔而就。

启先生这些独到的见解，和许多正统的观点都不一样，他不拿到外面去宣扬，只是跟说得来的学生在一起时，拿出来聊聊天、讲一讲。

那时候向他求字很容易。我只要先和他说，我要写幅什么什么字，做什么什么用，他就会约个时间让我去他家。我买好一沓宣纸，到他说的时间我就去了，他会给我写两幅字，两张条幅。启先生一生给我写了好多条。

尤其是 1990 年代初，由于我的一些学生的问题，学校对我有意见，要整我。启功先生知道我的情况，给我写了一副对联。那时候他已经出大名了，还给我写条幅。这条幅是陆游晚年书房的一副对联，上联是"万卷古今消永日"，下联是"一窗昏晓送流年"。意思是劝我读书，不要整天闷闷不乐，觉得受打击受委屈了，要向陆游学习。陆游晚年一腔爱国热情不能够为朝廷所理解，所以用此条幅自勉读书。现在他也希望我用"万卷古今"来送走这段岁月。我万分感激他。

启功先生为人治学都是楷模。他敢于给北师大写校训"学为人师，行为世范"。我认为写得非常好。因为之前都是搞运动、搞斗争，这一次他让北师大以此为校训，以学习和实践作为根本，这样就把教育落到了实处。教育无非就是让人学知识，再用知识去实践，这是根本的东西。

启功先生出名有一定的偶然。现在整个北师大都是启功先生的字，网上还有启功体。但也有人说写得不好，写得古板。他是怎么出名的呢？说起来非常偶然。启先生和赵朴初的关系非常要好。赵朴初是书法家协会主席。那一年，协会里的常委开会，要选下一任协会主席，启功先生不是常委，也不在座。有两个人要争下一届主席，争执不下。据说其中一位也是有体的，曾经做过省委书记的老红军，现在到解放军大院去，都是他的字。还有一位也是大官。争了大半夜，一直到两三点，赵朴初始终没有说一句话。在这种情况下，两边互不相让，最后赵朴初说了一句："我看你们两位都别争了，这个主席让启功先生来做。"

当然，要真是启先生的字写得不怎样，也不会让他来做。

启先生的字是有体的，是写出了风格的，很多人受他的影响。所以，赵朴初既然说出了这样的话，大家就不再争了，于是启先生就成了书法家协会的主席，这是启先生自己完全没有意料到的。他是个淡泊名利的人，这个主席来得纯属偶然。

我曾经写过一篇关于启功先生的文章，把他尊师重道的品格写得比较实。我把杂志给启先生看了以后，他觉得我的话说到他的心坎里去了，还特意到我家里来感谢我。我说启先生我写这么个东西，怎么要你到我家里来感谢，真是不敢当。启先生是个很谦虚的人。

有一次，大概是他九十一岁还是九十二岁生日的时候，生日会场太沉闷，大家都在那念稿子，好像他已经不在了，给他念悼词似的，气氛很不对。我当时觉得不能这样，于是即兴来了一个发言。我说我跟随启功先生一生，得益很多，但是也留下了三大遗憾。哪三大遗憾呢？其中一条，我说他以前给很多红卫兵战斗队抄写过大字报，那大字报一抄就是十几张二十几张，贴得到处都是。当时我就怎么没有想到，在他贴了大字报以后，趁某个天黑的晚上，或者是刮风下雨的晚上，去把大字报小心地揭下来、保存下来。他那个时候写的字，说不定比现在写的还好，对我来说就是一笔财富了。这就不仅是启先生现在拿出去卖的条幅那么几万块钱了，因为这个东西既有书法的艺术价值，又有政治意义、历史记忆的价值。我说："哎呀，想想实在太遗憾了。"由于我的这个发言，一下子大家都笑起来，整个会场充满了笑声，像是在祝寿了。启先生之前也沉着个脸在那听，我觉得他也很难过，可当听我这么一说，启先生自己也笑了。

[**郭预衡**]郭预衡先生年纪比启功先生小一点，也是陈垣先生的学生，是陈垣正式的研究生。郭先生学问很渊博，特别是在中国文学史，尤其是中国散文史方面。如果说中国古代的诗文研究当代有两大家的话，那诗歌就数从加拿大回来的在南开大学的叶嘉莹。叶嘉莹后来去了台湾，又去了加拿大，这给了她很多时间，当然和她本人的气质也有关系，所以把诗歌研究得非常好，把中国古代诗歌的内涵、韵味、承继关系、作品诗人不同的特点等，都研究得很精细。我读过她的书，是很敬佩的。

如果说叶嘉莹在中国古代诗词方面可以称为当代第一家的话，那么郭预衡先生在中国古代散文研究方面可以称为当代第一家。有意思的是，叶嘉莹和郭预衡是当年辅仁大学的同班同学，那时候郭预衡是班上学习最好的，叶嘉莹还在其后。

郭先生跟陈垣先生做研究生以后，功底已经很深了。他原来是学历史的，但是偏重于文学方面，所以他对中国文学史的造诣很深。郭先生当我们老师的时候，不过三十出头，很年轻，他曾经有一个很宏伟的梦，希望写一部全面的文学通史，写一部多卷本的《中国文学通史》，意图要从中国古代写到中国现代，再写到中国当代。后来 1960 年代初的时候，我们一老一少，老的是他，少的是我，被批判为"走白专道路"，给他身上压了很多他不喜欢的事情。这耽误了他的时间精力，他没有完全实现自己的梦想，只写了一部一百五十万字的《中国散文史》，上中下三卷。但自这部散文史问世，我想今后中国三十年到五十年，没有人敢再写散文史了。因为这部散文史所表现出来的功力，对散文研究的深入和精细程度，对各代散文之间的承继关系和流变，以及对不同散文家不同的品格的研究，都达到了很深刻的地步，达到了很高的境界，而且文字上绝对是漂亮的。

郭先生研究古人如何写文章，自己写的文章也非常有文采。他曾经集中研究过鲁迅，那些写鲁迅的文章都是非常出彩的。除了能背"四书五经"，《战国策》《国语》《史记》等很多散文作品，他也烂熟于心。给我们上课的时候，翻开《战国策》里随便一段，他就呱啦呱啦开始背起来。

我印象里，有一次给钟敬文先生开一个民俗学座谈会，主要的发言人是郭预衡先生。在那个发言中，郭先生成段成段地背《国语》，我们在旁边听着，佩服得不得了。用一个字来概括他的学问，那就是"通"。对于古代文学，尤其古代散文，他完全通了。所以我们晚辈人写的散文史，都不能轻松超过他。要超过这部书的人，我想现在大概还没有出世吧。

郭预衡活到九十岁，启先生活到九十三岁，他们都是陈垣先生一派的。陈垣的贡献在大陆没有被彰显出来，但是在台湾被充分写出来了，台湾是出了陈垣全集的。陈垣是近代历史学的一位大家，启功先生、郭预衡先生是他留下来在学术上很有造诣的弟子。

[穆木天] 还有一些如今很知名的老师，都先后给我们授过课。比如穆木天，在 1930 年代，他和郭沫若等都是创造社成员。穆木天先生在系里是研究外国文学和儿童文学的，研究得很深入，尤其是西方文学。他深度近视，要凑近了才能看得见，所以给我们讲的课少一些。但是他那种随遇而安的为人和做派，给我很深的印象。

"文革"期间,他被打成牛鬼蛇神,因为鲁迅在文章中隐射"谁谁是叛徒",描述的有点像穆木天。当然,鲁迅的这个说法本身可能没有太强的政治含义,但是因为这个说法,穆木天被抓起来了。后来"文革"后期,又把他放回来,让他自己回家过日子。那时候连他的女儿,当时在中央广播电台工作,都不敢来看他,就他一个人孤独地生活在教二楼里的一个小屋子。每月,当时的党总支会给他送工资,他的工资也减了很多。他是二级教授,和陆宗达一个级别,[1] 这是比较高的级别,当时整个学校只有六名一级教授。

即使被打成反动权威了,他也能以一种非常乐观的态度来对待生活。晚年的时候,他不请保姆,当时也没有人请保姆,所以吃饭成了大问题。那时候我每天从月坛北街骑车来学校,路上总能看见穆木天先生,当然他高度近视,看不见我。当时马路两边有两条水沟,我由南往北走,他呢,就像一个修自行车的,脖子上挂一个脏兮兮的布兜,慢腾腾地朝南走。他这一上午就慢慢地要走到动物园对面一家广东餐馆,在那里吃一顿饭,然后带一顿饭回到家里,作为晚饭。

有时候,他来了兴致,会进新华书店,买一些小人书、连环画。他住的那院子里有很多小孩,三四岁、五六岁的,一看见他,一听见他那拐杖咚咚咚响,就都围过来。穆先生说:"排好队,排好队!"于是一人发一本,都同样的。或者是买一包糖果,那时候大家生活很艰苦,小孩要吃水果糖都是一种奢侈。他会找一块比较干净的草地,把水果糖撒在那里,小孩们就过

1　一说陆宗达为三级教授,比穆木天低一级。

来抢。有时候他也说，今天这个水果糖不能这么抢，必须排好队一人发一颗。

就是在那样一种困境中，穆先生仍然童心未泯。他喜欢孩子，他给孩子带来的虽然不是了不得的东西，但流露的是他真实的心灵。

每个月有人给他送来工资，然后他会把上个月结余的旧工资，用皮筋绑起来，随便往身后屋里一抛，边抛边说："一个月又过去了。"于是开始用新的工资。最后，他怎么死的大家都不知道，死了好几天才发现，还是我们几个老师给他清扫的屋子。

我的这些老师，或者在这个方面，或者在那个方面，成为我的榜样。人不可能一帆风顺，总是会遇到一些挫折或者坎坷，到了这个时候，我就会想起穆木天先生，我想他在那么一种情况下，能够坚持过下去，能够坚持做下去，我又有什么理由悲观失望呢？

[叶苍岑] 叶苍岑先生给我们上的课是语文教学法，因为我们都是师范生，毕业后准备去中学当老师。他给我们上的语文教学法，吸收了苏联语文教学法的经验，包括《红领巾》教学等。叶先生给我们讲课，不是靠生动性或者多么具体的东西来吸引我们，是靠他的逻辑，靠他教学的态度。令我印象最深的就是上过的课中，唯有叶先生的课的笔记是记得最完整的。

叶先生上课有一个讲稿，但不像现在有些老师一念讲稿就放不下。他是这样处理的：他有点老花眼，要念讲稿的时候，他戴上眼镜开始念，念得有声有调，念得很慢，让你能够记得下来。但老是这么念也不行，他一摘眼镜，我们便松口气，他开始讲一些生动具体的例子，具体到哪个字、哪个词、哪个情节该怎么讲。后来我自己在从教方面，经常学他的办法，凡是要比较逻辑地表达一个意思，自己不能乱说的时候，我就念讲稿。大家记下来了，我就把讲稿甩开，开始讲一些作品分析，讲一些有趣的事情。大家就比较放松。

现在他讲课的内容，我都忘了，但是他讲课的那种态度，那种从容不迫，那种风格，那种眼镜戴上又摘下，念一段又讲一段的方法，给了我很好的印象。

[刘盼遂] 我们北师大中文系的学术传统，可以上溯到王国维，为什么这么说？因为我们有刘盼遂先生。

刘盼遂先生是河南人，他是清华大学国学院四大教授第一个研究生班的首名弟子，他的直接导师是王国维。王国维投昆明湖后，遗体捞上来了，当时只有一个人跪在他面前，梳着一个长长的辫子，那个人是谁呢？就是我们的老师刘盼遂。他个子不高，留着长长的辫子，穿着长袍，跪在王国维的遗体面前。他是承传王国维学问的很重要很关键的一个人物。[1]

刘先生真正称得上国学大师，他对中国古代的语言、文字、历史，达到了无所不知、无所不通的地步。有一个说法我不能够完全证实，传说毛主席曾经谈到过他，说他是一部中国古代的百科全书；林彪和叶群——这也是传说——曾经请他每个月

1　据系里不愿具名的某位年长一些的老师回忆，当时王国维遗体运回清华园时，刘盼遂是在清华园门口跪迎老师。另外，王国维是至死都留着辫子，而刘盼遂当时作为清华学生应没有留辫。又据称刘盼遂某部藏书中曾夹有一份王国维遗嘱的草稿，刘盼遂家被抄后遗失。

到家中，去给他们讲一次孙子兵法。所以，他的学问是非常大的。我在大学一年级的时候，很有幸听了他的课，听了差不多一学期。当时他还不算太老。那是1955年，政治上也还风平浪静，他当时没有被剥夺上课的权利。

刘先生上课是非常自由式的，我现有的印象就是，他给我们讲《史记》，讲了好几个月，《史记》里的名篇基本上都讲了。他学问大到什么程度呢？有一次讲《廉颇蔺相如列传》，光是这个"蔺"字，他就用考证的方法，考证了整整一节课。可是他操着的那口非常浓重的河南话，我这个刚到北京的南方学生，怎么也听不太清楚、听不太明白。一方面，因为他河南口音非常重，另一方面，则是由于当时我对中国古代历史文化那些背景性的知识掌握得还不是很丰富，所以我没听懂。可是程度比较好的同学都听懂了。哇，都赞美不绝，都说北师大之所以为北师大，北师大中文系之所以能够和北大中文系并列全国第一，就是因为有这样大师级的人物，有这样学问功夫很深的人物。

可是我听不懂，怎么办呢？我觉得这是很大的损失，很遗憾啊。于是凡是他下一次要讲的内容，我就事先温习。我预习他要讲的《史记》中的每一篇，一定自己看得差不多了再去听课。听不懂河南话，上课的时候，我就不做笔记，专门看他的嘴型。因为我已经预习好那些知识了，投射到他说话时的嘴型上面，就这样慢慢地，我从基本听懂到完全听懂。所以《史记》我学得非常扎实，这是因为刘盼遂老先生给我们讲得精彩。

刘盼遂先生后来非常不幸。"文革"当中，他和启功先生的命运不一样。启先生是一个非常聪明的人，他家里面有很多古书、古物，那都是传世之宝。所以一听说"文革"开始了，中学生、大学生开始抄家了，启先生就把自己的门锁好，然后到北师大中文系报到，请中文系的红卫兵到他家去贴上封条，写上"北师大中文系红卫兵封"。这样，周围的那些中小学生一看，哦，北师大的红卫兵已经封了，就不再破门而入。

启功先生到学校以后，包括我还有其他几个同学，给他找住的地方，终于找到了一个过去参加劳动时放铁铲子之类工具的地方。工具差不多放了小半间，我把工具整理一下，屋子扫好，再弄一张小床，大家想办法给他弄了被子、褥子。弄好后，我们几个青年教师，那时候我们都三十岁左右，也都是红卫兵，和启先生说"你就看管工具啊"，再给他一个本子，谁要来拿工具，都要借，这工具不能少。我们又给他拿水壶，有病送到医院去看，他有事就来找我们，遇到什么麻烦也来找我们。启先生是在我们这样的保护下，很安全地度过了"文革"。

可是刘盼遂先生没有这样做。他自己有一所房子，还是比较好的一座四合院，在西城区，我没去过。四合院旁边正好是一所学校，学生免不了把球踢到他这边来，把他窗户给砸破什么的，这类事经常会发生。据说他多次到那个中学去交涉，要求学校把学生管好，不要干扰邻居。[1]

"文革"开始后，那学校的红卫兵就盯上他了，好几次抄

---

1 据前注同一位老师称，刘盼遂将大量的钱花费在买书上，夫人在家也没工作，所以家境普通，其个人生活非常朴素，房子当时在保安寺街，没有北房，不是四合院，也算不上顶好的房子，门上匾额为"居之安"，临近旁边没有学校。

了他的家。刘盼遂先生既是一个学者,又是一个藏书家。他最有名的一部藏书叫《宋版十三经注疏》,是无价之宝。这《宋版十三经注疏》现在留下来的没有几部,他那一部是非常难得的。他大概是住在西单那一块地方,经常到琉璃厂的旧书摊、旧书店去搜罗古旧书。当时的北京图书馆,现在改名为国家图书馆,也派了一个老先生经常到琉璃厂去蹓跶,看看有什么有价值的古书,他是奉单位之命到那去的。有一天他们见面了,都熟,因为老在那儿蹓跶。他们同时在一家书店里,都看到了那本《宋版十三经注疏》,两人稍微翻一下,刘盼遂说要,北图那位也说要。老板就很难办了,说二位都想要,可是我也没有两套,你们只能一个人买。两人争执不下,后来那个老板说,你们谁把钱先送到这,谁就先拿走。结果由于刘盼遂先生住在西单那一带,离家比较近,他很快到银行里,取出大概据说是五六百块钱,这在当时很多了,差不多是他两个月的工资,于是刘先生先买下了这部《宋版十三经注疏》。后去的北图的那位老先生一看,唉,这书已经没了,非常遗憾。[1]

刘盼遂先生得了这部书,如得珍宝,十分爱惜。刘先生爱书爱到什么程度呢?他有个藏书的书房,他自己也睡在那个地方。北京的冬夏气候变化很大,夏天下雨的时候很潮湿,而冬

---

1 据前注同一位老师的说法,刘盼遂看到这部"十三经"是在琉璃厂,当时刘先生常常去琉璃厂散步淘书,当时琉璃厂的这家店提出只能卖给公家单位,刘先生以要做"十三经"版本源流考为由提出购买,店家则索要证明,刘先生专门回师大中文系开具证明方才购得。当时刘先生家里并不富裕,刘先生花大价钱买了此书,夫人还很有意见。

天又很干燥很冷。古书的书页在气候由潮湿转为干燥的过程中会有变化，可能会受损。因此，他冬天从来不烧火炉，他真是爱书爱到了跟生命一样重要，宁愿挨冷受冻，也不愿意让他的书受到破坏。[1]

他还有很多藏书，后来由他儿子送给我们北师大图书馆。其中有一本书叫《大明通典》，据说全国就此一部，孤本，记载了明朝各种各样的法律、守则，等等。此外还有很多别的藏书，都是很珍贵的。所以他又是一个藏书家。

也可能就是那些书他舍不得，所以他没有像启功先生那样，把门锁了，跑来学校躲开。他想用生命来保卫这些书。结果旁边学校的那些红卫兵多次到家里来查抄，把他的书弄得乱七八糟。最后把这些书，一捆捆地抄走了。据说是送到当时的国家图书馆，实际上分散到了好多地方。他最珍爱的《宋版十三经注疏》从此流失，下落不明。[2]

1　据前注同一位老师称，刘盼遂确实很珍惜这部书，当时中文系曾经以刘先生家中没有保存条件为由，提出代为保管这部书，遭到刘先生拒绝。

2　据前注同一位老师称，刘盼遂藏书中的平装书当时被送往燕京造纸厂化为纸浆，而线装书则集中起来，被戚本禹先挑拣一过，剩下的送往国子监存放，北京市文物局也曾拿走一部分。"文革"后落实政策时，被挑走的书还追回一些，有些上面盖有康生、江青等人的印章。国子监曾请刘盼遂之子刘立三取回，但因为无地存放，遂于1980年代初由北师大中文系古代文学教研室取回，教研室特别申请了十个大铁柜子，全部装满。1980年代中期转交北师大图书馆保存，当时转交的书目有四千多部。近几年来，在刘盼遂先生的学生和童庆炳的大力追踪下，图书馆已经找到三千多部，并开设专柜陈列。而那部《宋版十三经注疏》，现存国家图书馆，国图还曾为此给刘立三发过捐赠证书。

一直到"文革"结束以后，1980年代初期，人们想起来，刘先生还有一本《宋版十三经注疏》。中文系现在还健在的老师聂石樵先生，亲眼看见过这部书。聂先生和刘盼遂先生都在古典所，聂先生当时是一个青年教师，差不多是刘盼遂先生的助手，所以经常到他家去。刘盼遂先生得了这本《宋版十三经注疏》以后，曾把书拿出来一页一页翻给聂先生看，真是视同珍宝啊。对刘先生来说，一生得这一套《宋版十三经注疏》，似乎就已甲富天下，足矣！他就是这么一个人。

　　刘先生学问做到五十几岁的时候，已经非常深厚了。这是现在的国学家们无法相比的。他出的那些题目，都是用文言写的，不要说原文有些我们看不懂，就那些题目我们有时候都看不懂。我前不久因为要写博客，整理了一下他的著作目录，发现差不多五十多岁以后，他自己觉得学问已经做尽了。从此以后他在学问方面发表的东西越来越少。他的精力逐渐转到教学方面，培养青年教师。

　　刘盼遂老先生是我的老师之一，他是一位真正的国学家。一直以来我想写一篇文章来纪念他，这在适当时候是要写的，我要纪念他。这是对我影响很深的一位老师。像他这样的国学家，现在中国已经找不到了，再也找不到了。遗憾的是，我和他的单独接触不多，他是上课来下课就走的那么一个人。

　　[王汝弼] 我再要说的另外一个老师叫王汝弼。我在一年级时，听过王汝弼先生讲汉乐府。王先生专攻汉乐府，现在留下两部著作，一本是《乐府散论》，一本是注释。可以说这两本书的学术功力之深，现在也没有人敢想去超越它。他给我们讲汉

乐府，用的是一口纯正的北京话，我们听得非常清晰。他似乎有哮喘的毛病，讲得很慢。但他上课非常有意思。他永远戴个口罩，白色的。等到要讲话的时候，才把口罩拉下来，只拉到下巴这个地方，把嘴巴露起来。待到他稍微要歇一会儿，或者学生举手提问的时候，他立刻又把这口罩拉上去，非常有趣。

王先生给我们讲汉乐府，至今我还记忆犹新。他讲课那种清晰的程度、深入的程度，不经过多年的研究，是不能达到的。我的老师黄药眠先生曾经说过，王汝弼注释古代作品的功力，是四十年的工夫。没有四十年的工夫，达不到他那个水平。

我的同事，比我年纪要小一点的李壮鹰先生，跟着王先生学注释。后来李壮鹰先生古文注释的功力，也就比较深。最近他完成了一套十卷本的《中华古文论释林》，远远地超过了以前郭绍虞的三卷本注释。他当时和王汝弼先生门对门住着，从王汝弼先生那里学到了注释古文的功夫。像李壮鹰那个年龄段，现在中国研究古代文论的，我觉得很少人能超过他。

[徐士年] 徐先生是江浙一带的人，讲着一口软软的吴音。他当时还是一个讲师，讲宋词，给我留下的印象也非常深刻。

就上课的效果而言，他在当年的中文系，可以排到前三名。他那种传达词的感情的能力，是非常厉害的。他讲柳永的《雨霖铃》，"杨柳岸，晓风残月""执手相看泪眼，竟无语凝噎"，像这些词，讲得把全教室人的精神都集中到他那里了，整个教室静悄悄的，只听到他一个人在那里讲。他也是没有讲稿的，但是他一句一句，讲得非常合情又合理。而且情感的传达方面，在老师当中，他可以说跟杨敏如先生不相上下。

徐先生后来非常不幸，我觉得这也是一个冤假错案，说他是什么历史反革命，然后从北师大调走了。先是调到江浙一带的一所师专，据说又辗转到河南，后来生死不明。徐先生给我的影响在于，他不是纯讲理论，而是非常注重作品里面所传达所表现出来的情感，各种各样的情感，欢乐的、悲哀的、孤独的、欢快的、豪放的、婉约的，他都能够传达得非常具体，达到绘声绘色的地步。所以后来我虽然从事文学理论教学和研究，但是我的文章是不会专讲理论的，讲任何一个论点，我都要找到作品作为一种实证，来证实我的观点，来说明这个理论不是从天上掉下来的，它是从创作中、从作品中、从作品分析中提炼出来的一种理论。这就是徐士年、杨敏如这些先生给我的影响。

[邓魁英] 邓魁英先生给我们讲的是唐诗，她当时是留下来的助教，非常年轻，刚二十出头，比我们大不了几岁，长得端庄、漂亮。她还说着一口标准的普通话，讲起课来不快不慢，抑扬顿挫，十分流畅。她自己对诗背得滚瓜烂熟，把每一首诗所抒发的情感、所具有的艺术氛围、所包含的生活气息，都讲得既有条理又具有诗意，很有感染力。

邓魁英老师还健在，她是很善言辞的一个人。据说，似乎是在她二十二三岁的时候，有一次他们家跟别人家打官司，一般人都要去找辩护律师，可她不找辩护律师，自己上法庭去辩论。这在当时是个趣闻逸事，现在都还在流传，但是越传越离谱了。后来这事我跟她对证过，她跟我说过实际情况，以后还可以请她把故事加进来。

[**钟敬文**] 钟先生虽然没有给我上过课，但他对我影响却很深远。[1]

钟敬文先生是位了不起的人，他是广东人（汕尾市海丰人），靠近东部沿海一带。钟先生很有学问，但他把自己的学问都不叫学问。我看了他的散文全集，他说"我从事艺文"——把"文艺"倒过来叫"艺文"——是从哪年哪年始，"艺文"这个词在他的散文集里到处都是。

"艺文"是什么意思呢？差不多就是我们古代的文章的意思，既包含创作性的诗歌、小说、散文，也包含学问，民俗学、民间文学这些东西。所以他是从来不把创作和理论研究分开的，统称为"艺文"。他自己的一生也是这样，从开始进入"艺文"这个界，他就既搞理论，也搞创作，不写小说，但写了很多散文、诗，还有诗论。

我真正认识钟先生是"文革"之后，之前他没有跟我们讲过课。"文革"结束后他出任系主任，让我和另外两位老师当他的助手，做副系主任，还给我派了很重的活儿，教学科研都归我管，这样我们就开始有来往。

钟敬文先生对两种东西特别感兴趣。一种是民俗学，他多次跟我们讲，说："民俗学实际上就是一种'人学'，人是在有

---

1 童先生在口述中讲述老师部分时并未提及钟敬文先生，而是将钟先生置于最后，和几位朋友如汪曾祺、王蒙、蒋孔阳等人一起讲。但由于童先生在本书其他地方以及其他一些文章中也将钟先生称为自己的老师，出于整齐考虑，整理者特将此部分内容前置于此。

　　　　　　　　　　　朴：童庆炳口述自传

了民俗之后才真正成为'人'的。有了人以后才慢慢有了各种
各样的崇拜，各种各样的仪式，这就是民俗，这样才成为人的。"
他从 1923 年开始就研究民俗学，被称为"中国民俗学之父"，
北京市把他评为"人民学者"。另外一种他特别感兴趣的，就是
儿童文学。钟先生觉得儿童是祖国的未来，儿童文学应该好好
研究，儿童文学组要恢复，儿童文学的课要开设。都是在他的
指示下，我们才成立了儿童文学组，专门安排儿童文学课。这
在很多学校都没有的，只有两所大学有，一个是北师大，一个
是原来的浙师大。他对这两种学问始终如一，一个是自己亲自搞，
一个是督促我们，希望把儿童文学好好地搞起来。钟先生的学
术面是很宽的。

1990 年代中期，钟先生这些老先生身体都还健康。在北京，
有"四老"之称，即季羡林、钟敬文、启功，还有北大的张岱年。
张岱年是北师大毕业的，后来搞哲学，在北大当教授。他们四
个人同进退。比如哪个地方开个会，要约请人的话，都知道他
们四个要么来就一同来，要不来就一同不来，因此都会给他们
四个人发通知书。发了通知书，一般不是季羡林先生就是钟敬
文先生开始打电话："我们去还是不去？"有人说"去"，就四
个人一同去。

记得有一次我参加《文艺研究》发刊二十年"座谈，他们
四个人同时出现在会场上，大家都很惊讶，问："这四位老先生
怎么同时到会啊？"他们不知道有"北京四老"的故事。他们
呼啸而来，参加会议，发言，然后呼啸而走。大家都准备好饭了，
请他们来，他们不吃。他们非要到哪吃呢？非要到启功先生提

招牌的那个酒家吃饭。这"四老"来了，题招牌的那个酒家不但不要他们的钱，还欢迎不尽，当然说不定也趁机让他们再题点字什么的。

这就是"北京四老"的趣事。季羡林先生说："要算学问，我们四个人里面数钟老的学问最大。"他们四个人的排序应该是：钟老，然后是季先生，然后才是张岱年，最后是启功，启功是年纪最小的一个。他们呼啸而来，呼啸而走。《文艺研究》的成员要去追，我说："你们别去追啦！这是'北京四老'，他们同进出的，同进退的。"

1980年代以后钟敬文先生还给我们讲课。他讲课跟别人不一样。怎么不一样呢？他讲课是连逗号、句号都要念出来的。他不写出讲稿来是不会去上课的，一定是把课程都备好了，写出讲稿了，然后到课堂上"照本宣科"，念完一句就"逗号"，再念完一句就"句号"。我听过他的课，很有意思，大家都能记得下来，他念得很慢。他们每个人的课都不一样，启功先生的课叫"猪跑学"，讲到哪算哪，他不管什么条理不条理。可是钟敬文先生呢，是极其讲条理的。

钟敬文先生后来跟我住得很近，我住红三楼，他住红二楼。人到晚年，他有时候也会寂寞，所以经常十点半或十一点突然给我打一个电话，说："你过来一下，有事儿。"我开始以为真有什么事，到他家以后，我问："什么事啊？"他说："没事儿，聊聊天。"然后他就回忆起20世纪二三十年代的作家，那些和他们的故事、和他们的交往。

可惜当时我没有长个心眼儿，每次他讲完以后，我都没有记下来，我应该追记一下，那会变成一本很有意思的很重要的资料。比如说其中谈到我的老师黄药眠先生，他们两个人都是广东人，都是 1903 年出生的，2013 年都是一百一十周年诞辰。他会把我老师的经历讲得没完没了，说哪一次机会没有抓住啊，抓住就了不得啦，就进中央政治局啦！就说这些东西。有一次他对我说："你老师有毛病。"我说："什么毛病啊？""你看不是大家都称他老爷吗？胡风给别人的信里面也称黄药眠为黄老爷。"我说："怎么会这样称呼他呢？"钟先生说："他厉害，他比我厉害，他是有行政工作能力的，很多事情他要当权的时候，他是说一不二的，是那么一个人，跟我不同。"他讲了许许多多故事，没完没了讲下去，一般讲到十一点半，厨房里的保姆喊"吃饭喽"，我就很知趣地告辞，他们开始吃饭。回想那段时间，依然觉得非常有意思。

钟先生老了以后就变成个小孩儿似的，童心不泯。而且他工作的精神是我们无法相比的。他去世前不久，也就是一个星期左右，我和程正民老师到医院去看他，发现他正和他的一群博士生聚拢在一起，头碰着头，似乎在研究什么问题，好像没病的样子。我们问钟老："您是有病，还是没病啊？""我有病啊。"我说："有病您还这么干？"我就说那些学生："老师有病你们还围着老师，不让他好好休息。"他这工作精神是很可贵的。

他的散文我全部读过，他能够把自己的观察、体验，各种各样的知识、文化融合为一体。他做过周作人的学生，所以他的散文写得很有趣味，很有意味。有几篇散文的确写得非常好，像《碧云寺的秋色》，后来都选到中学语文教材里面去了。要说文化散文，最早不是余秋雨搞的，是钟敬文先生他们这些人最先写的。到了一个地方，把这个地方的历史来龙去脉，里面发生的故事都要写一通，早就有这种写法。钟敬文先生对我的影响是很大的，特别是那种一辈子不懈治学的精神。他真是一直到要走人了，还在那跟博士生们切磋学问，是这么一个人。

我为什么要用这么长的时间反复地来讲我这些老师，想方设法要把他们讲充分：一方面，说明北师大中文系教学研究的实力很强，在全国是顶尖的；另一方面，更重要的是他们对我日后的学术生涯有巨大的影响，对我学术研究有很深的启示。

老师是我们在学校学习过程中最重要的元素，因为老师看似随意的一句话，也许是经过几十年治学经验才说出来的，如果真把这句话理解了，对我们来说是终身受益的。所以无论是课上听课，还是课下谈话，我都受益无穷。老师是帮助我成长的重要元素，是我个人历史的一部分。

甚至可以这样说，老师们的这些课程，他们对作品的分析、对问题的理解，以及他们提出的一些新鲜的观点，乃至他们刻苦治学的精神和方法，都变成一种学术的血液流淌到我的血管里，使我日后无论是提起笔写文章，还是走上讲台面对学生，都会想到这位老师或那位老师。如果我不进北师大中文系，接触不到这些老师，我的学术会失去血色，可能一无所成。我今天在文学理论教学和研究方面，做出那么一点点的成绩，都跟这些老师的教导密不可分。

所以老师是我永远不能忘却的。谢谢你们，我的老师们！

1958—1963，初为人师

青年时期的童庆炳

给黄药眠先生做助教

1958 年我留校，开始了当助教的生活。其实最初我并不是很喜欢文学理论，我希望到古代文学教研室去。但是喜欢古典的人太多了，我被分到了文学理论教研室，从此开始了我的从教生涯。

在这段时间里，我受到了黄药眠先生的指点。黄药眠先生给我们开课，他当时算摘了"右派"帽子，按人民内部矛盾来处理了，所以给他一份工作。他指导我们三四个助教，开作品分析课。他给我们很多自由，让我们自己选作品，自己分析作品。然后他来批改我们的习作，给我们指点。

可惜当时他给我批改的作业，后来经过几次搬家，都丢失了。包括一些很重要的信件，其中有王元化先生给我的信，都丢失了。我的朋友程正民先生还保留着当年的作业，上面有黄药眠先生用红字批改的痕迹，保留得很好。程正民那里还有莫言论文的原件，因为当时他是答辩委员会主席，我是指导教师，后来我复印了一份，但是原件还保留在他那。

黄药眠先生的指点对我非常重要。他让我认识到，无论是文学理论教学还是研究，都要有具体性，要跟创作联系起来，要跟作品联系起来，要和作品分析联系起来。这样你的理论才能够打动人，能够说服人。如果一味地作逻辑推演，学生听了要打瞌睡，这不是好的方法。比方说，讲完了一个论点，你还要摆事实。怎么摆事实？就是把作品拿出来，把作家创作的经验拿出来讲，这一讲就讲得很具体了，这个理论就不是干巴巴的了，它就变成有血有肉的东西。这是黄药眠先生教我们的方法。

他自己也是这么治学的。他给我们讲了很多例子，不光是作品的，还有日常生活的例子，他总是强调理论的具体性。我现在对当代文坛一些中青年文学理论家的不满之一，就是他们的论文缺少具体性，他们是从理论到理论，从概念到概念，从逻辑到逻辑，没有具体的东西。他们似乎要当什么康德、黑格尔，可是我看康德、黑格尔，有时也在举例子。黄药眠先生对我的影响巨大，这是其中一个方面。

当然老师们教我的一些方法，有的我吸收了，有的没有吸收，我要根据自己的情况来办。例如当时让我做卡片，中国从孔夫子开始，一直做到鲁迅，要做一个文学理论的论点卡片。那时候很重视这种做卡片的方法，这是从苏联传过来的。但是有的老师就不提倡做卡片法。哪些老师呢？比如郭预衡先生，陆宗达先生。他们强调的是原典背诵，要熟练到融会贯通，而我喜欢的正是这种。有时候我会在书里边夹很多条子，那些条子就是我的卡片。可是你不要拿下来，孤立地把那句话拿下来就没有意义，要在上下文中看，它的意义才能够显示出来。

重要的是你的理解。读完一本书，要做读书笔记，要把自己已经觉得能够吸收到的东西写下来，变成你自己的血和肉，这样才会有用。有的人记了许许多多的卡片，可是日后都忘掉了。

当时卡片法是我们教研室的一个很重要的方法，所以我们教研室从1954年就开始编那种摘要式的书，到后来我还主编过《文学理论学术参考资料》上下卷，两百多万字，一直通到现在。这个东西很多很庞大，但是对自己没有多少用处。只有理解了的东西，才是你的东西，才是有用处的东西。所以当时文学理论所流行的卡片法，我没用。我信服的是郭预衡，是陆宗达，我认为他们的那一套对我有用。一首诗，你起码把它读十遍或十遍以上，读到了然于心，不但能背诵，而且对它理解很透彻，那不知什么时候这个东西就蹦出来，就变成你的一部分了。

1984年，我在红旗出版社出版的《文学概论》上下册，之所以能够在大江南北流传开来，第一版就印了二十七万册，很多老师甚至买两本，剪下来贴在自己的教案上，就是因为我讲理论不是空的，有很多具体的例子，有很切实的例子。有时候，一个例子比一条理论有用得多。你讲一段某某理论，学生理解不了，但是再加一个例子，学生就豁然贯通了：哦，原来老师是在讲一个非常深刻的道理。这就是我进文学理论教研室以后，受到黄药眠等先生的影响，开始形成自己研究的最初路数。

当时的教研室还有两个老先生，一个比我大十岁，是我的老师，叫钟子翱。他编过一本《文艺学概论》，那是他在苏联毕达可夫《文艺学引论》的基础上，加进一些古典文论的东西写成的。他去世得太早了，1986年走的。他信服的就是这种卡片法。为什么卡片不可信？非得到把书读"饱"了，到五十多岁六十岁才写文章？我不信服。因为我看到朱光潜先生的一条经验，就是说边读边写，这个有体会了，你就写出来。写作有一个过程，不是我学得多了，然后就会喷涌而出，这是不可能的。要边学边写，写了再学，然后再写，这样就会慢慢地积累经验，越写越好。

我常常这样想，哪怕比如说我早期写的一些理论，回过来看已经非常不满意了——这就是古人所说的"悔其少作"——但是我不悔。我认为这像一个小孩学走路，他能站起来迈出第一步，那一步可能是很不稳的，是要跌倒的，或者歪歪扭扭的，这都没有关系，他会越走越稳，越走越好。如果说要等他学会像大人一样走路了，然后要按大人那个样子走，那他永远走不出第一步。所以我对老师们的一些教导就没有吸收。

后来钟子翱先生迎来了好时候，他觉得他已经到了饱学的程度，于是开始写论文。1978年至1980年那会，我已经发表不少论文了。我发的论文比他多，跟很多编辑部的关系非常密切。比如《文艺报》，当时是一本杂志，它是由杂志变成报纸，又由报纸变成杂志的，我在《文艺报》杂志发了不少文章。有的文章还引起了很大的反响，被几十家刊物转载。比如说有一篇关于谢晋导演的电影《天云山传奇》的文章，影响很大，三十几家刊物转载了。甚至有人告诉我，说你以后应该当个电影评论家，因为那篇文章得到了多数人的认同。我那篇文章批判了两个人，他们写了非常"左"的意见否定这部电影作品，而我认为这部作品是好的，文学作品的价值就在于它是真的、善的、美的，而这三者它都具备了。

钟子翱先生做过很多卡片，他看我跟《文艺报》很熟，于是写了一篇关于风格的文章，让我转递给《文艺报》的熟人。当时《文艺报》编辑部主任是我的朋友，我就转给他。他回复说，这有点像教材，没法发表，后来退回来了。所以，卡片有时候是有用的，有时候是完全没有用的，甚至妨碍自己的治学。其实很多文学理论，都要关注现实，随着时代的变化发展而变化发展，不能够停留在书本的条条上面，这是没有意义的。

还有一位老师年纪更大，是黄药眠先生的弟子，姓龚。龚先生是四川人。他给我们讲过课，而且是在高年级讲过文艺学专题的课。但是我觉得他讲课是乱的，逻辑性不行。后来他因为历史问题在"文革"中被打成牛鬼蛇神，但他之前是牛鬼蛇神里面的队长。有一次黄药眠先生迟到了几分钟——那时候还不是集中住，还是各自在家里住——他就在那里训话，点名批评老师。所以黄药眠先生后来对他印象很差，"文革"结束以后，他不敢留在理论组，就到写作组去了。在写作组，他研究什么呢？研究宋词。有一次我去见黄药眠先生，黄先生问，龚在那干什么呀，我说在研究宋词。"他研究宋词，他读得下来吗？他读得懂吗？"黄先生说，"让他来，让他给我讲一首宋词。"

在那个地方，那个时段，给我影响最深的是黄药眠先生。我觉得他的指点是很有意义的，理论的具体性也是从他那里得到了，后来我写了些小说，也是受他的指点。

我的第一课

1958 年 12 月，我走上新一教室（独立一间的平房阶梯大教室，已拆除，位于今学十六楼西北角）的讲台，咳嗽两声，清了清嗓子，说："今天，我们开始讲文学的类型。"就这样，在台下四百双渴望知识的眼睛的注视下，我的第一课开讲了。

为了准备第一堂课，我不知下了多少功夫，真是体味到了当一个大学老师的不易。过去没有写过讲稿，于是要模仿人家的东西，还要逐字逐句改。这时候还谈不上什么创造，无非是把现成的知识，做个梳理概括。

文学的类型是个较为浅显的题目，国外是三分法，抒情类、叙事类和戏剧类，中国是四分法，小说、诗歌、散文、戏剧。那么就讲这些文体与题材的特点。关于特点，有很多教材可以参考，但是怎么取舍这些论点，费了很大功夫，我简直是用了所有的聪明才智，还经常开夜车。我很重视自己的第一课，终于把第一课的讲稿拿出来了，就请黄药眠先生看稿子。黄药眠先生翻了几页，却说："你这个字啊，写得太差了，不好认。"然后让当时一个被划成右派的年轻讲师，誊写了一遍，然后再请黄药眠先生看。黄药眠先生又说："写得太全太多了，有很多东西不是某个文体的特点，而是所有文学体裁的共有特点，这些你总体上讲几句就够了，要删掉。"在他的指导下，我开始做修改，真是不知折腾了多少遍。终于到了新一教室，面对四百个学生，我讲出了"今天，我们开始讲文学的类型"。这是我人生第一次站讲台。

朴：童庆炳口述自传

这第一课，我觉得，讲得非常失败。为什么这么说？因为我离不开讲稿，不能脱稿来给大家很生动、很活泼地说明一个问题，或者是把一个例子解剖得很细，我做不到这一点，没有这个能力，或者能力很差。所以我这个课，大家听起来有条理，但实际上就是一般的知识，还是靠念讲稿念出来的，不是从心里面说出来的。甩开讲稿来讲话，这非常重要，说出来的东西才是真东西。你真懂的东西，才能脱开讲稿说出来。你不懂的东西，是可以念，直接念过去，但是你自己不懂，学生也不会懂。

我想，我让那四百个学生感到失望了。当然，后来我还上了几次课，慢慢有些提高，但总的来说，讲得都不是很好。就像小孩刚刚开始走路，还在蹒跚学步那个阶段，对我而言，不可能一上台就能够那么从容，能够尽情地发挥。下课后，我觉得非常难过，嗓子也讲哑了，出了一身大汗，可是课却失败了，这就是我的第一课。当时，也有别的老师坐着听我的课，看我讲得怎么样。他们也感到不满意，给我提了意见，我陷入了一个困境中，陷入教学的困境中。

由于讲课失败，我在文学理论组待的时间不长，中间发生了变化。当时教研室的主任，同时兼系里的副主任，比我大个七八岁，高我三年级，在他的提议下，我硬是被排斥出文学理论教研室。系里没有办法，只好把我调到校部的教务处。

当时教务处分三个单位，一个是教务处，一个是社会科学处，一个是自然科学处。社会科学处当时的领导叫方铭。她一直在北师大工作，后来到研究周总理的那个组里面去了。[1] 她在师大工作了好几十年，给我帮助很大。那时已是 1960 年左右那样一个困难时期，我在社会科学处里的一个科当科员。每天上八小时的班，上班的时候只许看报纸，喝茶，不许看书。其实社会科学处没有多少工作，所以白天的这八小时，坐在那地方，觉得非常漫长，很枯燥，很没有意思，但是又不能不去。可以说，这是我留校以后遭遇到的第一个挫折。

也是在这过程中，我开始思考怎么提高业务水平、学术水平，然后返回中文系。

新婚

我的妻子曾恬是我同班同学，她是班里面的文艺委员，热情、活泼，对人亲切，心地善良。我四年级开始跟她谈恋爱，恋爱经历不像现在年轻人那样曲折。从大学四年级又经历了中文系的一年多，谈了两年多恋爱以后，我二十五岁那一年，我们结婚了，时间是 1961 年 5 月 1 日，劳动节那一天。

五六十年代那个时候也有五六十年代的人情味。比如说我要结婚了，我就去找科长。科长是位临近中年的人，很富同情心，对人亲切。他整天叼着一根香烟，对人总是笑眯眯的。他听我说要结婚了又没房子，很着急："哎，你怎么不早说，这都三四天的事了，来得及来不及啊？"科长就去找处长。处长说：

---

1 中共中央文献研究室周恩来生平研究组，方铭 1980 年代初任组长、顾问。

　　　　　　　　　　朴：童庆炳口述自传

"他结婚就结婚吧。"科长说："婚期都定了，就在这三四天的时间了，可是还没房子呢。"底下他就调动全部力量去找房子。那时候别的地方都没有房子了，只有部分新房子还没有住人。所谓新房子就是小红楼，因为原本是给苏联专家准备的。1958年以后，这些苏联专家不再来了，房子就闲置着，一直没有住人。红一楼那个楼上，只住着党委书记，那是当时全校的最高领导。

当时房产处说，实在是没有房子——其他楼都没有盖起来——要说有房子，就是给苏联专家盖的那小红楼了。我们这位尹科长，硬是磨着房产科，给他们讲了很多道理，说了很多好话，求了很多情，房产科终于同意在党委书记的楼下，开辟一个客厅——别的房间都锁着，就打开客厅，还有厨房、厕所、吃饭的小间。尹科长很高兴，他对我说："行啊，房子给你落实了。你就住在党委书记楼下，在那里面给你腾出来一间，你自己去整，那里边没有床。"我说没床这好办，到学生宿舍，抬两张床来，一拼就完了。

那会儿还处在困难时期，没有办法像现在的年轻人那么阔气，结婚照、结婚典礼等通通没有，简朴得不能再简朴。我一共买了三斤糖，当时叫高价。三年困难时期，西单商场卖的水果糖，五块钱一斤，很贵。五块钱是什么概念呢？我们工资的十分之一。三斤糖，差不多是我工资的一半了。

然后我们请来了领导，就是方铭、尹科长，还有我岳母也到场了。在小客厅的床边上，我贴了一张毛主席像，这是房里唯一的装饰。我和爱人都没有新衣服。没有体面的衣服可穿，那怎么办呢？我爱人回家去找她母亲。她母亲说："这好办，庆炳跟你父亲个子差不多，你父亲有很漂亮的中山装，拿一套去吧。你就借你二姐的衣服吧，你跟你二姐个子也差不多少。"就这样解决了。

那天晚上，小屋子里面非常热闹，挤得水泄不通。老师、同学、领导都来了。婚礼很简朴。当然，也有个主持人，首先让我们给毛主席鞠躬，给家长鞠躬，我们就给岳母鞠躬。然后是领导讲话，领导就是方铭、尹科长，他们都说了很多美好的祝愿的话。最后是新郎新娘讲话。

当时我印象很深的是，我岳母很会说话。尽管是一个家庭妇女，但她说了几句很得体的话。她大概意思是说，结婚以后要听毛主席的话，按照毛主席的教导去办事，为老百姓谋利益。这几句话很朴素很得体。让我们两个讲话的环节，都由我妻子包办了。曾恬很会讲，她当时在二附中工作。

仪式完了，大家表演节目。表演节目也是曾恬，她会写诗、会念诗，诗写得还相当不错。她给大家朗诵了一遍自己写的几首诗，还朗诵了一首马雅可夫斯基的诗。不过等诗念完，就冷场了，怎么办呢？恰好这时党委书记的女儿，正好五六岁的样子，也来参加我们的婚礼了，她的名字我还记得，叫何妮妮。何妮妮说，她要表演节目。"何妮妮第一个节目是什么什么"，她自己报幕，自己表演，哇！一连唱了好几首歌，跳了好几个舞，很精彩。后来党委书记也下来了，祝贺我们新婚。婚礼就这样结束了。

记得当时我连一个暖瓶都没有，还是从她家里边带来的。我爱人已经在2009年1月因为癌症不治，在我的怀里面平静地走了，就在二炮医院的重症监护室。她的家庭是一个革命的家庭，她父亲1923年毕业于北师大，后来回开封任教，先做中学教员，后来在河南大学任课。他把几个子女都送到延安。她大姐曾克，是一个作家。如果后来不犯错误的话，她应该是全国妇联主席。在解放战争的时候，她是非常有名的一个人物。她参加过延安文艺座谈会，但她不是"鲁艺"的。当时的延安文艺界，分成两股，一股在"鲁艺"，另外一股在文艺界抗敌联合会下面，简称"文联"。她是跟丁玲这些人在一起的。

曾克在读完中学以后到了重庆，她向往延安，由周总理亲自介绍，1937年到延安，1938年参加共产党，属于"38式"的。她出名是在解放战争中，随着刘邓大军进攻大别山，是一个能干的青年随军女记者，左右手都能打枪。

解放军过长江以后，她发了一个解放军百万雄师过江的通讯，那个通讯传遍了整个世界。曾克写解放军势不可当越过长江，正在追击蒋介石的部队，她写过江前、过江过程中、过江后的情景，而且预测解放军解放全中国。这样一篇通讯，在当时的新华通讯社播出后，世界各国就以她的那一篇通讯报告为准，来报道中国的情况，来了解中国的情况。

她参加过1949年全国政协第一届会议。那是共和国还没有成立前的一届政协会。她是第一组的组长，成员有谁呢？有宋庆龄等人。当时像邓小平、陈毅、刘伯承等，对她都非常熟悉。她一开始分配在中国作协当秘书长，职务很高。解放后，因为婚姻问题，这在当时都认为是错误，她被调离了。她原来的丈夫叫于黑丁，是河南作家协会的主席，也是一个老作家。但是她没有离婚，就跟另外一个叫柯岗的作家同居了，这柯岗也没有离婚。当时党内的纪律很严，因此两个人都被从北京调出来。曾克调到四川去，当了四川作协主席。

据说有一次好像是在四川开什么宴会，陈毅参加了，一直在找曾克。因为曾克犯过错误，没有安排在首席，所以陈毅就站起来，说曾克怎么没有来，大家说来了，是在另外一个桌上。陈毅竟然站起来，高声嚷叫，说："曾克！你在哪里！给我过来！"这差不多都是原话。因为他们都非常熟悉，她是解放军里影响世界的记者。她 2010 年去世，年纪也上九十了。

曾恬她二姐也是早年参加革命，到了延安，也是"38 式"。她三姐也参加革命，也到了解放区，一直做地下工作。所以曾恬是"革干"出身。她九岁那年，中国解放了。1948 年还是 1949 年，她随着大姐来到北京，进的是当时的华北中学，属于"革干"子弟学校，就是在圆明园旁边的一所中学，现在叫一零一中学，它的前身叫华北中学。曾恬在那里是住宿、吃饭都不要钱，连衣服都是发的，供给制。她受教育一直是在北京。八九岁的时候，她就参加了河南和山西部队的一个文工团，因为她会唱歌，会跳舞，会扭秧歌。这样算起来，她算是解放前就参加了革命的。她那时小，自己走路走不动，人家就把她骑在肩膀上。

曾恬是我生活中很重要的一部分。她是一个很天真、活泼、热情、善良的人。她热爱文学，所以我们志同道合。但是我们的性格是相差很远的。当时我们开始谈恋爱，我们班里面有同学预言说，我太现实主义了，她太浪漫主义了，所以我们两个是结合不到一起的。但是我们自己觉得感情很好，主要是对很多问题的理解是相似的、相通的，慢慢地，感情也建立起来了。

那时候和现在不一样，当时学校里男生很多，女生也有，但是相比现在要少得多，所以都是男生追女生，而我们两个人是相互的选择。我们从1958年开始谈恋爱。那时候我们同班，她学习比我好，她是女附中毕业的，那是北京最好的中学，基础当然好，不经考试就保送进来了。

曾恬学习比我好，而有段时间外国文学我学得很差，她就帮助我复习外国文学。我分析作品不行，当时正是几部小说很热的时期，像《红旗谱》，大家反映很好，老师要求我们每个人写一篇分析《红旗谱》的作业。我写的自己都感到不满意，她拿去看了，也把她的给我看，我一看觉得她写的比我的要好得多。然后她就耐心地告诉我，哪个地方写得好，哪个地方写得不好，为什么写得不好，甚至亲自动手帮助我改《红旗谱》的作业。那时已经到大四了。

她在学习上帮助我，我的确是基础比她要差得多；生活上，她看到我那么艰难，这是她完全没有想到的。一看我床上没有褥子，只有一床席子，席子都快破了，枕头里面是疙疙瘩瘩的破衣服、乱袜子，她就很快地帮我弄得很齐备。这让我心里面有种热乎乎的感觉。

实际上，以前她有一个恋人，是她在华北中学时候的初中同学，后来考到天津师范学院去了。因为不在北京，关系也就断了。

那时候谈恋爱是非常文雅的。恋爱是有感情的，但理性也是很重要的成分，特别是受过苏式正统教育的人，不像现在的年轻人这么疯狂。我印象里，现在的北京邮电大学，那时候几乎就是北师大的一个后花园。那里有白桦林，一大片白桦林，北京少有的，整个邮电大学都是师大的地盘，我们谈恋爱，都到那白桦林里去，都是拉着手。白桦林里有椅子，坐在那里很文雅地聊着一些学业上的事情。永远不会没话可说的，而是有无穷的问题可以探讨。

我们两个人经历不同。她在开封读小学，后来又到北京读初中、高中，然后上大学，一直是在城市长大。而我是一个乡下的孩子，所以我思考问题、提出问题的角度，她常常想不到，很不一样，她会问我怎么能提出这样的问题来，有时候讨论会很热烈。

后来她力邀我到她家去，请她父母看看。那个时候我长得又瘦又黑，就是一个农村的孩子，又有一点拘谨，不是那种很潇洒的。还好我第一次去她家，她父母看到我朴实的样子就很喜欢。她父亲问我，你最喜欢读什么啊，我说我最喜欢读的是《红楼梦》。他说《红楼梦》非常好，于是给我讲《红楼梦》，讲曹雪芹。他是抱着传统的考证方法，认为《红楼梦》写的是康熙朝的政治，基本上跟蔡元培的观点很相近，但又有所不同。我说，毛主席不是说《红楼梦》是写四大家族，是四大家族从兴盛到灭亡的历史。他说这都是现代的新看法，太肤浅，他不这么看。但我们保持着自己的意见。后来他也研究《红楼梦》，研究曹雪芹的卒年。

他跟我讲，现在曹雪芹生卒年有两说，一是壬午说，一是癸未说。前者认为曹雪芹卒于1762年，后者认为卒于1763年，中间相差一年，他和周汝昌是持癸未说这个意见。但是我岳父的结论是从他研究历朝历代的历法得来的。他在河南大学工作的时候，整个河南省的天气预报都由他来推算，那时候没有科学，是他根据自己的历法推算提出的天气预报。他在那预报明天是阴转晴，这一个月哪几天是晴天，哪几天是阴天，哪几天是雨天，神乎其神。他给我讲曹雪芹的生卒年，说是在癸未年，曹雪芹死的时候，正下雨。那个雨天里，曹雪芹倒下了，才四十来岁，正在壮年时期。我们俩很谈得来，后来他又说他也是北师大的，北师大 1923 年毕业的，于是更感亲切。

曾恬母亲是个心地非常善良的人，曾在河南当过小学教师。但就是这么一个小脚的老太太，也是知书达礼的，而且很热心于公共事务。街道里有扫盲运动——我爱人的家当时在东单的麻线胡同，现在靠近北京站的地方——我岳母非常积极，整天张罗着，一家家去登记哪些人不识字，然后组织扫盲班，教大家识字，告诉大家要写字有文化，才能成为新社会的主人。她非常热心，连街道的清洁卫生也要管。所以她得过很多荣誉，什么北京市扫盲模范这一类的。她人是非常好的，非常慈祥、善良。

第一次见面很顺利。等要第二次去，我爱人说这一次回去，如果我父母都同意了，那我们的结合就没有任何障碍了，哥哥姐姐这些都不用征询意见的。我爱人是个性子很激烈的人，有时候她敢顶撞父亲。据她自己讲，她小时候有一次，和父母还有她哥哥的一个孩子一起出门，父亲自己不抱小孩，非得让她母亲抱不可。曾恬就问父亲为什么，说："母亲是小脚，力气也比你小，为什么你不抱，让母亲来抱，这说明你还是死脑筋，还有男女不平等的封建观念。"她父亲说："你懂什么是封建吗？

你给我讲讲封建的定义是什么。"曾恬顶嘴："现在是新社会了，新社会男女都是平等的，你这种思想是不对的。"然后对她妈说："妈，把孩子给爸爸抱，你不要抱。"曾恬就这么敢跟她父亲顶撞，她也很在理啊，觉得母亲受了委屈。可是她母亲呢，乐意抱孩子，于是说："不要再吵了，我抱着孩子也没多重，这个算什么呀，你们别吵。"

我爱人还说这次回去，见到母亲一定要叫一声妈妈，见父亲要叫爸爸。我说，恐怕这一下子张不开口，我是一个很腼腆的人，有自己的爸爸妈妈，慢慢来好不好。"不行，今天回去就是要开口，要叫爸爸妈妈。爸爸妈妈叫了以后，星期天再回去，然后我们就准备结婚了。"曾恬很坚持。结果那天回去，我对岳母喊了声妈，这比较容易叫出来，我觉得她有点像我奶奶的样子，很慈祥。

但她父亲永远是坐在他的书房里的，他不会站在门口迎接你，只是掀开门帘看谁来了，也不跟你说话。然后我们就在岳母的大房间里，那时是个四合院，说说话聊聊天。她家里有保姆，从河南带来的。后来曾恬推着我进岳父的书房。不进也不行了，我只好硬着头皮，掀开门帘，进去叫了一声爸爸。她爸爸也很好，站起来，笑笑，摸了摸我的头，"以后就来家吃饭啊"，就这一句话。于是我们就结婚了。

曾恬喜欢写诗，也很喜欢写小说。她最后出了一个集子，叫《太阳还会爬上来》，王蒙给写的序。她还跟我合作完成了《生活之帆》这部小说。总的来说，曾恬的特点是有刚有柔。她是讲原则的，但也有爱心。她很坚定，但也有同情心。她跟我生

　　　　　　　　　　　　朴：童庆炳口述自传

活了一辈子，我觉得她给我的是一种勇气、力量和爱，这都是我一辈子难忘的。她是我身边最亲的一个人。

她的这个性格，让她即便是在"文革"中，也还是秉持她的原则。"文革"后期，她发现工宣队的一个工人引诱女学生，把那女学生给糟蹋了，她亲眼看到这个事，就一直跟踪他。他们是对立派，工宣队压她们，军宣队支持她们。她看到了这工人有毛病，终于有一天发现了证据，她就上告。结果那工人被调回工厂，但同时没有任何道理，她被调到这个区教育局的语文研究室。

但她不去。她说，非要调我，我还是去中学。于是她去了第四十二中。"文革"结束以后，她还做班主任。她曾遇上一拨学生，是从月坛旁边的阜成路那边的平房区来的，整天打架斗殴，不好好学习。她真是用极大的耐心和爱心，天天晚上一吃完饭，把碗一刷，就到平房区，一家一家去找学生家长，请家长们合作一起来教育这拨孩子。他们在"文革"中没人管，养成了那么一种样子，学习完全掉了队。经过她的工作，这些学生一个个都变好了。特别里面的那个头头，我还记得他的名字，叫丁德望，被她教育过来以后，在班里面成为维护班级秩序、纪律和团结的一个重要分子。丁德望后来找到工作了，也很感谢她。她是一个有刚有柔、刚柔结合的女性。

我们结婚以后，正好遇到"三年困难时期"，我爱人仍然表现出那一种爱心、同情心，体现出她善良的品格。她本来是留校的，留在语文教学法组。但是她觉得，自己没有教过书，凭什么来研究语文教学法。她跟我商量，说不愿意在这个组里待着。

她的专长是外国文学，可是外国文学组已经人满了，那么她就提出去二附中当语文教师，二附中就在对面。我说去二附中你就不是在大学了，身份就降了一等了。她说才不管身份不身份呢，等我教若干年之后，有了语文教学的经验，那时候自然就会写出文章来，到时自然会要我回来；即使回不来，一辈子当个中学语文教师，也决不后悔。我说你想好了，只要你认为是一种很成熟的想法，是自己心里的意愿，那你就这样定。如果不是这样，你就不要去。

之后她跟学校提出来，于是学校把她派到二附中。当时正好是第四十六中刚改为二附中，教学水平比较低。北师大正要派一些人去改造这个学校。我爱人去了以后，完全没有问题，她表达是非常好的，讲非常流畅的普通话，用词也很丰富。她又喜欢文学，特别是外国文学。她讲课有板有眼，又很有情调，有激情，能够吸引学生，很多学生对她的课都很喜欢。所以不到两年，学校就认为她可以发展为党员。她早就申请要入党，但是在大学没有解决。学校找她谈了话，填了表，连入党日期都定好了，可后来在教师饭厅里，她遇到这么一件事情，结果把入党给耽误了。

当时二附中负责组织工作管档案的一位干部，在饭桌上，把别人档案里的一些事情全都抖落出来当作笑谈。我爱人在一旁觉得，这是完全违反党的原则的。她毫不客气地走过去，批评那个干部，说："你怎么能这样？这档案是党的机密，也是个人的私事。你怎么能够把档案里面的事情拿到饭厅当作笑谈？这怎么可以？你这是违背原则的。"然后那个干部就跟她吵，他声音高，我爱人的声音比他更高，两个人争吵弄得整个学校都知道了。当然学校是支持我爱人的，认为干预是合理的，那个干部是错误的。

但是她因为跟那个干部吵了架，心里面很不高兴，她不愿意在二附中了。她说要回母校，回女附中去，就是现在的北师大实验中学，在二龙路那里。以前叫北师大女附中，很长时间是一所女校，现在男女合校了。女附中有她的很多老师，都很熟悉她。二附中一直挽留她，认为很可惜，可她还是毅然决然从二附中到了女附中，因此把入党给耽误了。那时候我们结婚还是住在北师大，这样她每天要早起赶公共汽车，晚上回来也要耽误很多时间，家务活都是我做。

后来学校给我们临时的一间房子，在西南楼，当时是学生宿舍。我们结婚一个月以后，小红楼的房子不让我们住了。但是我们赖着不搬，我说："我们结婚了，没地方去，难道你忍心让我们分居么？"房产处当时的确还是很有人情味，最终在西南楼东边那个角上，找了最北面的一间。房产处的干部带我们去看，他说，你看从上到下都堆满了学生的架子床，你们要是有本领三天之内把这个架子床挪到一个合适的地方，那么这房子暂时就归你住了，并且愿意住多久就多久。

我说这容易。我想起西南楼每层楼东西两边都有一个洗脸打水的地方，中间空地很大，可是大家乱七八糟的，没地儿放脸盆，我说架子床正好放在这个水房中间摞起来，高高低低，摞个两层三层，正好放脸盆、漱口杯、牙膏、牙刷，很整齐。于是发动了一个班的学生开始搬，然后请房产科的人来看，他们很满意。这个房子就归我们住了。我们在那住了半年多到一年，太吵了，旁边是体育系的学生，个子特别高，整天吵吵闹闹。我们被他们吵得很烦，没法安下心来读书，就又去找房产科，说太吵，没有办法安心读书和从事教学。恰好当时有一批教师结了婚都没地方住。学十二楼当时稀稀拉拉住了一些学生，房产处就把学生撵到别的楼去住，整座楼都腾了给青年教师。于是房产处也分给我们一间。我们是最早进去的一家，可是给我们的那一间不大好，朝西向的，下午很热。而且离我们不远处有个锅炉房的大烟囱，经常有煤末子飞到屋里来。我们都忍了，安了纱窗，在那里住下来，住了有一年多。

这期间我爱人日夜奔波，还做班主任。她发现她那个班里，有两个小姑娘好像经常没饭吃，住的地方也很挤，整天愁眉苦脸。我爱人找这两个女学生谈话。一问，是日本人，日本战后留下来的遗孤，勉强住在二龙路附近一个胡同里，那家人对她们也不好，两人住一个小床，挤也挤不下。我爱人非常有同情心，她说："战争已经结束了，再说战争也不是小孩子的责任，没有她们的事。她们跟中国孩子一样，就是在校读书的学生，她们是我们班的学生，我要帮助她们。"可那是困难时期，我二十八斤粮食，她三十斤粮食，我们自己都不够吃。我说我们怎么来帮助她。曾恬说，首先要解决她们住的问题。我说我们也只有一间房子呀，那怎么解决？她说我们看看跟房产科商量商量有没有办法。我说我们自己的住房，还是房产科给我们的，现在女附中两个学生要住到北师大来，这到哪去找啊？曾恬说，什么事都是事在人为，我们要有爱心，要有同情心，你这心这么硬，我真受不了。

我说这学十二楼有什么地方，你去想办法吧。

她真是会想办法，发现学十二楼楼梯口有一间大房子，里面放了一些杂物，乱七八糟的。她硬是跑上跑下，去跟房产科交涉。房产科说，这东西是总务科谁谁谁的，不能动。她又去找总务科，硬是逼着总务科把那门打开，把东西摆整齐，挪到一边，空出差不多一间房子的地方来，安了两张床。然后她回到家里，把她母亲的被子、褥子通通都要来，给这两个小姐妹安了家。之后她又说，她们也有一份粮食，但是吃得不好，便去把她们的粮票拿过来，再从她自己的粮票里让出五斤，从我的粮票里让出两斤，共七斤，由我们掏钱，她们就跟我们一起吃一起住。那时候我们还没有小孩。我相信，现在在日本的这两姐妹还会记得她，还会记得中国的这个老师。从两件事，一是跟她父亲吵架，一是帮助日本小姐妹，我看到了她的正义感和爱心，并且知道了她决定的事情，就要去做，并且要做成功。

1963—1965，越南行

1963 年，越南河内师范大学

决定我命运的一篇论文

结婚后我在中文系遇到了挫折，被调到社科处。但是曾恬不服气，她也是中文系出去的，我不敢去反映，她就去找中文系说："你们凭什么把童庆炳调到社科处去？童庆炳究竟哪一点不如你们这些年轻教师？他跟你们年轻教师都是一样好。"她找了延安来的一个干部，"鲁艺"毕业的，那时候已经老了，就在系里做总支书记。总支书记说："这是大家的意见，我也没办法，这就看童庆炳自己以后的表现。以后他要表现好，拿出什么真的学术成果来，我来替他说话。"

之后，我开始研读《红楼梦》。我对《红楼梦》确有兴趣，那一年也正好遇到曹雪芹逝世二百周年，曹雪芹逝世是1762年或1763年，1962年、1963年正好是二百周年，于是我开始钻研《红楼梦》。当时毛泽东的口号是劳逸结合，意思就是说缩短工作时间，大家多休息。但是对我来说，那是一个很关键的时候，是决定我还能不能够继续走文学研究的道路的一个关口。

我真是把《红楼梦》读了不知道多少遍。毛泽东说要读五遍，还有人说要读十遍，我读《红楼梦》啊，肯定不止十遍。《红楼梦》这一百二十回的章目，我是全都能背诵的，其中有几章我也能够背诵。据我所知，中国能背诵《红楼梦》全书的，只有一个人——茅盾。[1]你要说背诗词、背古文，这都比较容易，要背一部长篇小说是很难的，但是我当时就冲着这个目标去。我先把一百二十回的章目都背下来，然后把一些比较重要的章节，特别是介绍性的，比如"冷子兴演说荣国府"这类带有概括性的章节，都背下来了。林黛玉第一次出现在贾府那一回，我也背下来了，一共背了不少章节。我把《红楼梦》弄得滚瓜烂熟，到最后论文写完以后，脑子里都还尽是《红楼梦》。

我写论文是在学十二楼，当时还碰上这么个情况。隔壁也是中文系的一个老师，研究语言的，他是老一届，天天晚上打麻将。学十二楼的房间，墙中间有一个四格的书柜，所以他们打麻将的声音会传到我这里，你说什么他说什么非常清晰，经常干扰我，我就是在这样的情况下，读熟了《红楼梦》。最后决定要写一个题目，叫《论高鹗续〈红楼梦〉的功过》。我要把前八十回和后四十回作个比较，因为我的确认为，前八十回是曹雪芹的文字，而后四十回的思想和文字，是另一样的，如果深入读的话，是能够读出来的。这不是五四时期胡适那些老一辈的学者随便说的，是真的。所以我觉得通过比较，更能凸显曹雪芹的艺术才华和他的艺术世界，包括他对《红楼梦》的构思，也确有毛泽东所说的，写出了一个贵族大家由兴盛走向衰落的

1　该掌故可见于钱君匋《书衣集》，山西人民出版社1986年出版。

　　　　　　　　　　　朴：童庆炳口述自传

过程。里面写了阶级斗争，因为里面很多人的死，都是非常可怜的。

于是白天我去社科处上班、喝茶，看看《人民日报》，也没有别的事可做，晚上回来匆匆吃完饭，就钻到《红楼梦》里面去。我爱人也有一张桌子，她自己备课自己干事儿，或者去照顾那两个日本小姑娘。因为我们早饭晚饭都非常简单，无非吃点面条。1962年底，我写出了《论高鹗续〈红楼梦〉的功过》。这篇文章经过中文系五个教授的鉴定，他们都写了一些意见，其中最重要的就是黄药眠先生、钟敬文先生，他们写的话是"思想文字皆好，可以在学报发表"。

那时候我们发表的阵地很少。《光明日报》影响非常大，专门有学术版，登大块的学术文章。还有就是《北京大学学报》《中国人民大学学报》，山东大学《文史哲》，还有一个《新建设》，是刘再复他们搞的。《新建设》杂志跟当时的社科院文学所有一定关联，是一个综合性的社科刊物，算最高级的刊物了。还有《红旗》杂志，但是它不登学术文章。所以学术阵地很少，一般青年教师，甚至教授，要发论文都不容易。

正好胡乔木的妹妹方铭正组织创办《北京师范大学学报》。发表我论文的那一期学报又是学报创刊以后最早的几期之一，敢把我这么一个年轻人的论文发出来，很不容易的。方铭对《红楼梦》也非常喜欢。她请中文系的五个教授看过以后写下评语，看能不能发表。她自己也看我的稿子，但她看完，和我的意见却是相左的。她肯定后四十回，而我是批评的。我的论文结构是先讲高鹗续红楼梦的功劳，然后讲他的不足，最后再提出若干问题来讨论。她看了以后，说中文系的老师们反映很好，决定发表，但是要求我调过来，先讲"过"，然后再讲"功"。这就变成说，高鹗对《红楼梦》的修改和续作是有问题的，这问题在哪里哪里，不过最后，他也是有功劳的，功劳在哪里哪里。当时社科处、自然科学处的两位领导，都是很了不起的。社科处是方铭，自然科学处的叫张刚，时任地质部部长孙大光的夫人。后来这位部长夫人调离自然科学处，换成了彭德怀的妻子浦安修。方铭是我的领导，我当时没有办法，只好按照她的意见进行修改。论文终于发表了，那是1963年，发表的时候，我已经在越南了。

我的论文受到好评。学报决定发表以后，刘漠，这位"鲁艺"出身的总支书记，就在中文系的一次会议上，和那些年轻教师说："你们都说童庆炳业务不行，这个不行那个不行。童庆炳一万多字的《论高鹗续〈红楼梦〉的功过》，马上就要发表，我已经看了几页，文章写得非常好，我看还是把童庆炳调回中文系。"其实他们总支是已经决定了，要给大家通报这个决定，最后就以这样的方式通报了。这样，我又回到中文系，还是在文学理论教研室。

整党试点

文章决定发表以后，在去越南前，好像是党内出了倾轧，差一点就发不出来。1963年夏天，中宣部来北师大，要搞一个整党试点，专门批判知识分子中走白专道路的人。就是说，还是人民内部矛盾，但是内部矛盾当中有一部分人想要成名成家，不是想为党工作，所以要批判这些人。当时"左"的力量很强，我这文章要发表了，他们也觉得我这个人是有那么一股子劲儿的，就是你说我不行，我偏要做出样子来，给你们看看，我是可以写出东西，可以在学术研究上做出一番事业来的。他们看到了这一点，对我态度有所转变。

但没想到的是，那年夏天中宣部来北师大搞整党试点，中心任务是各个系都要抓出两个人来，一老一少，老的要抓一个，年轻的要抓一个。在我们中文系，就抓两个党员，整么，就是针对内部成员。老的是郭预衡先生，研究散文研究鲁迅，取得很好的成绩，在《光明日报》不知发了多少文章了，连《红旗》杂志都请他写鲁迅，很有名。这时把人家当作白专道路，给揪了出来。小的就把我揪出来了，说我在困难时期，不好好响应毛主席劳逸结合的号召，竟然去写《红楼梦》的论文，想成名成家，这不是白专道路是什么，头脑当中就是资产阶级思想在作怪。

然后开始批判，有大字报。因为是内部的，我们的大字报都贴在主楼第八层。过去的主楼，在现在英东会堂那块儿，现在还有几棵树留着。八层是全校共有的地方，有两个大报告厅，批判我们的大字报都贴在那个地方。我去看过一次，什么话都有，说成名成家这条路走不通，说白专路是条死路，说我们要为党为人民而写作，不能为个人而写作，等等，总之是个人主义，想成名成家不是集体主义，不符合党的要求。这整党整了整整一个月，郭预衡先生那个比较快，好像开了十天八天的会就结束了。我这个会拖拖拉拉，因为夹杂着一位同班同学退党的事情。

事情是这样的。在整党批判白专道路以前，我们班留在系里工作的一位调干生周纪彬，突然提出了退党的申请。他先是摆地摊，把自己的许多书拿去卖，都是马恩列斯毛的书，很便宜，有些半卖半送了，然后写退党申请书。这样他面临着被批判的问题，这才是更加厉害的白专道路。我是他的同班同学。他以前还做过我们的党小组长，给过我很多帮助，很多启发。他是领导编撰《中国民间文学史》的总负责人，是1958年全国建设社会主义的青年积极分子。

我和我爱人就到他家，他已经睡下了。我硬是把他的门敲开，他很不耐烦地开了门："干什么呀？"我说："老周啊，这件事情我要跟你谈一谈，过去都是你给我做思想工作，今天我要说你几句。你写退党申请，这个绝对是错误的。"我说你退出的不是苏修的党，你退出的是伟大光荣正确的中国共产党，这是一个原则的错误，我希望你要求组织把申请书退还给你，不要退党，退党是不对的，是绝对错误的。他早就知道，已经死心塌地要退党了，说："哎呀，你不要管我的事，小孩子你懂什么，走走走，我要睡觉，我一言既出，驷马难追！"硬是把我们推出来了。

整党的时候，这件事也弄到批判白专道路的会上，给我扣上个帽子，说我丧失立场。我辩解说我丧失什么立场，我不是劝他退，是劝他不要退，我还是站在党的角度劝他不要退，劝他收回这个退党申请书，怎么是丧失立场呢？我跟他们辩论，这一辩论就坏了，他们开始没完没了地批判，一个晚上不够，每天晚上都是吃完晚饭以后，从7点钟批到9点，有时候更晚，到 10 点。第二天晚上继续，整整批了一个月。最后我得了肺炎，住进了校医院。校医院过去是三层，有床位，能够住院的，那时候的医生队伍比现在厉害，我住在第三层，医院给我打点滴，治疗。

但是批判还没有结束。对这场批判，我是耿耿于怀的。我觉得我不过是研究了《红楼梦》，要发表一篇文章，劝一个同学不要退出中国共产党，我怎么就走白专道路了。白专红专，在1963 年，是中国大地上的一个大问题，对知识分子来说是一个大问题。白专道路就代表着个人主义、极端个人主义，这是资产阶级思想。唯有集体主义，不计较成名成家，才是无产阶级的。那是个读书有罪的时代，谁读书谁倒霉。现在的年轻人真是太幸福了。现在是老师们都鼓励大家读书，党组织也鼓励。

现在回过头来看，从毛泽东在 1962 年提出"阶级斗争一抓就灵"以后，"八大"的路线就没有继续下去，中断了。后来又搞运动，不是一心一意搞建设。所以 1963 年整党试点，批判白专道路。但整党试点没有在全国铺开，只是在少数的学校做，做得不成功。为什么？因为它始终面临着一个问题：红专为集体读书，那也要读书啊，对不对？那么当他读书的时候，你怎么知道他脑子里是个人主义，还是集体主义呢？这是个很难分别的问题。

因为我后来决定去越南，家就搬到女附中的那个四合院里去了。当时我坐 22 路，要到西单那一站下，但我脑子里老是有《红楼梦》的图景，老是坐过车，坐到终点前门，下来回去，发现又坐过了，又要重新上车。这个时候我脑子里所有的画面和语言，都是《红楼梦》。你说这里面是个人主义还是集体主义？说不清楚。

但是北师大中文系就抓出我们两个白专道路。当时党组织对我还算好，我病快要好的时候，他们决定不再开批判会了，然后来征求我的意见，我记得当时是总支的一个副书记，一位有点年纪的女同志，来到我病房说："经过组织研究，决定派你到越南去工作，到那去当专家。但是越南现在炮火连天，河内也遭受了轰炸。你去的学校是河内师范大学，有一定的危险。你自己选择一下，去还是不去。"连想都没想，我说去，我不怕死。我想，到那里我就能够静静地读书，静静地备课，静静地给学生讲课了，就可以不参加国内的这些政治运动了。事实也证明，我1963年出去是对的，因为马上1964年就是"四清"，所有的人都整下去了。

"品尝"饥饿

饥饿是难受的、痛苦的，有时还是尴尬的，但在肯定不再会饿肚子或者在饱食终日的时候，对饥饿的回忆则会变得"美好"，而且可能是十分"美好"，比面对一桌丰盛的宴席还美好。我常有这样一种看法，从未挨过饿的人生不是"圆满"的人生，因为他肯定缺少这样一种特殊的美好回忆。

小时候，春天来了，对那些游山逛水的人来说，是美好的，可对我们这些穷人来说，则意味着一个漫长的青黄不接的"时期"，因为差不多在桃红柳绿的时节，家里就断了"米"（不是断了粮）。每天三餐都是吃番薯（北京叫白薯，有的地方叫红薯），用各种不同的方法吃番薯，蒸、煮、烤、炒，但对象只一种——番薯、番薯条、番薯片、番薯块、番薯丝。番薯是甜的，带着一种清香的甜，按现代的营养学来看，它的营养还十分丰富。在北京这样的大城市，冬天时候街角的烤白薯，那冒着热气散发出来的清香，曾吸引了多少孩子、老人和贪嘴的行人，但从未吸引过我。我"恨"番薯，一辈子不想再吃番薯，因为我小时候吃够了吃腻了吃伤了。我记得，当我和弟弟妹妹坐在饭桌旁，看见母亲用笸箩或大碗端上来的又是那蒸的或烤的或煮的金黄的冒着热气的番薯时，我们都皱起了眉头，饿得咕咕叫的肚子立刻似乎不叫了，然后会有一个或两个乘母亲转身时，偷偷地溜下饭桌，宁可饿着，也不吃它。我是老大，不能下桌，或者说没有下桌的"权利"，因为我如果下桌了，会给母亲一个印象：这老大也太不懂事。我每次拿起似乎如巨石般重的番薯，艰难地开始啃（严格地说是"舔"），那种熟悉的令人恶心的"甜"，立刻让我反胃，然后让我的全身都升起一种抗拒的力量，嘴似乎在动，实际上一块番薯要啃老半天，时间在这个时候也变得特别长。祖母、母亲和父亲都围在桌旁，默默地吃，谁也不说一句话。有时候母亲会从装番薯的笸箩里拣出一块烤得特别好的番薯，递到我的面前，说："这块好。"有一次，我把母亲给我挑拣的番薯扔回笸箩里，终于忍不住说："妈，能不能吃一顿米饭？番薯吃够了！"母亲沉着脸，不说话。我继续叫："妈！妈！你听到了吗？"母亲终于不能忍受这难堪，冲我说："吵，吵，你为什么吵我？是我有米不做饭给你们吃吗？"父亲在我们母子俩的"争吵"声中偷偷地离开了饭桌，躲开了。这时候，母亲就大吵大闹起来，明是冲我而来，暗是冲父亲而去："你为什么总是问我要米饭吃，咱们家是谁当家？是我吗？谁没有本事弄米饭给你们吃？你们想吃米饭，不想吃番薯，我吃的番薯比你们多，我也吃够了吃腻了吃伤了，谁给我米饭吃？说啊，说啊，你们怎么都不说了？"甜甜的番薯，给我们带来的是饥饿、争吵和家庭的不和。后来我读中等师范学校，理想就是当每月有二十八元固定工资的小学教员，使全家每一天都有五斤米下锅（我记得那时的米差不多是八分钱一斤），让我的弟弟、妹妹，还有爸爸、妈妈和祖母，不在美好的春天里，受那"甜"的折磨。

有时候，母亲会带我们回她的娘家，经常去的是守寡的五舅母家。五舅母高高的个儿，脸上永远漾着微笑，她对我们兄弟几个总是那样和蔼可亲，她和表哥真心实意接待我们，我们满庭院跑，玩得很高兴。但是，吃饭时五舅母端上饭桌的仍然是倒胃口的蒸番薯，让我们深感失望。他们家并不比我们家强。除番薯之外，再没有其他粮食了。可五舅母说："我们家的番薯跟你们家的番薯不一样。"怎么不一样？果然，他们家的番薯品种特别香，那瓤是红的，并且有下"番薯饭"的"菜"。这"菜"很特别，是一盘又辣又香的颜色黄澄澄的豆酱。吃的时候，一口甜的番薯，再加一口又辣又咸的豆酱，甜、辣、咸三种味道混合在一起，那味道果然别是一样。我们硬是在她微笑的"监督"下吃下了在家里吃不下的番薯，五舅母真有办法。五舅母早就去世，我在梦中常见到她的微笑。

在暮春时节，我们的膳食终于有了改变。因为这时候春笋长得有半人高。母亲通常是带着我和大弟,沿着那弯曲的高低不平的窄窄山路,到几十里路远的竹山去,在幽静的竹林里收获那冒出地面的春笋。春笋代替了番薯(因为番薯这时也吃尽了)。笋是很好吃的东西,但它必须有一个"伙伴",那就是食油。可那时候哪里有食油呢?我们家的吃法是笋煮酸菜。开始几天还好,还未开饭,我们已坐在饭桌边,叽叽呱呱说笑着,情绪高涨,虽然还是没有米饭,但大家似乎都吃得很高兴,心想,终于"摆脱"那甜腻腻的番薯,换了一种从深山带回来的口味,这毕竟是一种新的口味。但是这种高涨的情绪持续不了多久,没有油的"笋煮酸菜"很快把我们的胃口败坏了。不过这是另一种折磨,笋把我们肚子里本来已经不多的"油"都刮光了。"刮得慌"是一种怎样的感觉,难以言传,总之我们的饥饿感更强烈了。刚吃过"笋煮酸菜",肚子就咕咕乱叫,似乎刚才没有吃过什么。我们还要在田里劳动,干耘田、插秧之类的活儿,肚子饥饿让我们感到全身无力,总是忍不住抬起头,用那失神的眼光四处搜寻。有时发现田头的野草莓刚结出几粒青色的果子,我们就会不顾一切地跑过去,摘下那刚开始它的生命旅程的果子,尽管味道那么酸涩,好歹肚子里有了一点东西。如果哪一天我逮住了几只麻雀,或大老鼠在大水缸边闪了腿(也许是闪了腰),掉到水缸里,正在探着头想爬出来,那么我们几个就会高兴得像过节一样,因为这意味着这一天我们要"开荤"了。

我在县城上初中。我的小山村离县城有六十里。那时的伙食是"个体"的粮和菜,学校食堂替我们蒸煮。每到星期六下午,上完课之后,我跟同村的几个同学翻山越岭跑回家,除了星期天上午要帮助家里干些活儿，主要的目的就是在星期天下午从家里带五斤米和一罐子咸菜回学校。这五斤米和一罐子咸菜，就是我一个星期六天的食粮。南方人都知道这样一种煮饭的方法：用蒲草编成一个小袋（家乡把它叫作"蒲包"），把米放在蒲包里面，不可放满，要留出一定的空间，口上要系一根小绳子，然后放到锅里用水煮。饭熟了，那蒲草袋就胀成圆鼓鼓的、拳头大小般有弹性的东西。把蒲包口上的绳子解开，把饭挤出来，会有一种特殊的扑鼻的饭香（顺便说一句，我后来无论在北京、河内、莫斯科，还是在布达佩斯和地拉那，都再也没有吃到过那么香的米饭）。那时候，我餐前用小手抓五把米放进蒲包，一二三四五地数着，可我常常觉得自己不是放多了，就是放少了。放多了就可能提前把米吃完，那么到星期五或星期六就要饿肚子了；放少了则眼前的这一顿饭不够吃，所以总是把米重新倒回去，嘴里数着数再抓一遍。可是我经常犯的"错误"还是抓多了，还没有到星期六，米袋就空空的。怎么办？向同学借吗？不行，同学们带的也是六天的米，谁借给你？用钱到米店去买？哪里有钱！于是只好饿着。

　　1953年我初中毕业，很幸运地考上了福建龙岩师范学校；1955年毕业时又更幸运地被保送上了北京师范大学。从"中师"到"高师"，饭不但吃得饱，而且吃得好。此刻在我眼前凸现的，是龙岩师范学校每到周末宰猪加餐时吃红烧肉的热烈气氛，是北师大每天早餐时那硕大的笸箩中热气腾腾的小馒头，那馒头小得非常可笑，连女同学的小手也可以轻易地一下抓起五六个来，据北师大的老校友说，"小馒头"是北师大的"传统"之一。

当我在龙岩师范吃红烧肉和北师大抓"小馒头"时，我想我这一生肯定与饥饿"告别"了!

哪里想到，在著名的"三年困难"时期，又一次尝到了饥饿的滋味，而且这回"挨饿"与童年吃"白薯"时的"甜"得难受、吃"笋煮酸菜"时的"刮"得难受相比，别有一番"风味"，这"风味"才称得上"饥饿"的"正味"。记得是1961年秋冬时节，我们学校部分教师、干部跟随当时中宣部党委书记童大林同志，到河北省高碑店地区搞"整社"试点。去的人大概有上百人之多，分在好几个点。当时认为农村出现的种种问题，是"阶级斗争"的反映。根据"阶级斗争一抓就灵"的指示，我们去那里"访贫问苦"，帮助贫下中农整垮阶级敌人，使"人民公社"走上康庄大道。我们既然是贫下中农的朋友，就得与贫下中农实行"三同"——同吃、同住、同劳动。本来那时我作为国家干部在"自报公议"的宽松条件下，每月有二十七斤的粮食"定量"。按这个标准，每天差不多有一斤粮食。但下乡后，因为要实行"三同"，"整社"党组规定我们每天只能有一两的粮食定量了。贫下中农正饿着肚子呢，你不跟他们"同甘苦共命运"，能取得他们的信任吗? 你若不能取得他们的信任，又如何去组织"阶级队伍"，以贫下中农的名义去跟破坏"公社"的敌人作斗争呢? 一两就一两，但问题是这每天"一两"的粮食怎样吃呢?

高碑店地处华北平原。1961年那个寒冷的秋冬，天常常是阴晦的。从我住的村子的打麦场望去，四处一片灰蒙蒙的。在辽阔的坚硬的土地上，除了在风中翻滚着的几片干树叶外，几乎一无所有。远处有几棵排得很整齐的杨树或榆树，高高地耸立着，树身的一大截竟然是白色的，显得特别刺眼。原来它们的"皮"刚被饥饿的农民剥去充饥了。只有在这时，我才"思念"起童年时代吃腻了的"番薯"和"笋煮酸菜"来。

我们发现在农民家中搭伙是完全不可能的。他们用饥饿和怀疑的眼光拒绝我们。"同志，你们自己可以在大队食堂开伙嘛！"他们在诉说了不能搭伙的理由后，冷冷地对我们说。于是我们几个下乡的干部拿着一天一两的粮食在食堂开伙了。开始我们用那一两玉米面跟玉米秸碾碎的粉末和在一起做"贴饼子"，虽然饿得不行，浑身无力，但还能勉强支持。后来玉米秸也吃完了，怎么办？仅那一两玉米面是无论如何做不成饭的。不知谁从哪里弄来了一些棉花籽皮，说同样可以把棉花籽皮碾碎与玉米面掺在一起做"贴饼子"。从这里，也可以看到中国人的才智是无穷无尽的。从那以后，这种特殊材料做成的"贴饼子"，成为我们一日三餐的食粮。

困难不在做，而在吃。由于我们每天只有一两粮食，这种特殊材料制成的"贴饼子"的构成比例往往是十比一，棉花籽皮的粉末十，玉米面一，玉米面在"贴饼子"的构成中，相当于一种"黏合剂"，实体基本上是棉花籽皮粉末。当"贴饼子"烤熟揭锅之际，我们几个你看看我，我看看他，他看看你，看来看去，谁也不愿先伸出手去拿黑灰色的第一个。你、我、他、她，客客气气："你先来！""不，还是你先来！""不不，还是你先来吧！"大家苦笑着。最后总是一位姓徐的组长带头拿起那灰黑色的像巴掌一样的块。无论谁把这灰色的块往嘴里塞，并不是不需要勇气的。在这"贴饼子"塞进嘴巴的瞬间，会尝到一种令人作呕的说不清的怪味，接着觉得满嘴塞满了沙子，棉花籽皮的粉末是硬的，可能是因"黏合剂"玉米面粉太少，所以在嘴里很容易就化开，然而那股怪味"阻拦"大家去咀嚼，任何食品不经咀嚼是无法下咽的，于是有忍耐力的就让那"沙子"充塞嘴腔，慢慢地艰难地开始咀嚼，没有忍耐力的就立刻吐出来。我们足够清醒、理智，不吃就等于挨饿，挨一天两天的饿还可以，可天天挨饿等于绝食，会活不下去的，所以再难吃的东西也要拼命吃下去。我们想，有没有一种办法让这灰黑块在没有痛苦的情况下顺利地进到肚子里面去呢？真是天无绝人之路，我们终于"碰"到了一种简便的办法。完全是一个偶然的机会，我的"贴饼子"滚到灶火中去了。我本不想要，可老徐怕我饿着，连忙伸手帮我从灶火中把"贴饼子""抢救"出来，并哄着我吃那已经变得焦黑了的东西。哪想到，"贴饼子"经灶火这一烧，倒有了一种混合着糊味的"香味"，我借着这股"香味"很快把"贴饼子"送到肚子里去了，这对我们来说不啻"四大发明"之外的又一大发明。我的"发明"被大家争相利用，从此我们大家都把"贴饼子"放到灶火里烧糊了再吃，下咽的问题就这样解决了。

　　然而最困难的还不在吃，而在"拉"。一般三天之后，肚子就会胀起来，但"拉"的感觉是永远不会有的。可我们都意识到，光吃不拉不行，再胀下去要出问题。于是"自觉"地去蹲北方农村那用麦秸秆简单围起来的四面透着冷风的茅坑。你得浑身使力。经过一小时或两小时的努力，那东西出来了一个头。你得有极大的耐心，再蹲下去。但就在那东西刚出来一个头的时候，往往会神不知鬼不觉地溜进来一条或两条饿得瘦极了的带着可怕的绿色眼睛的狗。它们围着你的臀部转，目的是等你拉出来的东西。按说这事情也可以理解。它们也是生命，也会饥饿，也要吃。你困难，它们也困难。你拉它吃，这有什么不可以的。但拉的东西一点一点地极慢极慢地在使劲儿的呻吟中出来，而瘦狗迫不及待，它们的嘴已蹭到你的臀部，你吓得臀部往上抬起，哪里想到这个位置对它们来说是求之不得的，它们就以迅雷不及掩耳的速度一口咬下那先出来的部分。你想一想那尴尬的情景吧，继续拉，你怕狗，不继续拉，你怕胀……有时一个上午三四个小时只能"处理"这一件私事。当你在狗的失望中想站起来时，你的眼全发黑了，腿全发麻了。

不久，老徐和几位同伴都浮肿了，成天用手指摁自己的脸和腿，一摁一个坑，久久不消失。我倒不浮肿，就是整个晚上出虚汗，本来够瘦弱的身体就更瘦弱了，浑身无力就不用说了。终于各个点上都反映了这个情况。抓阶级斗争也得有身体作保障啊，于是工作队党组从善如流，接受了下面的建议，让我们每个星期天到县城去一次，一方面由领导布置工作，讲阶级斗争新动向，一方面让大家改善一次伙食，吃一顿饺子什么的。当时的规定是，只要有粮票，在量上放开，能吃多少都可以，但不许带。我只记得有一次我吃了一斤二两粮票的素油白菜饺子，创下了今生吃饭的纪录。当时有一种很奇怪的感觉：明知肚子已很撑了，但嘴里还想吃，于是继续吃，一直吃到想吐为止……

关于"整社"期间饥饿的故事，我已经跟人讲过多次。这成为我的一种"精神财富"。每当我遇到困难的时候，每当我萎

　　　　　　　　　　　　　　　　　朴：童庆炳口述自传

靡不振的时候，每当我嫌这也不好那也不好的时候，我就想到当年蹲茅坑那尴尬的情景，特别是那瘦狗的绿色眼睛，我就会觉得，那种日子都过来了，还有什么困难不能战胜的呢？精神立刻为之一振，似乎世界变得美好起来！

越南初印象

我在越南前后一共待了三年，从1963年8月到1965年7月。我去的时候正好二十七岁，这对我是一个很好的机会。去越南之前，教育部给置装，买了一套中山装、一套西装、一件风衣，还有衬衣，花了好几百块钱。原来我们的衣服都很破，这一下子焕然一新了。

经过"三年困难"时期，人普遍非常瘦，火车开到凭祥要换轨。我们的是大轨，越南那里的铁路是小轨，尺寸不一样，不能直接开过去，所以停留的时间很长。凭祥站台上有磅秤，我在那里称了一下，体重只有九十八斤，而我个子是一米七，瘦得不得了。但是回来的时候，我的体重涨到一百二十斤，简直变了个人。

到越南以后，我们面临的是战争的环境。当时美国人称之为越战，我们中国人称为越南抗美斗争。当时的越南已经非常困难，到了以后，我们被分到他们的最高学府——河内师范大学。越南还是法国的教育系统，师范大学是最高学府，和巴黎高师一样。他们的校长也是从法国回来的，一个矮个子校长。校园在离河内不远处的郊区，圈了一块地，没有楼房，所有的教室都是一排一排的茅草棚，四边茅草不用说，连上面也是茅草顶。

连那能坐数千人的礼堂，也是茅草盖的；给我们的休息室也是茅草盖的，很艰苦。

我后来才知道，他们的学生没有早饭，一天只吃两顿。只有一顿饭能吃饱，另一顿是吃不饱的。菜呢，永远是一种，那就是空心菜。越南学生把这空心菜起名为"无缝干瓜"。越南每天傍晚都会有一阵雨，雨量很充沛，这种空心菜遍地都是。其中一顿饭是米饭，这是他们爱吃的。还有一顿是中国援助他们的小麦，这一顿他们吃不饱。他们不会做面食，学生也不爱吃面食。就像我年轻时刚到北京，不喜欢吃馒头，不喜欢吃窝窝头一样，往往吃不饱。加上没有菜，他们的生活很艰苦。但是越南对我们，按照当时文化教育的协议，给我们的待遇，是一个月五百块的标准，那是很多的，包括住房、吃饭、医疗，还有些娱乐活动，等等。

我们住的那个旅馆用越南话叫拉腾旅馆，那是专门招待中国等外国专家的一个旅馆，就在市区。在那时候的越南，这算是比较好的宾馆了。当时的越南人，在苏联和中国这两者之间，要取得一种平衡。因为正在跟美国打仗，打得非常艰苦非常困难，他们需要有朋友，既需要中国，也需要苏联。而且从他们人员的内部结构来说，有中国留学生回国的，也有苏联留学生回国的。你像胡志明，党中央主席，应该是亲中国的，但是他底下有一个黎笋，当时党的第一书记，是亲苏联的。但是普通老百姓跟中国人很要好，家家户户都贴两张人像，一张是胡志明，一张就是毛泽东。越南民间是跟中国人比较亲的，比较好的，跟现在完全不同。

当然，那时候中国对他们也非常好。当时我们提出的口号，大概意思是，八亿中国人是你们的后盾，当时是叫"革命友谊加兄弟情谊"的那么一种关系，所以越南对我们是非常好的。他们虽然很艰苦，但对我们照顾得非常周到，甚至经常会有领导人到宾馆来看我们。

我印象最深的是1964年春节，大年初一，胡志明来看我们。旅馆外面是一座楼，里面有个花园，他站在那花园的台阶上，我们站在花园的台阶下，有的也站在台阶上，簇拥着他。当时他精神还比较好，脸上红扑扑的，穿着一双中国的棉鞋，我印象很深。他跟我们大家拥抱、握手，说着一口带有广西土话味的普通话。胡志明在广西待的时间很长，他也是中国共产党员，后来回到越南，建立了越南共产党，他是越共的创始人。那一次春节他来看我们，非常喜庆，我们在花园里拉了很多绳子，上边贴了很多谜语，大家一起猜谜语。我喜欢《红楼梦》，于是把《红楼梦》的谜语都贴上去了。胡志明问这个问那个，跟我们开玩笑。比如我们那一位参赞级的老干部，是管经济的，戴了一顶非常漂亮的帽子。在越南是不用戴帽子的，因为天气很热。他就过去把帽子摘下来了，笑着说"你明明是用帽子掩饰你这光头"，非常有意思。后来他又问："我看你们这挂了那么多东西，是什么啊？"我们说是谜语。"哦，是谜语，你们这有研究文学的吗？"教文学的一共两个人，我和另外一个，我们就举手。"哦，你是搞文学的。"他过来，拉着我的手，跟我拥抱。1966年以后，我去阿尔巴尼亚，还跟霍查有过多次拥抱。可能到目前为止，我是中国唯一跟胡志明和霍查都拥抱过的人。我一直想写一篇散文,写我和胡志明,我和霍查。不过,现在跟越南的关系这么糟糕,就没有写。

他们对我们是很关心的,比如有什么病,都很关心。记得有一次我牙齿疼,旅馆的服务员就坐在我的床边,通宵守着我。第二天到医院去看医生。给我看病的是一个法国医生,女大夫,她说我这牙齿是临时性发炎,不用拔。实在不行的话,打一点止疼药。我说不行,不拔还是会疼的,结果给人家找麻烦了,她拔这颗牙用了两个小时,因为我的牙齿长得非常结实,而她的手劲儿不够,拔不出来。我二十七岁那年,在越南拔了颗牙齿。

他们还每个月让我们过磅称,看看体重是增加了,还是减少了。越南蚊子多,不过我们每个人都有蚊帐。屋里面有很多壁虎,不是一只两只。他们就过来告诉我们,壁虎不咬人,关键是吃的东西一定要盖好,茶杯喝完了一定要盖好。因为壁虎会尿尿,尿到茶杯里,喝了它尿过的茶水会生病。越南虽然处于战争的环境,但是给我们吃的东西非常好。他们请了一个广东的厨师来做饭。每天中午我们都可以吃到螃蟹,红烧螃蟹,完全是用广东的方法做的。各种好菜,鸡鸭鱼肉和各种蔬菜都有,四个人一桌。有时候有朋友或者学生来,也可以下去说请多备一个碗,多备一个菜。有一次春节,两位学生送给我很大一盆金橘,我留他们吃饭。他们回去以后,就流传了一句话,说"老师天天过节",当时确实给我们吃得很好。另外,大使馆对我们也很关心,大使馆离我们不远,那地方有游泳池。那里的文化参赞是一个南方人,很活泼,把我们照顾得非常周到。

　　　　　　　　　　　　　朴:童庆炳口述自传

我在越南的教和学

到了越南以后，给我安排的工作是非常繁重的。我每周要上二十四节课，这意味着，我每天上午要上四节课。因为要上够这么多课时，我几乎把中文系的课程全都上过了，像文学理论、古代文学、古汉语、现代文学、现代汉语等中文系的基础课程，除儿童文学没有讲过，别的课我都讲了。其中，古代汉语我是给他们的老师开的，现代汉语是给学生开的，我不搞语言，但现代汉语这一套，我很熟悉。古汉语是给老师讲的，所以当时下了很大的功夫。

每周二十四节课，每天四节，下午和晚上全在备课。在这过程中，实际上等于把本科的课程再深入学习了一遍。我本科学得不太好，主要是当时当干部，运动又多，很多东西都没有学好。这一次没有运动了，全心全意地工作。对于这段经历，我想起四个字来，叫边干边学。一边干，就是教书备课，备完课是要去讲的，因此备课的时候，要比较深入地去理解那些问题，进而慢慢地形成我对中国文学的看法，这就是边学。

在越南，满打满算两年、头尾加起来三年的教学过程，我自己写了备课的讲稿，还有作品注释，从《诗经》开始，一直到《红楼梦》，近六十万字，还编了一部《中国文学史简编》。后面这本书被河内师大教务处用钢板刻写出来了。就这样，为讲课而备课，备课又等于把大学的课程重新学习一遍。这使我本科的基础真的打得比较好。

我印象中，当时觉得郭沫若翻译的《离骚》有的地方理解得不对，有的地方只是为了押韵，或者是为了写出他那个调，故意走了样，我不满意。于是下定决心自己把《离骚》全部重新翻译一遍，翻译得比较准确，这样才便于给学生讲。

其实《离骚》不可能全部讲下来，太长，只能讲其中的一些段落。但是我做的工作是把全部《离骚》进行了注释，这让我收获非常大，过去很多不理解的东西，通过自己的备课，得到了新的认识和理解。因为要备课，当时我带了很多书去，有一大箱子，凡是国内能找到的有关文学语言的书，我都带到了那边。特别是一本解放前出版的《辞海》，给了我很大的帮助。我每天都要翻那本《辞海》，真是丰富了我的知识，使我真正地对古代文学有了理解。最后我总结出来喜欢的作家，可以说有八大家。第一个是屈原，第二个是陶渊明，六朝我最喜欢陶渊明。我最喜欢是唐代，唐代有四位：李白、杜甫、白居易和李商隐。宋元以后，我比较欣赏的一个是苏轼，一个是曹雪芹。到了末期，我又喜欢上了写《聊斋志异》的蒲松龄。当时河内有一家中文书店，卖的差不多都是古书，给了我很大的便利，不但丰富了我备课的资源，而且有的书也引发了我很大的兴趣。比如我在那买了一套全本的《聊斋志异》，读下来以后趣味盎然。

当然工作是非常辛苦的，天天晚上都要开夜车，开到十二点，这才能够冲个澡睡觉。越南气候很炎热，我一天要冲三次澡。那里洗澡不叫洗澡，叫冲澡、冲凉，就是冲一下。冲一次换一套衣服，然后才能够去上课。上课都要正装，而且不许脱下来，一定要系领带的。所以二十七岁，我学会了系领带。系领带我开始很慢，半小时都没打好，这不行啊。我就练习领带的系法，后来系得很快了。按越南规定，要到7月1日才换装，也就是说，只有到了这个时候在正式的场合才可以不穿西装，换一种短袖的衣服。短袖衣服也不是咱们现在穿的那种，一定要是夏威夷领的。现在咱们已经没有那种领子了。到7月1日那就算解放了，可以穿短袖，而且也接近暑假了。

特别是讲课的茅草棚，教室里讲课，上面太阳晒，下面屋里空气不流动。四十多个学生，弄到最后汗流不止。每天都要准备两个手绢，过一会儿擦一下，过一会儿再擦一擦，流了很多汗。而且讲课还冒着很多危险，因为当时美国的飞机已经开始轰炸河内。那么学校就要有应对的措施，他们不搞防空洞，也不可能搞防空洞，因为没有水泥。于是组织学生在教室周围挖防空壕，挖得不是很深，半米左右，人可以蹲下去。给我则特意挖了一个很深的，钢筋水泥的，能够容纳下一个人的洞。但是我一次也没有进去过，都是跟学生一起，警报一响，大家很有秩序地走出教室门，迈过很多小台阶进到防空壕里。在那里，大家可以说话，有时候学生提问，我解答他们的问题，正好是教学中的一次对话。等到警报解除了，我们再出来，接着上课。

当时的课，像古代文学我是从头讲到尾，然后开始讲现代文学，主要讲五四以来的那些东西。这对我帮助极大。但是给学生讲课怎样才能讲得好？我从内容到形式，都和学生进行了探讨。最初，我以为越南处在战争时期，他们一定喜欢像唐代边塞诗那种写战争的内容，所以我选了边塞诗这一类的，以及杜甫的《三吏》《三别》，讲得比较细。后来发现学生不喜欢，我问他们怎么回事，他们说毕业以后就上战场了，那战场上遇到的情况，比这些诗写的严酷得多、残忍得多，所以不愿意提前读这些诗。我说这些能够鼓励你们的勇气，鼓舞你们战斗的激情，比如边塞诗里面"醉卧沙场君莫笑，古来征战几人回"等等，可是他们还是不喜欢。连杜甫的《闻官军收河南河北》，我说这是天下第一大好诗，他们也不是很喜欢。我问他们喜欢什么，他们说喜欢"两个黄鹂鸣翠柳，一行白鹭上青天"，或者陶渊明的"采菊东篱下，悠然见南山"。于是我知道了，他们向往的是一种和平、宁静和幸福的生活，他们不要战争。所以后来我就对讲课内容作了调整。当然有的诗还是要给他们讲，比如"安史之乱"时期，李白的诗、杜甫的诗，一定要讲，不讲不行，不讲文学史就不完整，中国的古代文学可不是纯粹的一些山水诗、花鸟诗。我这么一说，学生们也能接受。

学生毕竟还是越南人，对中国的很多东西包括历史等背景知识不是太清楚。越南文化受中国文化影响深，他们用的字，以前叫喃字，是在中国的部分汉字上面，加一点或者少一点，多一撇或少一撇，通过这么一种变化而来的。而且不是每个汉字都变化，大部分汉字还是一样的。现在他们用的语言是他们成了殖民地以后，由一个法国传教士用法语稍加改动，帮他们拼出来的。但是他们越语的声调很多，因此出现了有点有钩的标识声调的那种文字。比如一个南方人，会说广东话，会说客家话，到那地方三个月，越语就会了，因为我到那也就是几个月时间，都还没有专心去学，只要把它的声调一捉摸到，就知道大家说了什么。比如中国的"国"字，是入声，"政治""文化""经济"都是差不了多少。当然有些口语跟我们不一样，但学起来比较快。

我因为瘦，跟越南人也差不多，所以有时我们到湖边散步，经常会碰上一些人问路，问哪里哪里在什么地方，以为我是河内人。

关于讲课的方式，他们不喜欢老师念讲稿，希望老师能够脱稿讲。一个句子怎么理解，要用最浅近的语言讲出来。脱开讲稿来讲，和念讲稿是完全不同的，你必须对要讲的内容十分熟悉，甚至有一部分内容潜入你的无意识中，这样才能脱口而出，才可能是正确的，才可能是有趣的。而且要讲出自己的一种体会来，这种体会不像是我念讲稿，念这种外面的东西，念完了以后我得心里再想想，再跟学生解释。不是！它是由内而外的，我话先讲出来了，大家都能听见了，已经没法改了。所以我发现脱开讲稿给学生讲课，对一个老师来讲，要求是很高的。第一，要求他对所讲的内容非常熟悉；第二，必须有丰富的知识，能涉及历史文化的各个方面；第三，讲课的时候，说出来的话是有逻辑性的，不能老是说半个句子，那样学生就听不懂。

从越南开始，我发现，要脱稿讲课，语速就要放慢。因为放慢以后，脑子里面在那一瞬间还可以思考一下，或者是唤起一种记忆。所以那三年的教学，无论从内容还是形式，对我来说都是一个很好的锻炼，学生受益，我自己也受益。

他们还规定学生到了四年级要写毕业论文，我一个人要负责他们十几个学生的毕业论文，另外他们越南老师也负责一部分。学生们都挤到我的门下来，让我指导他们，所以我的工作很繁重。当然，我每天的心情都非常好。当接我的小车到旅馆门口，我看到路两旁的木棉花开放了——木棉花在中国有些地方被称为英雄花，开得非常大——一片的红色！那里的建筑很少，上了车拐个弯儿就进到他们的郊区了，满眼的青绿，到处是香蕉林、芭蕉林。小车要走差不多四十分钟到学校，路上心情非常好。为什么呢？我对今天的课有信心！因为昨天晚上我已经把课备好了，而且又看了两三遍，改了两三遍，我熟悉了，今天可以脱稿来讲，能够即兴发挥了。这就像一个演员，一切都准备好了，去演出的时候，知道一定会演得很精彩，有那种劳动之前的兴奋之情。再加上周围的这些景物，都是很美好的。如果没有警报拉响，在这种情况下，一切都是非常好的。

在那里，我的课受到学生的欢迎，受到老师们的肯定。从中国派出去授课的，到河内师大的是五个人，到外语学院的也有三四个人。我去了半年多以后，我们大使馆的文化参赞就决定，河内师范大学的专家组组长由我出任。这对我来说又是一件难事，因为我一个从农村出来的人，从来不善于跟别人打交道。现在竟然让我搞外交。专家组的组长要干什么呢？不但要管理好专家组内部的团结，更重要的是要跟河内师大的校长打交道，要跟教务处、系主任打交道，那交道是很多的。

当时越南人采取一种平等政策。河内师大聘请了我们五位专家，也聘请了五位苏联专家。我们的休息室是这样大，他们的休息室也是这样大。他们休息室有几把椅子，我们休息室也同样的有几把椅子。

因为我从农村来，而农村都是过去遗留下来的那套风俗。像1978年，《北京晚报》教大家，我们要会说几个字几个词：一个是见面说"你好"，一个是说"再见"，要会说"请"，要会说"没关系"，要说"对不起"。这些东西都要学会。对我来说，就是要改变我的旧习惯，换一种新习惯。要会跟人家握手，握手要握到什么样的程度。跟女士握手，只能轻轻碰一碰，跟男士握手要有力，这都是不一样的。

当时教育部提出的意见是四个字，我们到外国要做到"不卑不亢"，这个分寸是很难拿捏的。怎么叫不卑不亢？特别是校长是亲苏的，我怎么跟他打交道？我怎么从话里提出我的要求意见，但是从话语形式来看又是比较软的，不是那么僵硬的？不是让他马上领会到，而是让他回到办公室以后，回想我的话的时候，"哦，他这是绵里藏针呐"。这太难了，所以说让我当专家组组长，我当时就想推掉。文化参赞说："你推什么？这是我们使馆党委研究的决定，经过对你一年的考察，认为你行，没问题，所以让你干，这不能更改。"

那时候我们正在跟苏联论战，《人民日报》发表九评修正主义，内部要组织学习，一个礼拜学一次。当然，我们的学习不止于此，我们还学习法语。因为越南是法国殖民地，法语水平很高，那里有些老先生法语讲得非常好，我们就请他们的一个教授到我们的专家楼来，一周上一次法语课。法语我学到能阅读法文的程度，所以后来评职称，别人考的是英语、日语，唯独我一个人说我考法语。

在越南，我学习政治，学习外语，学到很多的东西。

原子弹爆炸的那一天

我记忆最清晰的一天是1964年10月16日。那天中国原子弹爆炸成功，《人民日报》出了号外，中央广播电台连续播报，所以我们在第一时间知道。那时好像是接近傍晚的时候，所有的人都涌出来了，在旅馆里面欢呼、叫喊，互相拥抱。当时对我们来讲，这是非常重要的，原子弹来得太及时了。因为当时我们跟美国是对立的，跟苏联是对立的，而我们自己又没有原子弹。他们不管谁要是甩一颗原子弹到中国来，我们没法反击。所以原子弹释放成功，对我们来说是一件大事，一件突如其来的喜事。

第二天，我照样还是去上课，这一路上都非常平静，好像没有发生什么事情，但是我的心情依然是激动的。那天，小车开到校门口的时候，校门紧闭。咦？这很奇怪，平时小车开到校门的时候，校门是开的，司机慢慢地也就停下来了。突然一瞬间，大门打开了。哇！那一天，河内师范大学全校师生放假一天，就是为了祝贺中国原子弹爆炸成功。我刚从小车里面出来，那个会说法语、个子很矮的校长就笑嘻嘻地等在车门边上，跟我握手拥抱。然后我听到了四面八方几千人山呼海啸一样的声音，只有两个字："中国！中国！中国！"整个校园这个时候就只有两个字——中国。然后，大家不由分说地把我抬起来，不是抛，是一直抬着，抬到他们能装几千人的茅草棚礼堂里，把我推到讲台上面。那是个舞台，校长、各系的系主任、翻译，都上去了。校长致辞之后，把我推到前面，让我讲话。我毫无准备，这不像那天莫言的写作中心成立，他事先告诉我，你要讲三分钟到五分钟，我事先还可以想一想，围绕着什么主题来讲。那是毫无准备，张口就要讲。幸亏当天那种感情里涌动着对祖国由衷的热爱。所以我也很流利地进行了表达，在几千人的关注与聚精会神的等待中开始讲话。可能我说的第一句话是，"诚如你们今天所知道的，中国的第一颗原子弹在昨天升空，爆炸成功了"，然后全场又是"中国、中国、中国"。当时他们正在跟美国打仗，中国的原子弹爆炸了，对他们来说是一种支持，是一种力量。中国是他们的后盾，后盾有了原子弹，就好像这原子弹不仅是属于中国的，也是属于他们的，所以他们是那样的欢呼雀跃。后面我还可能讲了很多话，每讲一句话就会被"中国、中国"打断。这是我终生难忘的记忆。很多日子我都忘了，唯独 1964 年 10 月 16 日这一天我不会忘记。就在那一天，我觉得祖国和我个人的名誉，是紧密地融合在一起的。

所以后来我写了《那天，我就是中国》。这篇散文也是有很多转载，最有意思的是，菲律宾的商报也连续几天转载了。我的散文，是 1950 年代人的那种，跟现在年轻人的不一样，他们说好久没有读到具有这么浓郁感情的散文了。

越南给了我变化

在祖国的关怀下，同时也在越南人民的关心下，我觉得无论在政治上，还是在丰富知识和教学经验上，我都有了很多积累和发展。越南授予我的友谊勋章，我现在还保存着。并不是每一个人都能得到友谊勋章，不是去援越就可以得到的。友谊勋章是颁给那些为越南作出杰出贡献的人的荣誉。而我则认为，我在越南三年，为我后来的文学教学和研究打下了比较结实的基础。了解我的人分析，说我在北师大读了本科，在河内师大读的是硕士。

回国以后，我从各方面都发生了变化。系里的老师见到我，第一句话差不多都是这一句话，怎么你变了，变了个人。人也变得漂亮了，过去太瘦，现在已经一百二十斤，胖了一点，匀称了。我跟所有见到的老师，第一句话都是"你好，你过得怎么样？"过去从来不会说这些话，过去都是说"你吃了吗"，而我那时候说"你好"，还是比较早的礼貌行为。人家过来了，我手先伸出去。两个人相遇，如果是年纪比我大一点的，是我的老师、我的长辈，我必须先伸出手。我的字也发生了变化，因为我在越南老是一笔一画地板书，回来以后让我做记录，人家说你的字也变了，你的字站起来了，原来我的字都是斜着写的，现在站起来了。也会跟人家打交道了，会说"请"了，会说"对不起"了。人家都觉得，该笑的时候，我会带头笑，该悲伤的时候，我也知道应该怎么做。所以越南三年改造了我，丰富了我，壮大了我。我要感谢当时的党组织给我这个机会，感谢教育部给我这个机会，使得我能够在越南有所收获。

当然，经济上我也收获了很多。那时候越南对我们的吃、住、娱乐这些全包了，大使馆一个月还给我五六十块零花钱，而国内我的工资又照发，这就等于比双倍工资还多得多。而且在越南期间，我的那一篇《论高鹗续〈红楼梦〉的功过》在国内发表了，得到整个中文系上上下下的认同。文章发在1963年第三期的北师大学报上，那是一个曹雪芹研究专号，稿费一百六十块钱，非常高，足足三个月工资。我爱人领了这笔钱。她买了想买的当时能够买到的所有衣服，包括一件有点新款的呢子大衣，她盼望了很久。她觉得那一百六十块钱真是太多了，怎么用都用不完。

这就是我在越南教学的经过。重要的有两点：第一点，当国内的老师纷纷下乡去搞"四清"的时候，我在河内，在书桌旁静静地备课讲课，学习法语，丰富了自己，拓展了自己的知识，开阔了自己的眼界；第二点，只有到了外国，置身于一种特殊的环境中，我这才感觉到祖国对我们个人意味着什么。

组建留学生办公室

1965年秋天，我从越南坐火车回到了祖国。当时回国以后面临着两种选择：一个选择是还回中文系的文学理论教研室去当助教；另外一个选择就是当时我们学校要成立留学生办公室，即现在对外汉语学院的前身，办公室要设一个教研室，我可以去当教研室主任。

当时我们系里有两位老师从国外回来，我从越南回来，另一位老师从德国回来。后来学校来做我的工作，因为留学生办公室成立以后，要接收的大部分是越南学生，其他国家的学生比较少，当然也有一部分苏联学生，一部分印尼学生，当时主要是这三个国家的学生来学汉语。学校考虑到我在越南的工作经验，倾向于让我来做这个工作。我当时的想法，是想回中文系，早一点开始文学理论的研究工作。但是学校给我做工作之后，我放弃了自己的想法，按照组织的安排，到留学生办公室的汉语教研室当了教研室主任。我是主任，副主任是后来当教育部副部长的柳斌，我们两个搭档。然后从中文系一共调了十名教师，每个教师都有一个办公室，把学十一楼整一座楼给腾出来，就是现在学十六楼斜对面的正对着马路的那一栋楼，重新做了一个简单的装修。

我们接收了一百名越南学生，还有少数的苏联学生和印尼学生。苏联学生、印尼学生独立成班，进行汉语教学。越南学生成立了五个班，每个班二十个人，因为必须是小班，上课学生跟教师才能够进行交流，这样才能够学得好。当时中越关系非常好，革命友谊加兄弟情谊。在这种情况下，我们是充满着热情来给他们上课。尽管我不是专门研究现代汉语的，但是在那段期间，我们不但研究汉语本身，而且要研究如何把汉语，把今天的普通话这种语言文字，让一个外国人能够学会，掌握其中的规律。我们不断探讨、交流经验，还编了教材，可以说那段时间我们都是废寝忘食地工作的。

二龙路二号

当我下定决心去河内师范大学时，我的家也从校内搬了出去。因为我爱人说："你不在北师大了，我在女附中工作。我这个家安在北师大也毫无意义。而且我每天还要带着两个日本小姑娘奔波，何苦？"所以我们在女附中附近租了一间房子，那时候房价很低，一个月几毛钱就可以租到一间屋子，跟那两个小姑娘一起住。后来她们学校考虑到她住在大杂院里，又带着孩子，会有一定的危险性，那时候我的孩子已经出生（1962年6月15日），于是就把二龙路二号女附中的一个院子让她住。女附中的老师们都住在学校周围的四合院里。我们住的那个四合院，住着八个"老姑娘"。其中有毛主席的老师王正枢的女儿王明夏先生，她是教数学的，师大要把她调进数学系做教授，她不来，就在女附中工作。毛主席曾经在中南海宴请过她。

这八个老姑娘都在四十多五十多这个年龄，那院子里房间还空了很多，但是她们不许别人进来。因为别人要进来的话，就会有男的进来，她们都很厌恶男的。但这次要进来的是曾恬，她们了解到曾恬结婚了，就说，以后她丈夫回来，不就要回到这来吗？一开始不同意，后来还是王明夏先生，说她丈夫不在身边，咱们这有房子，又是我们自己培养的学生，现在回到母校工作，工作很努力，为人很正派，心地也很善良，有这么年轻的老师给我们作伴，我们腿脚不便，有时候请她跑一跑，也很好，至于她丈夫回来，那时候说不定北师大另外会给他分房子，她还再回北师大去。这样就接纳她了。

我从越南回来后，北师大没给我分房子，我就到院子里去住了。她们那里一到冬天水管要冻住的，每次都是我晚上把水管包起来，外面再盖上木板，那水管才能拧出水。此外，谁家要有困难，我都很愿意帮助她们。人家一看我很朴实，就接纳我了。后来曾恬开玩笑地问她们，你们都不愿意接纳男的，为什么愿意接纳童庆炳？她们就笑着说："我们那个时候没有遇到像童庆炳这样的人，要是遇到像童庆炳这样朴实、勤快，又好学，又愿意帮助人的人，我们也会结婚的。"就这样，那本来是八个老姑娘占领的一个大院子，接纳了我们。

本来我每天是骑车到师大上班，傍晚再骑车回家。自从接受了留学生办公室汉语教研室的工作后，我一礼拜回去一次，平时住在学校里头。同时把我的小孩，已经三岁了，送到北师大附属幼儿园。别的小孩住在学校都是一天一接，我们的小孩是六天一接。当时还只是单休，每周六个工作日，我到星期六傍晚才去接他，再坐着22路去西单，到二龙路二号。

工作是非常辛苦的。这些越南学生有大有小，程度参差不齐，有的学起来比较容易，有的比较难。我们全身心投入工作，我和柳斌两个人合作也很默契。从中文系来的这十位老师，有的年纪比我们小，也有相当部分年纪比我们大，他们是真正来自现代汉语教研室的，是现代汉语的专家。我们合作得非常好，按部就班地开始我们的教学。这是1965年回国后的那个秋天，9月份，开始了一个新工作。工作过程很愉快，学校大力支持，老师们合作得也都比较好。我从越南回来以后，的确是换了一个人，能团结大家，能跟所有的人沟通，无论是老师辈的，还是师兄弟这一辈的，都能沟通得很好，所以很愉快。

那时候工作也很紧张。紧张到什么程度呢？紧张到有时候今天是不是星期六都忘了。有一次星期六，我把它当作了星期五。吃完晚饭以后，我又回学十一楼的教研室去，有个老师看见我："今天星期六你怎么不去接孩子，还在这晃悠？"我说："今天是星期六吗？不是星期五吗？"他说："你见鬼！今天是星期六！"我一看这时间已经七点多了，哎呀，我着急了，赶快到幼儿园。我的小孩，三岁的小孩，爸爸没有来接他。他趴在栏杆上，抓着那个栏杆，哇哇地哭得一塌糊涂。幸亏有个小老师一直在那哄他。他以为爸爸不要他了，哭得伤心极了。后来一看到我，他破涕为笑，我就带着他回家。

我们父子之间也处得很好，从来都不用直接说话。比如我们到了西单缸瓦市那儿，接近要下车了。缸瓦市下车以后，旁边有一个卖冰棍的小铺子。当时的冰棍，三分钱一根的是没有奶油的，五分钱一根的才有奶油。我的小孩一到那个站，就会说"爸爸我渴了"，我说"我知道你渴了"，他的意思是要买冰棍吃，每次他都忘不了。

这天我觉得我欠了儿子的，下车后，给他买了两根奶油冰棍，一毛钱，他特别高兴。我抱着他，走过长长的辟才胡同，回到自己的家。家里面曾恬也很着急，不知道为什么这么晚还不回来。回去以后把情况一说，我爱人很不高兴："你就知道工作工作工作，连小孩都忘了，真是不像话！"

越南留学生班停办

1966 年 5 月 16 日，这些越南学生学习汉语还不到一年时间，才刚开始产生兴趣，会说一些日常的用语，我们也正工作得很起劲，"文革"开始了。大字报在学校铺天盖地，那些老师都被抓出来作为牛鬼蛇神。除了领导，我的那些老师，像黄药眠先生、钟敬文先生、陆宗达先生、穆木天先生等等，都被揪出来游行示众。那是 6 月份的事情。这样对我们的工作有很大的干扰。学生也很紧张，为什么中国一下子会变成这样。

然后学校决定留学生工作停办，要求我送这些越南学生回去。送到什么地方呢？送到边境，就是换铁路那儿，广西凭祥。本来这些越南留学生跟中国非常友好，也接受我们的意识形态，对毛主席非常敬仰。可是由于他们的学业没有完成，我们不得不中断他们的学业，送他们回国，所以他们到凭祥的时候不高兴，开始闹事。闹什么事呢？我们发给他们一人一本毛主席语录，红皮本的红宝书。本来他们都想通过这个来学习一些汉语。到了凭祥那一站，突然有学生发动大家撕毁了毛主席语录，扔得到处都是。我去制止，完全没有用。有的学生骂人，说："你们背信弃义，我们学业没有结束，你们就中断办学了，你们说话不算话，耽误了我们的青春。"师生很多人围着我，让我解释。我说："我们中国现在处在一个很特殊的时期，毛主席号召要搞'文化大革命'，而'文化大革命'看来也不是一朝一夕的事情，不会很快就结束。在这过程中，就像你们看到的那样，朝不保夕，我也当过'反革命'的。"他们问："你当过'反革命'吗？"我说："你们不知道吧，我的大字报都被贴在员工食堂，我是'野心家''阴谋家'，我是'猖狂地向社会主义、向党进攻的人'。在这种情况下，老师们自身也都难保，也无心来教你们。即使学下去也学不好，我们更担心你们的安全问题。所以不得已终止办学，希望我们中越友好不要因此受影响，你们回去，我们还是同志加兄弟。"就这样，我做了一些工作，安抚他们，把学生送走了。

1966—1976，两次选择

1968 年童庆炳（后中）在阿尔巴尼亚

"文革"初见闻

"文革"初期，我是不参加运动的，我是一个逍遥派。我不过是看一点大字报，帮一些老先生解决困难。比如中文系那些老先生被拉出来游行示众，他们都是六七十岁的人，有的年纪还要高一点，很多都有心脏病等各种各样的病，结果硬是给他们戴上"资产阶级反动权威"的帽子，给他们脖子上挂一些乱七八糟的东西，被本科生们牵着赶着，在整个学校游行，从教学区游到学生区，各系皆如此，但我们系游行的时候，我很关切这些老先生的身体。果不其然，当游到西南楼南边那条路的时候，给我们讲古汉语的陆宗达先生突然心脏病发作。那些学生不知深浅，还要硬拉着他游行。后来我和几个青年教师过去干预，我说："命是最重要的，你们把这些老先生拉出来游行示众，陆先生现在心脏病发作，你们还要阻止大家救人？"我们几个青年教师把陆先生扶进学生宿舍，让他平躺下，赶快找来速效救心丸，让他吃下。慢慢地他缓过来了，我们再送他回家。当时他的家在外面，我们一直把他送到家。

"文革"期间，从始至终我不认为老师是敌人，是"反动资产阶级权威"，因为我亲身受到他们的教育。他们给我们知识，是我们的导师，是我们进入学术园地的领路人，我是这么看待这些老师的。所以我没有给老师贴过任何一张大字报，我觉得老师就是老师，怎么会立刻变成"反动学术权威"？他们怎么反动了？都没有根据。

　　总之"文革"开始以后，我看了那些大字报，无法理解这么一场运动。过去都是我们的系领导、总支书记、校党委书记、校长这些老干部，还有各系的一些有名誉、有学问的老先生，为什么会突然之间变成我们的敌人，成为我们革命的对象呢？这是我们很难理解的。说他们是走资本主义的当权派，那么什么是资本主义？他们怎么走的资本主义？从1950年代到1960年代，他们教育我们的就是要爱祖国、爱人民，要好好学习，将来为国家奉献自己的青春和生命。这都没错啊，当时提倡的就是集体主义啊。他们是当权派这没错，但"资本主义"这个定语怎么安得到他们的头上？

　　另外这些老师，像陆宗达先生，他是讲古汉语的，他不过是讲《说文解字》里面的一个一个字，哪个是原义，哪个是本义，哪个是引申义，就是讲这些知识。还有别的老师，像刘盼遂先生给我们讲《史记》，李长之先生给我们讲文学史，怎么变成了反动学术权威？我们平时也都叫他们老师，觉得他们很受我们的尊敬，但怎么一下子就变成反动权威了？我对运动不能理解，所以采取一种逍遥的态度，只是看看大字报，仅此而已。那时候，党组织全部瘫痪，我也不参加，就是这种状况。

　　　　　　　　　　　　朴：童庆炳口述自传

"文革"找上门来

但是你不参与，革命也还是要找你的。1966年秋季，我突然被打成"反革命"。起因是怎么样的呢？

女附中也开始了"文革"。工作队进去的头一天，就在学校里面批斗了十个年轻学生。那些学生全都是干部子弟。女附中有很多干部子弟，还是高干子弟。她们会有什么问题？她们当然不会有什么问题！可是就批斗了十个学生，当时"文革"还没有到她们那个层面，她们的父母也没有受冲击。可是工作队进去以后就批斗这十个学生，不知道为什么。

总而言之，工作队不是按照当时"五一六"通知的那个规定来办。"五一六"通知的规定是说这次运动是整"走资本主义道路的当权派"和"反动学术权威"，目标很明确的。可是工作队进了女附中领导"文革"，为什么先批斗十个学生？这十个学生硬是不服他们，要跟他们干到底，因为她们自己的父母也是很硬的。于是一时间就在女附中造成了混乱。

我爱人曾恬同情这些学生，她说："为什么要批斗她们？她们有什么罪？"曾恬回来后，去找一个年纪比她大得多的参加过抗日战争、解放战争的老干部王瑞光，她也是语文教师，1958年还在新一教室听过我的课。她们两个一商量觉得这样做很不对，于是要写一张大字报，批判工作队这种不当的做法，给他们提意见。然后她们就在我家里写，从晚上十点多开始，写到下半夜三点还没写完。

我不耐烦了："你们怎么回事？折腾了几个小时，一张大字报都写不完。不过就是几句话的事情，真笨。"我爱人说："既然你睡不着，那你起来替我写，我们已经写了一半了，还有后面一半不知道怎么构思。"我说："这还不好办，把《红旗》杂志拿出来抄一抄就完了嘛。"当时《红旗》杂志是党最权威的刊物了。曾恬冲我喊："那你起来，别光说啊。"我起来看了她们写的前半段，我说后面非常好写，把《红旗》杂志翻开，说你看，这里画了红道道，这一次"文革"的主要对象是"走资本主义道路的当权派"和"反动学术权威"。只有这两者才是这次革命的对象，而这些年轻的学生，是革命的力量。怎么能把她们当作什么分子来批斗呢？这是不对的。建议工作队改正他们的错误做法。就写了这么一段话，抄了几句话。过去那个纸啊，都是红红绿绿的，不是白的，我们在一张粉红色的纸上写。我没有打草稿，提笔就写，几分钟就写完了。我说："这大字报行了，底下署名是你们的事。"她们一共找了大概十个老师署名，这十个老师差不多都是二龙路二号院子里的。

大字报第二天早晨贴出去了。这一贴出去不得了，都说这张大字报是反工作队的大字报，是一张反动大字报。于是为首的两个，我爱人和王瑞光，当天就被批斗了。后来他们研究那大字报，发现字体是两种，上半张的字体是一种，下半张的字体是另外一种。我一个同班同学在那当语文教师，他一眼就看出来了，说这是童庆炳帮着写的。于是他第二天就过来北师大贴大字报。当时贴大字报还有管理，问他给谁贴的，一说给我贴的，当时我正从事外国学生的汉语教学工作，管理人员说不许贴在外面，就贴在教工食堂吧。当时的教工食堂只许老师们

朴：童庆炳口述自传

进去，不许学生进去。

结果教工食堂贴了第一张大字报，就是《把阴谋家童庆炳揪出来》。我一看，受我爱人牵连了，因为她在女附中被打成"反革命"。北师大的工作队立刻关注到这张大字报，当天就来批判我，说："你在北师大也是反工作队的。"我辩解说："我只是帮我爱人写大字报，我在北师大没贴过大字报，我怎么反了？"他们说："我们工作队都是一起的，中学的、大学的和其他各个学校的，都是一起的。你反工作队的行为本身就是反革命。'文化大革命'是一场严肃的革命，你就是反革命。"

结果我们夫妇俩都被定为"反革命"。她在女附中当"反革命"，我在北师大当"反革命"。不许我们说话，只能听他们批判。在北师大，我被批判了差不多一个月。我记忆中那张大字报是6月二十几号贴出的，正是6月底，之后整了我一个月。怎么整呢？每天开一次会，会议都不在白天开，晚上开，因为白天学生还在，要工作。晚上开始来批判我。批判来批判去就那几句话，讲无产阶级文化大革命如何如何重要，为什么在这个时候反对工作队，工作队是来执行党中央的"五一六通知"的，为什么反对，等等。我只说："我的大字报里写的也是《红旗》杂志的话，你们去看看。"他们说："你这是打着红旗反红旗，你的矛头是指向工作队的，所以你如何辩解都辩解不过去。"当然就那几句话，批判越来越弱。

当时我心里很痛苦，因为我爱人每天晚上回家讲她的情况，女附中的情况比北师大的还要复杂。我当时觉得这运动不是一下子能够过去的，我给自己做了打算，说算了，念完了大学，看这样子还是要回家种地，回老家闽西。没有什么了不得的，我种地也能种出个样子来给他们看看。当时的人，不光是我，还有别的很多被批斗的人，总的来说是很有韧性的，不会轻易地跳楼、轻易地自残，不会的，而是想到总有一天这事情会弄清楚的。再不济，弄不清楚，回家种地，也没有什么了不起。这就是有一种韧劲，觉得生活总还是有希望的，觉得共产党的领导最终还是要为人民的。当时有两句话大家说得最多：第一，要相信党；第二，要相信群众。党是我们的领导力量，群众的眼睛是雪亮的。所以我一边白天工作，一边晚上接受他们批判。我爱人在女附中也是这样。

当起了逍遥派

解放我们的日子突然就降临了。就在7月27日这一天晚上，"文革"小组的全体成员都出现在如今的北师大东操场上，他们在那里召开了一个大会，全校几千学生都参加了。"文革"小组当时包括康生、陈伯达、江青，上海还有一位张春桥，当时姚文元还没进去。全体成员来这儿讲话。讲什么呢？中心内容就是各个单位的工作队没有执行毛主席的路线。毛主席的路线是整"走资派"和"反动学术权威"，现在你们是乱斗一通，甚至把矛头指向普通的群众，这是不允许的。然后称工作队的这个路线是反动路线。就在这一天晚上，江青说了一句话："踢开工作队闹革命。"

那个会晚上很晚才开，10点钟左右，一直开到凌晨。我很关注这个会，因为这关系到我的命运，我要听他们怎么说的。越说我心里越高兴。他们这一说完，全国的工作队都撤走了。这是我亲眼所见。像陈伯达的话我基本听不懂，他也是福建人，但他讲的闽南话，结合着一种又是普通话又是别的杂七杂八的话，听不懂。康生的话很容易听懂，康生是山东人。江青的话都很好听明白的。还有别的成员，他们到北师大开了这么一个会，最终认为工作队没有执行毛主席的路线，执行的是一条错误路线，不是去整"走资派"和"反动学术权威"，而是乱批乱斗，转移视线。就这样，工作队立刻撤出各校。

踢出工作队以后，"文革"真正变成了一场自下而上的"革命"了。这场"革命"没有党委，没有学校领导，也没有了党组织，什么都没有了，红卫兵"自治"开始。但对我来说是很幸运的，由于工作队犯了错误，我是犯错误的受害者之一。所以第二天，我从"右派"变成了"左派"，一天之内转换角色。

第二天，单位里大家也不提了，党支部书记说了一声，"童庆炳这事情一风吹，他没事"。这样一来，我成了学校教师当中少数的"左派"，成为一位被争取的对象。

接下来是红卫兵运动。比如说北师大成立了以谭厚兰为首的"井冈山公社"。井冈山公社当时都是学生，缺少老师，他们就去调查整个学校有哪些老师是在工作队期间受害的，结果调查出有五个被工作队整了，其中有我一个。所以谭厚兰要拉我上井冈山，当他们的顾问，还许诺给我做更大的官。我呢，思想非常明确，我觉得这场运动不是我所能理解的。我对自己这种身份的转变都不能理解，昨天还是"右派"，今天就改成"左派"了，这一天之内翻天覆地左右转变，而且是"坚定的左派"。既然不能理解的事情，我就不要去参与，我就好自为之，好好做自己想做的事情，所以我拒绝了他们。

他们则三番两次让我的学生来做工作，因为我曾经在一个班里当过辅导员，跟那个班的学生关系很熟。那个班的学生说："哎呀，童老师，这对你是一个多美好的机会，你不来参加？"我说："我不去。你们不要来劝我了，我劝你们自己也悠着点。响应毛主席号召，这是很好的。但是事情总是要回归到像毛主席所讲的那样，要实事求是，不要乱来。"我反过来劝诫他们。他们看我像是一块大石头，怎么推都推不动，就放弃了我。

这样，在把越南学生送走之后，我成了一个逍遥派，每天东游西逛，不但在北师大看大字报，还到北大、清华、西单广场看大字报，那时西单还不是现在这个样子，那里有布告栏，贴了很多大字报。当时就是看看大字报，没事带带孩子，然后读点书。

我还是照着我自己的计划，将来还是要搞文学理论，于是开始读别林斯基。别林斯基是俄国最大的批评家，最有深度的批评家。他为什么成为这么大的一个批评家呢？他究竟作出了什么贡献呢？我不去看大字报的时候，就在家里读别林斯基。别林斯基的文集最早是由上海的时代出版社出版的，我至今仍然保存着那本书。那时起我开始研究别林斯基，研究文学理论一些最基本的问题。当外面敲锣打鼓、翻天覆地的时候，我静静地坐在自己的家里。那时候我的家，已经从一间屋变成两间屋了。因为岳父在1967年去世了。他本来是在中华书局做高级编辑，年纪大了，也有肺结核，但他不好好治，还抽烟，最后在"文革"期间去世了。他的丧事差不多都是由我来操办的，因为曾恬的几个姐姐，大姐是"走资派"，二姐是"叛徒"，三姐有病。他哥哥在山西，根本和我们不通消息。在这种情况下，我岳母一个人住那么个大院子，不安全，然后就搬过来跟我们一起住。

在女附中，当时曾恬已经是一派的领袖了，她也已经翻身了。她通过"文革"成立了"东方红公社"，她是造反派的一个头头。因为人家压迫她，她后来也知道了，不可能等谁来解放你，"文革"已经各自为政了。她就以最初那张大字报的十个老师为主，广泛地团结吸纳了女附中的一些老师，又吸收了一大批学生，成立了东方红公社。东方红公社成为女附中最大的一派，而她和王瑞光是造反派的两个头头。

我爱人是那么一种性格，就是非常敢做，又有激情，她想要做到的事情是一定要做，想要发泄出来的是一定要发泄出来的。我不一样，对"文化大革命"，我们看法不一致：你那么热情地去参加，我觉得这运动不是我能理解的。我说你还是自己好好地考虑一下，不要投入太多，甚至于退出，因为这样下去会有危险的。

果然，后来军宣队进她们学校，支持她们，她们高兴得不得了，但是后来工宣队进去，又反对她们，把她们气坏了。女附中的"文革"我知道得非常清楚，包括它整个的过程。现在我们还保留着女附中"文革"几乎全部的最主要的一些材料，可以作为一个案例研究。"文革"是需要研究的，但现在时机不成熟，我的精力也不行，这就留待我儿子了。

选赴阿尔巴尼亚

工作队退出后我一直处在逍遥的状态，但是没逍遥多长时间，大概半年多吧，就到1967年了。这一年，咱们教育部跟阿尔巴尼亚教育部有一个文化教育合同，说要派一名讲文学的教师、一名讲英语的教师，到阿尔巴尼亚的大学去担任专家任教。教育部开始做这工作，可是几次都失败了。他们从几个学校选派了教师，但是这些教师都有派，你要到阿尔巴尼亚去当老师，对立派不同意，有的全部手续都办好了，却在飞机场被揪了回来。就这样，弄得教育部的干部很不愉快，就说怎么会出现这种状况，前后派了几个，都被揪回来了。

这时他们才想起我，他们也不知道我是不是逍遥派，后来来找我问情况："你在北师大有没有卷进去？"我说："我当逍遥派，没有卷进去。"他说："你估计你们学校这两派都会同意吗？"当时所谓的"革命派"是谭厚兰，谭厚兰当时已经和清华的蒯大富、北大的聂元梓，还有北航的韩爱晶，成了"北京四大领袖"。北师大也有反对派，像中文系就有"文化大革命中文系大队"，这被称为"保守派"。"保守派"我不参加，什么派我都不参加，他们组织活动，我从来不去，大字报我也不写，只是看看。

我说："我不知道，估计双方都会同意吧。"他们说："这就太好了，如果要是这样的话，就解决我们教育部的一个大问题了。"我说："那你们去试试看吧。"然后他们就去跟两派征求意见。一征求意见，"井冈山公社"这个主流派就说："他本来就是一个左派，只是不愿意上井冈山而已。既然你们想派他去阿尔巴尼亚教书，那就让他去吧。"另外一派"中文系大队"呢，跟我没有仇没有恨，也没有什么对立的东西，说："童庆炳去还是比较合适的。他是不参与派的。"

当时逍遥派是为数不少的一批人，不是几个人。两派都同意我去，这样教育部就决定派我去，说："连政治审查都不必要了，因为你刚从越南回来。"倒是我说："我有条件。第一个条件就是必须让我每年回来一次，时间应该是两个月到三个月，因为家里有老有少，岳母在我家里，小孩也在家里。第二，既然去阿尔巴尼亚那么远的地方，要允许我在沿途稍微看看，开拓视野。"他们同意了，但是提出来要双人同行制，就是一定要找到另外一个同伴，两个人一起走一起回。可能这一次是跟这个人一起去，可回来的时候跟另外一个人回来，两个人同行制，或者两个人以上，三个人四个人也都是可以的。

这样，就在1967年8月，我从南线广州，经过柬埔寨的金边，到巴基斯坦的卡拉奇，过埃及开罗，再到意大利的罗马，罗马没有飞机直接飞往阿尔巴尼亚，于是要到意大利的一个港口城市，叫巴里，从巴里乘坐七个人的那种小飞机，飞越地中海，才到阿尔巴尼亚首都地拉那。从南线绕过去这么走一圈，要十天左右。因为每站我们都要下来，有时候大使馆要是高兴还带我们去参观。真正是开阔了眼界。

每年到6月份，他们进入考试季节了，就让我们回来，我会找大使馆的准备回来休假的同志一起走。从北线回来，先经过贝尔格莱德（当时南斯拉夫的首都），再到布达佩斯（匈牙利的首都），然后到华沙（波兰的首都），之后到莫斯科（苏联的首都），最后从莫斯科坐七个小时的飞机回到北京。每年我都是这么转，转了三次，去的时候走南线，回来时候走北线。其中有一次到了开罗以后，由于飞机故障，结果在巴黎降落了。法国巴黎大使馆接待了我们，我们在巴黎也逛了逛。所以这三次的去和回，南线去北线回，经历了很多国家，开阔了我的视野。最起码我认识到，每一个民族都是不一样的，每一个地方的风俗习惯是不一样的，欧洲的文明和我们中华文明是不一样的。各个地方所生产出来的东西是不一样的，食品也是不一样的。所以可以说是开阔了眼界。

比如在巴基斯坦卡拉奇，我们停留下来，发现那个地方信伊斯兰教。我第一次接触伊斯兰文化，是从乌鸦开始的。乌鸦是伊斯兰的神鸟，整个卡拉奇的天空飞着的都是乌鸦。开始我不信，说："你们能够和乌鸦接触吗？"他们说："可以啊。"那厨房的大师傅切了几块肉，把肉往空中这么一扔，乌鸦"咻"地一声就飞过来，把肉块叼走。再扔一块，更多乌鸦来抢，肉永远不会掉在地上。我这才知道，原来牛是他们的神物，乌鸦是他们的神鸟，有很多东西是跟我们不一样的。那儿很热，我第一次看到脖子上缠着蛇，在海边做各种各样把式的民间艺人，当然最后你要给他一点钱。在那儿，我第一次看到茫茫大海。总之，感觉到这世界都是不一样的。

到了罗马，那儿跟我们又不一样。罗马人，或者说意大利人，他们非常热情。他们讲话，面部很生动，很有表情，而且不断地用手势来加强他们说的话，说得激昂慷慨。我说难道这就是古罗马文化吗？当时有这个感受。

当然，对阿尔巴尼亚我就更熟悉了。阿尔巴尼亚在地中海的边上，它的南部有三十几个村庄是希腊族，不是阿尔巴尼亚族，那里的文明是希腊文明。所以我们在那里看到了最古老的剧院，跟现在的体育场差不多，从上往下看，表演者是在下面。那儿的古迹保存得还相当完好。

我们三次经过莫斯科，那时候我们跟苏联是对立的，因为我们批判苏修，苏联人对我们也不好。我们住的大使馆的那栋房子是临街的，正厅都用黑色的布两层三层挡住。我问为什么要这样挡住，他们说："隔几天苏联人就来这游行，扔石块，把我们屋外面的玻璃差不多都打碎了。"

我们到红场也受到监督。一般外国人到红场参观列宁墓是可以插队的，直接扎到最前面，不用等候。但看见中国人来，不让你插队，要排着大队，很多人。我一共看了三次列宁的遗体，那里没有咱们毛主席纪念堂那么大，但是可以看得特别清晰。从列宁右手边进去，绕过他的脚边，再从左手边出来。当你站在脚边看列宁的时候，列宁似乎是在那里安详地睡觉，保护得非常好。那时候，我们作为三十刚出头的年轻人，对列宁是非常崇拜的。到现在我也还是相信列宁的很多理论，认为列宁主义里面有很多东西还是值得我们今天再学习的，他真正是革命家。列宁墓旁有无名烈士墓，有喷起的火焰，那是不灭的火焰，不管刮风下雨都不会熄灭。

整个红场很小，天安门广场的四分之一左右大，而且不很平坦，从上面下来，有一段平坦的，然后又斜下去。他们检阅台的对面是商场，一个大的商场。那商场我们也进去参观过，还排队买东西。但是东西很少。也看到他们排队买东西，很长的队伍，买什么呢？一看，在买中国皮鞋。他们的轻工业发展得非常不好。

在布达佩斯，我第一次看到了多瑙河。多瑙河从布达和佩斯两个城市之间穿过。还有个岛，多瑙河中间的一片小陆地，岛上有孔雀和各种各样的禽鸟，非常美丽。这些我都有照片。在匈牙利真是开阔了眼界，比如中国驻匈牙利的大使馆是跟平民的房子挨着的，中间只是用栏杆隔离开，彼此都能看得见。像我们中国那时候根本不知道"比基尼"是什么，这个词都没有，更不用说知道是什么。当时我们在匈牙利大使馆看到了邻居家一些大姑娘，我们觉得几乎裸体，实际上穿的是像今天的比基尼，她们躺在那里晒太阳。

这样我们就知道，世界上的生活方式是多种多样的。有的时候我甚至都想，怎么都行怎么都可以。这东西是什么？我认为是后来的解构主义的，后现代主义的一个定义。后现代主义就是怎么都行，怎么都可以。在那个时候就在那里已经出现了，但是当时我们没有这个意识。几乎不穿什么衣服躺在院子里晒太阳，这是不能想象、不能理解的。所以，我增加了知识，开阔了视野，知道了世界的多样性、世界的丰富性，知道了观念的不同，知道了并不是你中国说个什么观念大家都会相信你的。任何一个国家都不可能把自己的观念强加给另外一个国家，任何一个人群都不可能把观念强加给另外一个人群，任何一种宗教也不可能把它的观念强加于不相信这宗教的人。不是这样么？世界丰富多彩，多种多样，各人过各人的，就像家庭一样，家庭是五花八门的，是不一样的。大家彼此能够相容纳，和谐相处，我觉得这是很重要的东西。当时我已经感觉到这一点。

而且我觉得变化是永恒的，绝对的东西是没有的，绝对正确的东西没有，绝对的标准也都没有，都是在变动，价值观也是在变动。这些东西在当时，我还不能用语言表达出来。但是我回想出来，当时我已经接受了这种观念。人和人之间也是如此，要容纳别人，彼此相容纳。

阿尔巴尼亚印象

那时候阿尔巴尼亚跟我们中国关系很好，中国对他们支援很大，所以他们派了不少学生来中国学习，也要求我们中国派教师到他们那去教英语、汉语，主要是汉语。我除了教汉语，还教文学，他们很想了解我们的文学。但是当时大使馆给我们规定了只能讲某一些内容：屈原、李白、杜甫，然后是《红楼梦》、曹雪芹、鲁迅、毛主席诗词、样板戏，大概就这些东西。这些都是我很熟悉的，不用费很大的劲。我的翻译叫费奇里，我写好讲稿他拿去翻译，上课的时候我坐在讲台的一侧，他就在讲台上宣读我的讲稿，如果有不清楚的地方让我补充，学生举手提问，我当时用中文说，他临时用阿语来讲。到将要回国的那一年，他讲的阿语我差不多都能听懂。

我跟阿尔巴尼亚学生关系非常好，阿尔巴尼亚学生看起来都长得比我们要老，第一次进教室的时候把我吓了一跳。翻译带我进去，我一看里面的人，比我们的大学生好像要老十岁。他们有些学生二十几岁就开始秃头，总的来说比我们要老。相比之下当时我长得很年轻，我这老师好像压不住他们。我想不对啊，是不是走错班级了。后来一了解，他们的确都还是在读书的年龄，他们对中国很有感情。

阿尔巴尼亚跟苏联赫鲁晓夫闹翻以后，就跟中国结盟了。当时就剩这么几个国家关系比较好，在社会主义阵营里，就是中国、阿尔巴尼亚。当时中国称阿尔巴尼亚为"欧洲社会主义的一盏明灯"，他们也觉得我们是他们的后盾。

阿尔巴尼亚很穷，各方面都很落后，这是我们没有料到的。我以为欧洲国家不管怎么样总会比中国好点吧。到了那以后才发现不是，那里土地很肥沃，气候也非常好，不冷也不热，即使到冬天也不是很冷，而夏天也不会很热。比如夏天站在大太阳下，如果你觉得有点热，只要往树荫下一站，就会觉得凉风习习，很舒适。它拥有亚得里亚海的一面海滩，亚得里亚海东边的中段。阿尔巴尼亚的北边和东边是南斯拉夫，南面是希腊，这几个国家共同拥有亚得里亚海的东岸，是海洋性气候。

每到夏天，会有很多欧洲的老人，当然也有一些年轻人，到都拉斯休假，那里靠近亚得里亚海，非常凉爽。都拉斯是比较开放的，我们夏天到那儿一看，满街都是穿比基尼游泳裤的女士或者老人，他们就穿着那样的衣服在街上走。海边人就更多了。

但是他们的确很贫穷，土地上几乎全都是油橄榄，我看到最多的树就是油橄榄，他们唯一出口的产品也是油橄榄，或者油橄榄榨的油。当年赫鲁晓夫曾经计划社会主义国家要有个分工，分给阿尔巴尼亚的角色就是专种水果、油橄榄，要把阿尔巴尼亚变成一个花果山。不让他们发展工业，就等于不让他们进入现代，这是他们不能接受的。当然后来主要是对马克思主义的理解不同。所以阿尔巴尼亚人当时是跟中国站在一起的。中国尽管当时也很穷，处在"文革"中，可是还不断地援助他们。在阿尔巴尼亚街上，跑得最多的汽车是北京的吉普车，旧式的吉普车。在他们的田野上耕地的只有一种拖拉机，就是"东方红"，也是中国产的。连土豆种都是中国送去的。因为土豆种是会变化的，你不能从今年吃的土豆里面选出一部分来做种子，那土豆会越长越小，会退化。所以土豆种是间隔越远的地方拿过来的越好，他们就伸手跟中国要，中国也很慷慨地给他们送土豆种。但是两个国家毕竟离得很远，交通也不便。我们对他们的支援大致也就是这一些了，当然还有一些贷款。

当时阿尔巴尼亚的领导人，还有老师、学生及其他普通的群众，一听说是中国人，都非常热情，都觉得中国自己在搞"文革"，却运这么多物资来支援，所以称中国是一个英雄的国家。两个国家关系很好。

另外那里的领导，像当时的领导霍查、巴卢库，我们经常可看到。霍查是他们的最高领导人、第一书记，每天下午4点钟，你只要到斯坎德培大街——那是地拉那最中心的一条街道，一条主干道，很长的——就可看到他们已经吃完午饭，出来散步了。不像我们，吃完午饭就午休了。下午4点钟他们吃完午饭后，就是他们休息的时间，因为下午4点以后他们没事了，一天的活都干完了。像工人上午7点开始干活，中间没有多少休息，到下午 4 点活也干完了，学生也放学了。

我们到那儿，专家都说他们是在搞服装比赛。每天下午 4
点，只要天气好——其实那儿几乎每天天气都很好，空气非常
纯净——左边一队这么过来，右边一队这么过去，很有秩序。
而当时他们的党和国家领导人也和群众一起散步，他们散步的
时候都西装革履，女士则穿得花花绿绿。这是他们的散步时间，
我们经常会遇到霍查和其他领导人。见面的时候要握手，有时候
要拥抱一下。这是他们的一种生活习惯。因为他们的生活很枯燥，
没有多少娱乐活动。唯有下午 4 点这么游过来游过去，你看着我，
我看着你，说说话，说他那件衣服如何如何，最近放什么电影，
咱们是不是可以再看一次。那时候中国电影也在那里放。它那
放电影就像咱们现在用字幕一样，银幕上说的是中文，但是有
阿语字幕。他们这种翻译是最简单的，没有咱们这种配音翻译。

阿尔巴尼亚的生活是很平静的，"文革"期间我们这儿搞
"文革"，他们过着日常的、平静的生活。它也报道中国的情况，
报道的时候，"文革"这些词语都不翻译，把我们的音拿过去，
"文化大革命""斗批改""红卫兵""保守派"，都音译了。所
以它的语言非常庞杂，既有他们自己的阿语，也有相当一部
分意大利语——因为跟意大利面对面，离得很近，还有俄语词、
英语词，其中特别多的是法语词，似乎他们把法语看作比较
高贵的语言。其实东欧几个国家都如此，比如过去的俄罗斯
贵族是以会法语为荣的。我正好在越南学过一些法语，所以
阿语我学得比较容易。再加上"文化大革命""红卫兵""斗
批改"这些东西都不用学，两报一刊的文章就都不用翻译了。

所以语言对我不是障碍了，只是开始去的时候，这个障碍很大。

我所在的城市是阿尔巴尼亚的首都地拉那。地拉那不靠近海滨，但是离海滨城市都拉斯不远。整个阿尔巴尼亚非常美，海洋性气候，植物生长得很好。比如那儿种的西瓜，可以不收的，因为气候不冷。西瓜就一直种着，一直到11月、12月，西瓜还在地里，要吃的时候从地里摘一个回来吃就可以。

阿尔巴尼亚和南斯拉夫交界的地方，有一个很宽阔的雪山湖，一半属于阿尔巴尼亚，一半属于南斯拉夫。湖旁边是终年不化的雪山。有一次我们到另外一个城市去参观，要经过那个湖，湖边上有餐馆，那里的鱼只能长一点点大，但非常好吃。据说英国女王，四天就要吃一次那雪山湖里面的鱼。所以每四天要派一架飞机过来，从南斯拉夫把鱼运到伦敦。又据说，当时的鱼都被吸引到南斯拉夫去了，阿尔巴尼亚穷，南斯拉夫比较富，他们放了很多鱼食，结果鱼都涌到那边去了，阿尔巴尼亚这边的鱼就相对来说少一点。

每到6月份，学生开始复习考试，我们考试题目也都出了，然后阿尔巴尼亚的学校方面会派一个司机，连同我的翻译，有时候是连同我们历史语言系的一个副主任，陪同我游览整个阿尔巴尼亚。我到阿尔巴尼亚的南部，看到了古希腊文明留下的一些遗迹，包括剧场以及各种雕塑等。那里有三十几个村子，是讲希腊语的，跟希腊隔一个海沟，很近。据说过去希腊人早晨起来以后，自己不做早饭，坐着船到阿尔巴尼亚这边吃，吃完了以后再回去上班。两地挨得很紧，所以它南部是希腊文明。像科索沃我也去过，那时候属于南斯拉夫，整个科索沃基本是阿尔巴尼亚族。

他们的领导人霍查，对我们很友好。有一次地拉那大学校庆，我们去参观一个展览。霍查也参观了展览，他们五六个人从那边走过来，我们六个人从这边走过去，霍查看到我们非常高兴，说："你们是中国学生吗？"开始我们没有听懂，后来听懂了。他说："你们中国有毛泽东这样的人民领袖，是你们的幸福啊。"然后就喊："毛主席万岁！""万岁"一词分别用阿语、俄语、法语，最后用中文也喊了一下。我们相应地也喊了一下："霍查万岁！"我们有会英文的翻译，可以跟他们交谈。

另外一位领导人国防部长巴卢库，有一次在他们最大的一个宴会厅招待我们几个中国专家。招待我们的原因，我现在已经忘了，但是吃饭时候的细节一直没忘。他们吃饭前都会先上一点小菜，和咱们的冷盘差不多，是自己腌制的小菜。巴卢库给我们每个人碗里都夹一点小菜，说："你们吃吃吃。"一吃，哇，那菜难吃极了，不知什么怪味，无法下咽。但是巴卢库问："你觉得我们这个小菜好不好吃？"我们只得说："好吃。"你一说"好吃"他再给你夹。我们大家都感到很尴尬。所以说，说假话是会得到惩罚的。最后，我们那碗里面老是停留着那种不好吃的小菜，以后上来好吃的东西，也吃不多了。

我们跟学生的关系也非常好。他们学汉语是有很大困难的。他们给了我一个班，三十个人左右，他们学说话还马马虎虎，但是中国语音是有阴阳上去四个声调，这四个声调要教他们很困难，他们学不好，老是用平声。我当时想了很多办法，比如给他们讲道理：有的声音会较高，有的声音会低一点，有的声音要平下来。他们道理都懂，我说话他们也能听出来。比如我说"书、熟、鼠、树"这四个字，就是同一个音不同的声调，他们听了以后觉得非常奇怪，这一个音可以有四个意义。所以不知从什么时候开始，他们有这么一句话："把汉语学好，就等于被枪毙了一次。"就是说，这是一种到死也学不会的语言。

开始阶段，中阿关系是很好的。临走那一年，霍查和阿尔巴尼亚劳动党跟我们中国大使馆有了矛盾。因为当时我们和苏联的关系搞得很僵，于是我们在华沙和美国谈判，要逐渐地消除彼此过去的一些误会，看看能不能够做生意之类的。慢慢地，两国关系有所松动，一直到后来尼克松访华。当时的驻阿大使是耿飚。他跟霍查两个人曾拍过桌子。霍查认为我们跟华沙和美国谈判是背叛，我们说这是我们中国的事，你根本管不着，我们这是有理有利有节，讲出一大堆理由来，说我们对敌人也也保持这种原则，这个谈判并不是背叛，并没有背叛什么，等等。

但是这种事情，我们当时是不知道的。我们得到的耿飚大使带来的好处是什么呢？本来每天要早请示晚汇报。早请示晚汇报是怎么回事呢？这是中国特色，据我了解，是从东北兴起的，从关外传到关内。这早请示晚汇报是特别讨厌的事情。中国专家那时候去的越来越多了，像我们到地拉那大学的后来增加到五六个人，因为都是党员，于是成立了一个党支部。我当时是党支部书记，早上起来后，要把大家都叫起来，聚集在屋子里，先喊三声："毛主席万岁！毛主席万岁万万岁！"，还要唱《大海航行靠舵手》。接下来由党支部领导带领大家读语录，把毛主席语录的小红书翻到第几页，起码要读五六条，我们一起读，齐声朗读，声音要洪亮。

这样，阿尔巴尼亚人就觉得这些中国人怎么每天早晨起来就唱歌，而且唱得也不是什么新歌，都是同一首歌。晚上睡觉前也要有一次仪式，念《毛主席语录》。甚至有一段时间连中午吃饭，围在一个桌子，大家饭端好了，不能先吃的，必须先站起来喊"毛主席万岁"，然后坐下，才开始吃饭。这整个仪式就称之为"早请示晚汇报"。

耿飚来了以后，出现了一些变化。大使馆有红卫兵组织，早请示晚汇报是由他们组织的。头一天耿飚没去，等了半天不来，以为他刚到疲劳就不叫他了，于是自己搞早请示晚汇报。第二天觉得他应该来了，也没来。大家觉得他可能没有休息过来，还原谅他，没去干扰他。到第三天，耿飚仍然没有出现，大家觉得这里有问题，于是派红卫兵请耿飚大使，说大使馆有早请示晚汇报，跟国内是一样的，你是不是也要参加。耿飚当时话很硬："谁爱搞这种仪式谁搞，反正我不参加。"大使馆红卫兵还搞了几天，但是来的人越来越少，大家都学耿飚。最后大使馆把早请示晚汇报取消了。

我们本来就很不习惯，一听说耿飚大使不参加早请示晚汇报，也赶快取消，好像得到了一次解放一样。这就是耿飚大使来了以后，我们生活的一些变化。

朴：童庆炳口述自传

"偷"出来的学问

在地拉那大学，我做了历史语言系的专家。工作并不重，就让我上两门课。一门是中国文学，课时很少，而当时中国能让我讲的东西也很少：屈原、杜甫、李白、《红楼梦》、鲁迅，再就是样板戏了。这对我来讲不算什么，我编个讲义，翻译拿去翻译，然后再读出来。有位翻译跟着我，那位翻译在北大读了十年的汉语，是他们阿尔巴尼亚汉语翻译的第二把手，应该说水平还是不错的。另一门是汉语，我直接教一个班。我到阿尔巴尼亚半年以后，就差不多学会了阿尔巴尼亚的日常用语，他们系主任跟我开玩笑，说我们的学生学汉语比你学阿尔巴尼亚语都慢。上课时我在旁边听着，到了第二年、第三年，已经基本上能听懂翻译讲的东西。因为我自己用中文写了一遍，他再翻译过去，我差不多都能听懂。比如我讲毛主席的诗词《卜算子·咏梅》："已是悬崖百丈冰，犹有花枝俏。"结果他把梅花翻译成梨花，梨花是 luler li，梅花是 luler mei（阿尔巴尼亚语），当时我起来纠正，说："这个不是梨花，是梅花。你在中国十年，难道不知道中国梅花吗？"他震惊了，说不知道，没有见过，没听说过。我说："那你就太遗憾了。毛主席诗词咏的是梅花而不是梨花。"当时他跟我争论，说："我查过字典，这梅花在我们字典里就是梨花，是白色的吧？"我说："梅花有白色的，也有不是白色的。还有红梅。"他当时觉得很奇怪，但是学生们都认为他翻译得对，开始起哄。我用阿语说："你们起什么哄，肯定是我对，他翻译得不对。梨花是在冬天开的吗？会在悬崖百丈冰这个时候开吗？不可能的。"后来我们课下就找字典，找到几本字典，都是现代的字典，但全翻译错了。终于在他们国家图书馆找到一本破破烂烂的古希腊词典，那里面终于翻译对了，说这是东亚各国才有的一种花，只有中国、朝鲜、日本这几个国家有，别的国家没有；这种花在冬天开放，不怕风雪；北京在卧佛寺有蜡梅，但是它开得要晚一点。

教学的内容很简单，对我来说工作并不重，这样我就腾出大量的时间读书。应该说，这段时期对我来说太重要了。我早晨7点钟去学校，下午3点左右回到宾馆，吃完饭后差不多下午4点，之后的时间全部属于自己。晚上没有娱乐，连电视也没有，可以听一下中央广播电台那半小时的中文广播。后来我也听他们阿语广播，勉强能听懂，但是他们关心的是自己国内的事情，国际新闻很少。所以大量时间我用来阅读古籍。

首先遇到的困难是没书。没有书怎么看呢？大使馆在我们住的宾馆通往地拉那大学历史语言系的路上，我常常到那里转转。我转转的目的，是找到大使馆的图书馆。他们都是中午12点吃饭，然后午睡。我经常在他们的午睡时间进到大使馆，然后一个楼一个楼转，一层一层转。一个文化参赞知道了，他说："你把我们这地方各个楼都转过来了，想干什么？"我说："你是文化参赞哦，你想我要干什么？"他说："我知道，你想找书。"我说："有没有，你告诉我。"我跟那个参赞关系很好，后来他做了中国驻罗马尼亚大使。他告诉我："大使馆有一个图书馆，在某个楼的地下室。我已经把其中的一个窗户给撬开了，我是第一个偷书人。你现在既然有这么迫切的心情要看书，我也能理解。

你只需要带一把改锥，到那个楼底下，看到大使馆红卫兵的封条，旁边有一扇窗户，那已经被我撬开，你只要轻轻用改锥一撬，窗户就开了。"我说："太好了太好了，不知道怎么感谢你。"

之后我就开始"偷书"的生活。我进去一看，国内解放前后出版的很多书都有，这是我不能想象的。比如《鲁迅全集》，国内是1958年出版的十卷本，但这里是解放前出版的十六卷的红皮本。像《鲁迅全集》我是比较早看的，看了三遍，做了笔记，对我启发非常大，让我真正理解了鲁迅，理解了他的小说和思想。然后我开始有计划地读古籍，从《诸子集成》到《二十四史》，特别是《史记》《汉书》，我都找来读。因为经过北师大四年本科学术训练，又经过两年越南的教学，我发现自己阅读古文的能力大大提高，能够很快地把古文读通了、读懂了。我非常高兴。所以读了《二十四史》《资治通鉴》，甚至开始研究宋代的理学是怎么回事。

当时我读了那些东西以后，觉得儒家在中国可以分成三个时期。第一个时期是先秦，以孔孟为主，还包括荀子。这时期是开创的时期。西周时期周公旦的礼，到了春秋战国，已经不能够控制人们的思想与行为了。怎么办呢？孔子在礼的上面加上仁、义，这样来补充礼。所以儒学就是礼的学问，再加上仁爱的学问。仁爱的学问，更多是要动之以情。孔子想通过这样的方法，外面有礼，内心有情、有爱心、有爱人之情，内外结合起来，形成一种学说，来规范人们的道德伦理，使社会能够变得很有序。这是孔子治理社会的学问。

第二个时期是汉代的儒学。汉代的儒学重在解释。经过秦始皇的"焚书坑儒"之后，很多先秦的典籍都丧失了，到汉朝就出现了解释儒学的要求。汉朝的统治者本来不相信儒家，相信的是黄老之学。但是后来一个很重要的人物董仲舒，提出还是要以儒家为主，所以汉代形成了一个解释儒学的高潮。这些解释不是停留在一般字面的解释，汉代的儒家有一些自己的创造，可以分成两个派：今文学派和古文学派。两个学派都有自己的贡献，不能够完全否定其中的哪一派。因为一种是靠回忆，一种似乎是靠原来存下来的古书重新被发现，但有的是伪造的。汉朝时间比较长，儒学在汉朝一代得到了发扬。六朝时儒学尽管已经成了落水狗，但是仍然有影响，一直到唐代，也都有影响。

第三个时期，就是宋明理学和心学。宋明理学和心学也解释儒家的经典，但是解释得更加丰富，更加详细，带有时代的色彩。特别是朱熹、王阳明这两大家，很多创造，有很多新的东西。

那个时候我就是这么来读这些书的，梳理中国历史的脉络，这历史是怎么延续下来的，封建统治的经验有哪些，特别从《资治通鉴》这本书里寻找。

可以说，在阿尔巴尼亚这三年的读书生活，为我日后的学术研究进一步打下了基础。有人给我概括说："你是在越南读完了硕士，然后又在阿尔巴尼亚读完了博士。所以你现在作为一个博士生导师也就不奇怪了。"

一件遗憾的事

这三年对我来讲是非常难得的三年，尽管我也有遗憾。遗憾是什么呢？我在那儿待了一年，第二年又来了一个新的老师，教英文的。学校没有车，我们只好走路，清晨 7 点出发，从我们住的宾馆去学校，差不多要穿过整个城市，这样每天早晨我们两个要一起走四十分钟。这四十分钟，整个城市都没有车，非常安静。我们能听到的，就是路上那些女士穿高跟鞋发出来的"嘎达嘎达"的响声。此外，没有多少人，没有那种熙熙攘攘的闹市。我们两个人静静地穿越这座城市。

他叫杨鑫楠，我是前几年才知道他的另一个身份——杨澜的父亲。有一次我和社科院留苏的童道明一起到郊区开会，我们两个人一个屋，不知话题怎么扯到了杨鑫楠。他问："你认识杨鑫楠吗？"我说："认识。杨鑫楠曾经跟我一起在阿尔巴尼亚做同事，住在一套房子里。"他说："杨鑫楠就是杨澜的父亲。"我说："啊？是吗？"后来杨澜能够成功，跟她父亲从小教她英语关系很密切。杨鑫楠去了之后跟我住在一套房子里，他一间我一间。他把刚出生的女儿的照片给我看，杨澜当时还是他钱包里的一个小影子。

杨鑫楠英文非常棒，他是 1950 年代在英国学的英语。据说那时候为了将来能有一部分部长能直接用英语跟国外对话，选派了一些学生到英国去学英语，他很有幸被选中了。他当时是外国语学院的老师。如果我当时长个心眼，不用多的，我们每天都要同行八十分钟，去四十分钟，回来四十分钟，就在路上我就可以把英语学会了，那时候年轻，记忆力也好。但是我当时还是太没有眼光了，一心钻进古典，没想到英语在日后会有大用。如果知道的话，那么我当时在路上可能就把英语学会了。这是很遗憾的一件事。

怀念妮基

我写过一篇散文叫《妮基，你在哪里？》。妮基非常热爱学汉语，热爱中国。其实她会说俄语、英语、阿语，希腊文她也会，语言天赋不错，现在又对汉语感兴趣，开始学汉语。她学汉语那种热情真是感动了我，不但课堂上从不缺席，而且总是劝大家："我们要团结，一定要跟着童老师把汉语学好。童老师是来我们阿尔巴尼亚讲汉语和文学的第一个老师。我们一定要把童老师带来的这些知识学会。"所以她自己带头非常努力地学习汉语。那时候六天工作日，只有礼拜天休息一天，但礼拜天上午我都休息不了，因为每个礼拜天的上午，妮基会来找我对话、练习。她知道我住在什么地方。

有很多词，在中国话里会有一种奇怪的变化，比如"来"和"去"。有一天她来找我，我把门打开，妮基问："我该说进来呢，还是进去？"我说："这时候咱们两人说的话不一样，我们在门边上，我把门打开了，对你来说，你要说'我要进去了'，那么我则该说'请进来'。"她每个礼拜天都来，学三四个小时，中间稍微休息一会，我招待她吃点苹果，但是她总是把学习看得很重。

妮基跟我学了三年的汉语。据后来接续我去教汉语的老师说，妮基已经成为一个中文翻译，连打扮都是中国式的了。因为阿尔巴尼亚女孩只允许穿裙子，一般不穿裤子，穿裤子被认为是不正派的。但是阿尔巴尼亚冬天很冷，穿裙子怎么能抵御寒冷呢？尽管她们有尼龙袜，可还是抵御不住。并且学校里整个教室没有暖气，所以每到下课的时候，她们都往我的屋子里挤，特别是几位女学生。因为学校里面觉得我不习惯那儿的寒冷，给我拿来一个电暖气，所以我那屋子是整座楼里面唯一暖和的屋子。

12 点的时候，学生有半小时的休息时间，这是留给他们用午点的时间。他们那边不叫午饭，而是作为点心吃，喝杯咖啡吃块面包什么的。因为他们上课有的要上到下午 3 点，有的要上到下午 4 点，是要一天连续上下来的，中间只休息这半小时。每逢这半小时，好多女学生就涌到我办公室来。她们都叫冷："特别羡慕你们中国学生。"我们大概有七个中国学生，有几个女生在那里学习阿语。但我们是按照中国的习惯来穿衣服，像我们的女学生不但外面有裤子，里面还有毛裤，所以是不会冷的。

妮基说："太羡慕你们中国了。我们这就不允许。"当然他们那儿不允许的东西很多。只允许穿裙子不允许穿裤子，这是个风俗习惯的问题，历来的传统。另外他们也是无产阶级专政国家，也怕资产阶级化，一到夏天就对裙子的长度有限定。一看某个女学生进到学校，如果穿的裙子太短，就会有人阻拦她，拿一把尺子出来量。从膝盖往上不能超过二十七公分，超过二十七公分就算超短裙，是违反纪律的。所以我们彼此交流，发现中国和阿尔巴尼亚有很多共同的东西，更有很多不同的东西。

我走以后不久，妮基中文学得差不多，能够独立表达思想了，她就到中国援建阿尔巴尼亚的工地上当了一名翻译，穿的衣服是中国式的，头发也理成中国式的了，就像一个中国女孩。还有两三个男生，像斯比罗、菲其里，都是学得比较好的。斯比罗后来也成了一名翻译。

那时候我们大使馆规定很多，因为是"文革"期间，不许跳舞，交谊舞也不许跳。其实我会跳的，1950年代我们都是学的友谊舞，三步、四步跳得很熟。他们也是跳三步、四步。有一次我们跟学生一起去旅行，爬山，住在山上，晚上他们开始跳舞。我躲在自己的房子里不敢去。学生们死拉死拽，非得把我拉下去，拉下去我就站在那，我说："你们跳，我不会跳，我真的不会跳，你们跳得很好，我看你们跳行不行？""不行，你不会跳我教你。"通过这些事情，看得出学生跟我们关系是非常好的。

当然，我也不习惯他们学生的一些行为，比如说见面的时候过分亲昵的那种感情、动作。女学生跟老师见面了要行拥抱礼和贴面礼，开始她们还不敢，后来我们交往比较多了，她觉得是熟人了，就会过来拥抱你，贴左脸然后再贴右脸，来回这样三下。而且有的学生搂着你不放，就这么仰着头跟你说话。我说："你放开我好不好，你饶了我好不好，我们说话可以，咱保持一定距离。"她们就不。那些女生当中，有一部分人思想是比较开放的，是不那么拘束的。像妮基我就比较喜欢她，她有距离。

在阿尔巴尼亚，对我来说，收获最大的就是我的读书生活。除了从大使馆"偷"一些书来读，我当时还有一个渠道找到书，就是阿尔巴尼亚的国家图书馆。

阿尔巴尼亚国家图书馆买了很多中文书，可是缺少懂中文的人，因此那些中文书就一捆一捆地堆在那里。后来我通过翻译找到图书馆，说我们达成一个协议行不行？我帮助你们把这些书打开，把它们一本本拿出来，按类上架，然后你们允许我每次借十本书。他们很高兴。

我即将结束工作从地拉那回国的时候，已经有两架书了，都是大使馆的书。我把那两架书搬回去搬得好辛苦。大使馆的人说："嚯，你'偷'的书是最多的。'偷'了这么多书。"因为后来都公开了，知道我要找书看，他们也就允许我随便找。除了读古籍，其他各种各样的书我都读，尤其是巴尔扎克的长篇小说。巴尔扎克一生写过近一百部长篇小说，咱们中国翻译了四十几部。这四十几部我差不多都读了，所以我对巴尔扎克也非常熟悉。巴尔扎克是个多产作家，他因为某些原因欠下很多债务，所以一生写了那么多的小说，用稿费来还债。他的《人间喜剧》是专门揭露资本主义的各种各样的罪恶、各种各样的腐败。

整个阿尔巴尼亚三年，我的收获就是躲过了国内"文革"最激烈的几年，静静地在地拉那，读了那么多的古籍，读了那么多杂七杂八的书。后来我有相当一部分研究是搞中国古代文学理论，就跟那个时候读书有密切的关系。

被怀疑为"五一六"分子

　　1970年夏天回国,国内"文革"已经进入了"斗批改"的阶段。斗就是斗争,还有问题的要斗争;批,就是批判;改,就是改革。我回来不久,又一次受到了质疑。当时正在抓"五一六"分子,什么叫"五一六"分子呢? 凡是反对总理的,就叫"五一六"分子。其实完全是"莫须有"的东西,是当时一些人,要以这个借口来整人。

　　很多地方抓得非常厉害,各个学校都抓到很多。有的直接把那些造反派头头定为"五一六"分子。但是在"文革"中我根本就是逍遥派,什么活动都没有参加,怎么是"五一六"分子呢? 当时军宣队走了,工宣队进校,工宣队对我的情况并不了解。中文系过去有一些人嫉妒我,嘀嘀咕咕地说我也可能是,这样就把我搁置起来,对我采取一种怀疑的态度。我不参加他们"斗批改"的活动,又一次成了逍遥派。不过这一次逍遥不是像"文革"前期那种逍遥了,而是让我到小锅炉房去烧锅炉。跟锅炉房的工人一起,我烧了半年的锅炉,这叫靠边站。我印象中就是挑煤,把煤往火炉里面送。完了以后,接着查水管。这样我跟锅炉房的工人们建立起了非常好的关系。我现在老了,他们也都老了,我们远远地都还能互相打招呼,因为都是一起劳动过的。他们检查我大概有半年多,不到一年,然后就解除了对我的怀疑。

　　工宣队把中文系分成四个大队,把这一百多位教师分成四个组,让我当其中一个组的组长,四大队的一个队长。因为我出国是经过教育部的政治审查的,我也没参加活动,开头还毫无理由地被打成反革命，后来一查，还是"红五类"，是贫农家庭，过去又当过干部，所以让我当队长。

从阿尔巴尼亚回来以后，留学生办公室就取消了，我还是回中文系。因为我原来是中文系的，从中文系调到留学生办公室的那些人，都回了中文系。

赴怀柔劳动

给我平反以后，按照在"文革"中所有的人都要有劳动经历的规定，校内烧锅炉那半年不算，就让我和另外一位老师带队，带了十几个教师，到怀柔去劳动一年。"文革"进入"斗批改"阶段。这个时候没有多少事情，校内也比较平静。就这样，1971年我们到怀柔的大辉营大队劳动了一年。这一年劳动对我来讲收获也很大。因为北方的劳动跟南方的劳动的确不一样，那里的活真是又脏又苦又累。虽然也不能算是重活，但有时候分配给我们的工作，对我们来说真是种考验。

比如他们的猪圈要清理，就让我们用铁铲把那些厚厚的猪粪清理出来，然后推走当作肥料。这活对我们来说就是个考验，干完这活以后，没有人想吃饭的。因为觉得自己身上从上到下都是猪粪的味道，只是想吐、恶心，工作时两只脚就踩在半尺厚的猪粪里面，干活时溅得满脸满身都是。这种工作对大家来说是很辛苦的，有的老师年纪比我大，还是女老师，也不得不做这种活。像现在住在红四楼的邓魁英先生，也是不得已去干过这个活。可是我们经受了考验。

另外，我们自己要做饭。做饭也是很麻烦的事情。我们住在大队部，有两大间房子，一间给女老师住，一间给男老师住。而男老师住的那间大一点，其中一部分就作为厨房。厨房所有的经费都是由学校拨给的，米是买不到的，就买玉米面，有时候要进城去买一点肉末和蔬菜。这就要会骑自行车。我印象很深的是当时我们没有自行车，公社社员的自行车人家自己要用，老管人家借也不好。于是我们必须从系里面借一辆自行车。可是这自行车怎么弄到怀柔去，也是一件很麻烦的事情。后来给了我两天的休息时间，让我从系里弄了辆破自行车，从北京出发，经过顺义，然后到怀柔县城，再到大辉营。整整骑了七小时，一口气骑下来的，而且这一路不像现在这么好走，一会下去，一会上来，一会又下去。路不太好，所以走了七个小时。我们终于有了一辆自行车，可以进城买蔬菜，也可以买些肉末之类的东西。

　　一般早晨吃窝头，中午都是一顿面条。那里没有卖面条的，只能自己擀，所以每个人必须学会擀面条。这对我来说是没有难度的，因为我在家里面学会了北方的擀饺子皮、擀面条，我能做得很快、做得很好。可是对于一些来自南方的女老师来讲，就非常困难，我们都从地里回来了，她们面条还没擀好。我们只好帮她们擀。中午就吃那些面条，然后弄些土豆、肉末之类的，浇在上面。晚上吃馒头。蒸馒头也很困难的，不像现在有发酵粉，那时候没有。你必须从前天和好的面里留下一部分作为引子，掺到新的面团里面，要掺得很匀，这样做出来的馒头才会又软又甜，才好吃。如果弄得不好，馒头是硬的，而且带酸味，大家就不爱吃了。

这对我们，尤其是从南方来的一些老师，真是一种锻炼。我印象中，当时一位搞教学法的女老师，她擀面条不会，做馒头也不会，做出来的馒头大家都不爱吃，差不多大家都要饿肚子。于是我说了她几句："真够笨的，连个馒头也做不成。我走前都告诉你怎么做怎么做，你还是做不出来，做出这么又硬又酸的馒头。"她当时就委屈得哭起来了："我一辈子也没做过馒头，也不吃馒头，你让我怎么做？你这不是为难我吗？我不干了。"所以批评完以后还要哄她："算了算了算了，这一次没关系，大家克服点困难，塞饱肚子就算了。明天派一个会做馒头的人来做。"

劳动的时间不是太长，但是比较累。比如喷药，经常派给我的活就是喷药。我要背着喷药的机器走在前头，一个女社员跟在我后头，她拿着喷头喷。我们不会喷，我只能够背着那东西往前走。就这么背过去，背过来，背过去，一天走下来也很累，毕竟很长时间没有劳动了。

这一年一起参加劳动的都是老师，有年纪比我大的，现在八十多岁了，这些老师差不多都还活着。

尽管每天晚上很累了，但我对自己有一个要求，就是要背一首唐诗或者宋词。晚上没有事要做，只有一个小灯泡，也看不清，我每天晚上复习昨天背的，再背一首新的。这样背了很多唐诗、宋词、元散曲。这些东西对我新时期以后的教学起了大作用。所以后来有人问我，你讲课有这么多例子张口就来，是怎么来的？这是在劳动的间歇当中背诵出来的，有时候我一边背着那个药箱子往前走，一边心里还在默背唐诗。劳动一年收获也很大。

"九一三"事件

回来以后工宣队又给我一个新的任务。这个时候林彪事件——"九一三"事件已经发生了。"九一三"事件是在1971年9月13日。那天，我们的思想上受到一次极大的冲击。林彪事件发生的时候我还在北京。印象里，我跟妻子有那么一个晚上整夜没睡觉，就谈论林彪事件。谈话的过程就是一个回忆的过程，然后我们得出一个结论：最英明的人也可能犯错误。人都会有错误，连毛主席也可能有，要不林彪为什么会跟他闹翻呢？当时我们就是这么来思考这个问题的。我们觉得林彪想谋害毛主席，这肯定是发了疯了。

现在我们回忆毛主席的一系列最高指示，觉得有些指示可能是有问题的，说得太绝对了。比如，大学是要办的，我指的是理工科大学还要办。[1] 我们觉得这话就是有毛病的，毛泽东是搞文科的嘛，你说理工科大学要办，文科似乎就不要办。这话说得有点片面。而且很多事我们也很难理解，比如我们的亲戚中，有一些本来是很好的人，为什么突然就变成"走资派"了。

比如我爱人的二姐夫，他是在大庆立下大功劳的人。在开发大庆油田的时候，立下了汗马功劳的一个是余秋里，还有一

---

1 语出1968年7月21日毛泽东对《从上海机床厂看培养工程技术人员的道路》的调查报告作的批示："大学还是要办的，我这里主要说的是理工科大学还要办，但学制要缩短，教育要革命，要无产阶级政治挂帅，走上海机床厂从工人中培养技术人员的道路。要从有实践经验的工人农民中间选拔学生，到学校学几年以后，又回到生产实践中去。"

个就是我爱人的二姐夫，他当时是化工部的一个副部长，他们参与了大庆油田的开发。"文革"中突然把他打成"走资派"，然后弄到江西干校去劳动。这些事情就是我们身边的。有一天晚上他从江西干校回来看他岳母，当然也来看我们。他驼着个背，老了很多，问我，现在"文革"的形势怎么样。我说我是一个逍遥派，哪知道这形势会怎么发展，你是一个部长，你都不清楚我怎么会清楚啊。他当时是用一种非常谦卑的态度来向我们两个年轻人请教，我们很好地招待了他，但是对于结果会怎么样，我们不能给他一个很好的、明确的结论。

后来，他从江西回来了，官复原职。不但官复原职，而且一下子让他管十一个部。

所以从林彪事件来说，我们感觉到对任何人、任何事情，都要用自己的头脑来思考，不能够盲从。任何人都可能犯错误。犯错误的原因是什么？就是因为他所了解的东西是有限的，他不可能了解全国的情况，因此他最后的判断就可能出错。所以不要盲从，一切都不要盲从，要开动我们自己的脑筋来思考问题。

进入学校大批判组

工宣队在1973年突然又把我派到学校的大批判组，可能是因为他们觉得我文章写得还可以。当时北师大的大批判组起名为"施达"，这个"施达"没有进入党中央控制的队伍里，不像"梁效"，也不像上海的"石一歌"。大批判组里有北师大的，还有相当一部分是人大的。因为当时人大被解散了，人大的很多教授，很有才气的，现在都是资深教授，像方立天，都在这个大批判组里。他们的人分成两块，一块并到北师大，一块并到首都师大。我们每天都必须到大批判组那个屋子里，商量着怎么配合现在的形势来写文章。

当时我们是摸不着头脑的，我们的大批判组在上面没有关系，只能根据《人民日报》《红旗》发表的文章来写文章。我进去以后不久，就开始"评法批儒"，应该是批林批孔后的评法批儒。但当时我们不知道这评法批儒要干什么，为什么要把法家抬那么高，而把儒家踩得那么低。写什么文章呢？大家说我们自己熟悉什么就写点什么吧，因为在上面没有关系，没有人给我们指导，没有人给我们暗示。于是我写了一篇文章，认为曹雪芹有法家思想，题目好像是《红楼梦的法家思想》。写了很长时间，大概有一个多月，写出来后大家说写得挺好啊，曹雪芹是有一点法家倾向啊，然后就寄给《人民日报》。《人民日报》隔了三四天就把稿子退还给我们了，说你们没有摸到边，连门边都没有摸到，又说过几天就要发表一篇关于《红楼梦》的文章，那才是你们要写的。

果然隔了一星期以后，《人民日报》就发了梁效的一篇文章[1]。那篇文章很长，看下来以后我们就知道了，批的是周总理。意思是说，总理是资本主义的复辟狂。哇，我们出了一身冷汗：

---

1 即《封建末世的孔老二——〈红楼梦〉里的贾政》，《人民日报》1974年6月28日。

　　　　　　　　　　朴：童庆炳口述自传

幸亏没有往这个方向写，因为我们心里都知道，在"文革"当中，周总理可能是错误犯得最少的一个，他一直在解救一些老干部，保护很多的人，纠正红卫兵的很多做法。幸亏我们没有写出来。但我知道，在大批判组待下去是不行的。

后来我又听说，邓小平第二次复出以后，党内要批判"右"倾翻案风，一直到1975年、1976年，矛头指向邓小平，我觉得我不能做这件事情。但因为有几个人退出，大批判组组长的位置落在我头上，党委让我当组长。当时我心里面非常紧张，觉得这事不能办，我认为邓小平的做法是正确的。如果去批判邓小平的话，这是完全违背我自己的良心的。所以我不愿意做。

这个时候我采取了一个非常断然的行动。我一辈子都在听党的话，都是按照党的路线来办，但是这一次我进行了一次空前未有的反抗。我偷偷地去联系系里的工宣队，说你们遇到什么困难有什么难事没有，我可以替你们办。他们问："你不是大批判组的，回来替我们办什么难事？"我告诉他们："大批判组整天坐在那里学习讨论，文章写得不多，影响也不大。我不想在那里，我想回系里带带学生。"系里的工宣队就说好，现在有一个班，有二十几个生产队长，是整个工农兵学员里面最难带的一个班，谁谁谁带了一段时间，不行，走了；谁谁谁又带了一段时间，不行，又走了，现在这个班乱得管不了，你要回来，就把这个班给你。我说有个条件，我要退出大批判组，辞去大批判组组长的职务。他们说："这是你的事，你跟党委去说，只要党委同意了你就回来。"但这一次我不去给党委请示报告，当时有组长、副组长，我是组长，副组长叫徐鸿武，是哲学系的一个老师。我跟他说我要请假一段时间，回系里办点事情，大批判组你先替我管管，然后我就溜了。

溜了以后正好碰上这个班临近毕业，要到延庆去搞"顶班教学"。顶班教学就是实习，把人家老师给顶下来，工作队学员上讲台去实习。那个班一共有四十人，我到了这个班以后，学生开始也不接受我。他们觉得他们是学校的最高的主人，他们是来"上管改"，就是上大学、管大学、改大学的，所以他们对老师都不以为然，觉得老师都是保守的，都是阻碍"上管改"的。

于是我把这个班召集在一起，给他们讲了一次话。这次讲话，我就和他们比。他们比来比去就是他们出身好，表现好，这个那个好。我说，你们这里几个党员，举手！结果有一半多举起手来了。还有好多不是的呢。于是我说，我告诉你们，我是党员，是老党员，我1955年就参加了共产党。我面对那几个举手的党员问道：你是哪一年入党的？都跟我报个遍。一报，他们的党龄不过是一年、两年、三年。我说我党龄比你们早得多，是老党员，你们是年轻的党员。再来和他们比出身。你们说你们是贫农出身的有几个，"红五类"的有几个？稀稀拉拉举了六七个人。我说我才是真正的"红五类"。然后我说，你们受过什么信任，最后进到北师大来念书，你们都讲一讲。这个说我受过大队的表扬，那个说什么什么的。我说我告诉你，我是受过教育部两次派遣出国去当专家的，是经过严格的政治审查的！那个时候没有办法，凡是出身不好的老师到他们那里好像矮了半截似的，管不了他们。

当然，我这次讲话还讲了别的东西，说怎么理解"上管改"。

上管改就是要把一个学校改成一个真正的大学，我们要学政治、学文化、学知识，各方面都要学习，我们的任务是学习。你学习了，有了自己的东西了，真正有了知识的积累了，你才有可能提出改造大学的意见来。否则你肚子空空的，什么都没有，就会喊几句口号，你能把这大学改造好吗？他们看我讲话不同一般，就开始对我另眼相看了。

我跟他们同吃、同住、同劳动，连他们学生宿舍我也要了一个位置，跟他们打成一片。然后给他们讲课，讲《红楼梦》时，我告诉他们，毛主席说《红楼梦》起码要读五遍，但我十遍都读过了，你们有几个读过的？没有读过的举手。都没有读过。"赶快去读，读《红楼梦》。"就这样教他们一些文学知识。慢慢地，他们觉得这老师有知识，也能跟他们打成一片。平时他们有什么困难，我都帮助他们解决；他们遇到的问题，我也给解决。当时班里面还有两个辅导员，都认为这个班不好干。其中有个女辅导员，张晞奕老师，她做学生的思想工作比较细致。我呢，在大的方向上把握得比较好，不让他们乱来。这样这个班就搞好了。工宣队肯定说，你这个班，从一个最难管的班，现在变得有秩序了。

我们去延庆顶班教学，是非常艰难的。我们在那里前后待了三个月，班里三十几个人分成十五个点，每个点有一两个或者两三个学生，一共去了六七位老师。我在延庆县县城里的延庆一中住着，跟搞教学法的叶苍岑老先生一起住。叶先生就是那位凡要念讲稿的时候就戴上眼镜，要举例子的时候就摘下眼镜的老师。

叶先生指导延庆一中的几个学生，而我要管全县十五个点。我每天骑一辆自行车，到一个个点上去，了解情况，帮助他们解决点困难，处理问题。有的地方很偏远，但我也要去，很辛苦。这些很偏远的地方只有初中，或者只有小学。记得有一次回来的时候天黑了，我想早点回城，就走了一条小路。结果走岔道了，走到有半人多高的草丛中去了，里面还有野兔乱窜。我发现自己一直在草丛里面绕，兜圈子。我想我一定要朝一个方向去，可能会有路。果然，我朝一个方向去发现有路了，这才回去。我骑的是一辆小自行车，原来是我爱人骑的，女式的小车，但是在那三个月，它跟着我走遍了整个延庆。所以延庆对我来说是一个非常熟悉的地方。那时候学生散出去了，可能会遇到许多问题，甚至犯错误。但是我带的那批学生，在我和张晞奕老师两个人的指导下，还比较好，都很平安地带回来了，大家都很满意。

到1975年，这个年级的工农兵学员毕业了。当时号召大家去西藏工作。我们也不知道上面的意图是什么，是整个班都要去，还是一个班里面选几个去，弄不清楚，工宣队也弄得很神秘。我们只有尽力动员，尽力做工作。我给学生放了三天假，让他们回家去，跟父母商量好，要是愿意去的，就报名;不愿意去的，也不要勉强，反正要征得父母的同意。没想到这个班的学生也是会分析问题的，他们认为不可能都去。结果回来以后，全班百分之百报名，要去西藏。工宣队表扬我们，说你看看，一班觉悟非常高，全部报名了，有的班报名很少。不过最后每个班都只去了三个人，一共去了十二个人。

我们班去西藏的有两个人是我们照顾去的，其中的男生叫刘祥杰，平谷老家的父母给他指定了一个婚姻对象，已经订了婚，但没有情感。他在班里跟另外一个女生谈上了恋爱。这完全是没有出路的啊。怎么办？我去找他，说你看，因为你还有婚约，如果老家那个订婚的甩不掉，那和你谈恋爱的这个女同学也不可能跟你结合，只有一条路，你们去西藏，而且两个人都去。结果他们两个都很高兴。另外还有一个班长、一个党支部书记，无论如何要去，这个班长在全校都发了言了要去。可是我对他非常不忍心，因为他在班里也找到一个对象，如果让他去就等于把他们拆开了。最后一刻，我把他换下来了，让那个党支部书记去了。后来过了一年多两年，他们先后都回来了，党支部书记先回来了，而那两口子回来后当了北京驻西藏办事处的工作人员，还特地来看过我。

由于我们班全班都报名去西藏，所以分配的工作都很好。其中有七人留在北师大工作，还有很多都在北京工作，没有到外地去。到这个时候他们才知道，老师真是费尽心思为他们着想。但是，我回中文系带学生这个事，把校党委得罪了。校党委研究后认为童庆炳这个党员无组织无纪律，太不像话了，竟然不辞而别。组织部长追我追到延庆，说："你怎么回事？怎么就回中文系了？党委谁批准你了？你写了申请书吗？为什么把整个大批判组都撂在那里？岂有此理！无组织无纪律！今天就跟我回去！"我就笑嘻嘻地跟他说："今天我是不会跟你们回去的。这个班的工作已经接手了，而且带得还不错。大批判组那么多专家，随便再任一个组长就行。"后来就任了徐鸿武，北师大哲学系的一位老师，比我大一两岁。

总结起来，我在"文革"当中有两次选择，而这两次我都选择对了。第一次是在我一夜之间从右派变成"左派"以后，我没有选择上"井冈山公社"去当"左派"，而是当了逍遥派。结果我被派到阿尔巴尼亚，开始了长达三年的读书生活。第二次选择我也对了，就是我硬是辞去大批判组组长这个职务，回中文系带工农兵学员。尽管很难带，很辛苦，但是在"文革"结束以后，大家说童庆炳是没有派的。中文系没有派的人很少，我是其中之一。

"文革"结束

"四人帮"被抓起来以后的第二天还是第三天，我带着一个小组去江西调查问题，调查回来后坐火车经过上海。在上海火车站，我们突然看见一行非常醒目的、跟人一样大的字，大概是"坚决拥护党中央粉碎'四人帮'、揪出'四人帮'"。我立刻感觉到，一个新时刻可能真的到来了，新的日子可能翻开了。

1978—1989，风雨兼程

鲁迅文学院"创作心理学"理论讨论会 87.12.16

"文革"结束，任何时候想起这段时光，在我耳畔萦绕的都是《祝酒歌》。李光曦唱的《祝酒歌》在我们搞文学的人这里非常重要，是划时代的一首歌。它重新唤起我们青春的激情，唤起我们工作的力量，我们也有自己的梦想了，我们真的可以在学术上起步了，当时大家都非常高兴。

　　"新时期"应该说是从1978年开始的，当年"三中全会"讲的是"新的历史发展时期"，后来简称为"新时期"。现在一般把1978年到1989年视为"新时期"，北大的一群教授认为1989年以后就成为"后新时期"了。像"十八大"不提"新时期"，提的是改革开放时期，把这三十几年看作一个整体。那么我先讲1978年到1984年这段时间的情况。

　　"新时期"开始以后，我的思想情绪是非常高涨的。古人说："人到中年万事休。"那个时候我们也人到中年了，1978年我已经四十二岁，但是不觉得万事休，而是觉得万事刚刚开始，刚刚起步，我们终于在中年时期遇到了一个好的机会。

　　从1979年到1983年，我出任中文系副系主任，是改革开放以来的第一届副系主任。[1] 当时担任中文系系主任的是钟敬文老先生，他已经七十多岁了，常在家里，基本不管事。由几个副系主任管事，其中，我专门管教学和科研这两大项。可以说从1979年开始，就我个人来讲，是行政工作和教学科研工作双肩挑的一个时期。

当然我深深地知道，做了副系主任以后，可能会把业务都丢了。因为当时改革开放刚开始，处在一个拨乱反正的时期，一个转型的时期，所有的事情都要从头开始。可以说是千头万绪，事情是很多的。我当时答应出来做副系主任，自己在思想上意识到这将是很忙的，弄不好业务就丢了，所以我给钟敬文先生提出一个要求。我说你要是答应我这要求，我就干；要是不答应，我最好还是不干，另请高明吧。我的条件就是上午不要开会，上午我是不来的；下午2点我准时到系里。开会就是下午开，晚上开，不要放到上午。这样我就可以空出一些时间来读书、写作。钟敬文先生自己是一个教授，是一个老学者，他当然能体会一个中年人提出这种愿望。所以他答应了，他说以后所有的事情，都按你讲的，安排在下午、晚上，假定上午有事，让谁谁谁顶替你。

我给自己提出一个要求：每天早晨6点钟必须坐在书桌前，开始一天的读书、写作生活。从早晨6点到下午1点，整整有

1　1978年4月20日师大校报记载："经上级批准，我校最近恢复了系行政机构，并任命白寿彝同志等七人为系主任；又经校党委研究决定，任命王文瑞同志等三十四人为付系主任。"其中，"中文系系主任：肖璋；付系主任：郭预衡、刘漠、孙敬桐、童庆炳"。萧璋任中文系系主任至1980年，钟敬文先生正式接任萧璋先生任中文系系主任应自1980年始。

　　　　　　　　　　　　　朴：童庆炳口述自传

七个小时，这是我读书写作的时间。这七个小时我要完整地利用好了，不但业务不会丢，而且肯定会有进步，因为我是一个干部，经常参加一些会议，特别是一些业务会议，我知道现在中文学科的发展状况，这样我就可以把自己的研究想办法跟上时代的发展，跟上当时拨乱反正的要求，这符合当时学术转型的要求。

就这样，我在那几年时间里，几乎天天如此。那时候身体还是非常好，而且我晚上睡得比较早。那个时候虽然有电视，但是一个很小的九寸电视，我儿子抱着看，我们就不看了。晚上10点钟准时睡觉，早晨6点钟要准时坐在书桌前，开始一天的读书、写作。一到下午就开始各种各样的会议，处理系里的各种事务。虽然这种双线作战非常辛苦，甚至可以说是苦不堪言，但是我熬过了那几年。那几年我每年都发表论文，而且比别的老师发表的论文要多。这种情况是他们没有料到的。

四个工作重点

我把行政工作也简单地叙述一下。我管的教学科研，是系里工作的一个重头。教学科研不能继续"文革"期间给工农兵讲课的那种格局，必须改变。我不得不到外面去参加一些会议。

比如当时中文专业学科这个会议，在昆明，一开就是十几二十天。那时候参加会议的都是一些老先生，像王元化、唐弢等。本来昆明这次会议，教育部是请郭预衡先生去参加的，但是郭预衡先生不愿意去。当时我住在月坛北街的一个楼上，他特地找到我家里去，很诚恳地跟我说："这个会你替我去开，我是无论如何不能去的。"他的确是不喜欢这种行政工作。

那次会议主要是谈中文学科的教学改革问题，如何为教育部编制新的教学计划问题。有许多老先生的发言，给了我很多启发。他们的一些思想往往是走在我们这些较年轻的人的前面的，因为他们对中文学科有深入的了解，他们几乎是一辈子在做中国文学的研究、外国文学的研究、文学理论的研究，他们知道教学应该怎么搞。

1979 年，教育部又在武汉召开一个月的会议，专门研究全国高等师范院校中文系的教学计划问题。当时在武汉大学的珞珈山，整整待了一个月。经过详详细细的讨论，一门课一门课的讨论，所有课程之间的关系，学生应该上几门课，这几门课的关系是怎么样的，哪个在前，哪个在后，我们都要讲出道理来。当时我是组长，还有一位副组长，是华中师大的一个副系主任。终于制定出来了全国高师中文学科的教学计划，随后多年，全国高师一直都按这个教学计划进行，直到现在都没有太大的改变。像基础课、选修课，我们当时就设计好了。

我当时是有两个思想。既然上了大学，就要给学生留下比较多的时间，课程不要安排得太满，让学生有更多的自由阅读时间。这是我的第一个思想。第二个思想，就是一定让学生通过大学这几年的学习，能真正地读古文，了解中国古代的文化传统。这一点体现在课程的安排上，比如我们当时安排古典文学课程是贯穿四个学年的。第一学年、第二学年学古汉语，学古汉语不再是以前古汉语那种讲法。以前古汉语讲音韵、训诂和文字，纯粹是讲理论。我觉得纯粹讲理论对这门课不合适，所以规定，古汉语课必须讲一篇一篇的古文，要求学生背诵古文。

我觉得，这对20世纪五六十年代那种做法是一个解放。总之，既要给学生留下大量的阅读时间，又必须要求学生把古文读通。起码经过小学、初中的教育，能读懂唐宋古文；经过大学中文系几年的教育，能把一般的古文读通。北师大是严格地实行教育部的教学规划的。有一段时间，我们北师大的毕业生阅读古文的能力超过了北大。这个话不是我们说出来的，是他们北大自己说出来的。北师大的这种前面两年学古代汉语，后面两年学古典文学，四年贯穿到底的安排，使学生受益匪浅。

参加两次会议以后，教改方案下来了，我们自己要重新做更具体的课程编制，而且要给全系的老师宣讲、讨论，把工作做到每个人的头脑中，让大家经过讨论都能接受这个方案。现在回过头来看，我们还是做得对的，甚至现在我仍然坚持这样做。这是我的行政工作的一个重点。

第二个重点是评职称。因为在"文革"前、"文革"中，大家都没有评定职称，不是说没有职称，是不评了，只组织评过一次。那个时候教授、副教授很少，讲师也少，绝大部分都是助教。像我们，1978年还是助教，到1979年才评上了讲师。那时候评审工作没有经验，对于怎么评，本来我是有一套设想的，但是我这套设想没有被采纳。如果被采纳，今天中国的职称评审就不会出现这么混乱的局面。

评职称这个事情非常好，但是一定要严格。我当时的方案是这样的：分成前面的通讯评议和后面的一个总评。前面的通讯评议非常重要，后面的总评非常简单。这样就把职称评议变成日常的一件工作，让每个人自己知道已经走到哪里了，还有多长时间可能拿到副教授或者教授的职称。比如你发表一篇文章，不管是在哪个地方发表，你送到系里来，系里给你登记好。专门有一个管教学的工作人员给你登记。然后系里有一个小组，这个小组几个人商定把这篇文章送给校内已经退休的老专家那里去评，或者送给校外的老专家评。当然，要把名字抹掉，匿名评审。实行五分制，文章最优秀五分，良好四分，及格三分，要是写得很差就是两分一分，甚至零分。

无非是科研、教学这两块。教学由学生来评，科研由老专家来评。科研分数，以及教学上学生们的反映都要公布，三个月公布一次。那么我们作为行政工作人员，就处于一个比较公正的立场，不会去偏袒谁。一切都是客观的东西，不是主观我想给谁评就给谁评，一切都有量化的指标在那里，而且你自己是知道的。

比如副教授要达到三十分。如果要评教授，你得有六十分。要达到三十分是非常不容易的，你不可能发五篇文章都是满分，有的可能是三分，有的可能是两分。有些特别出色、学养深厚的学者，他很快达到三十分，那就可以破格给他提了。而最后的评议小组只是起确认作用，确认他的科研水平已经达到了，教学水平已经达到了。这样职称的评定就会变得非常有序，有标准，有要求，所有的一切都是客观的。

我试图把这套设计在北师大践行，最好还能引起教育部的重视，然后在全国推展开来。如果1980年代初期，就按我这个方案来开展的话，评职称就变成一个很客观的东西。现在的情况是每到6月，紧张得不得了，走关系啊，这非常糟糕。我的方案就是让自己都知道的，科研不够，还差多少，要继续努力，而且最后不需要怎么评定，认定一下就是了。这个方案没得说，当时还强调思想、纪律，那我说由当时的总支给出一个评语，只要没有出格的话，没有违反党纪国法的行为，那就可以。

但是我这个方案在校内就遭到了抵制，从上到下都不同意。为什么？这根本是一个利益所在。所以中国最难的是，做事情怎么能够超越利益这个范畴，回归到事物的本身、本原。评职称嘛，就评你的学术水平如何，评你的教学水平如何，这是它的根本。那么用什么方法回到这个根本？我这个方法，就可以回到根本。

可是有很多人的想法，其中包括一些领导的想法，不是这样的，他是要把它当作一种权力，权力还要变成一种利益。我有权，我抓住这个权力，我想让谁上谁就上，我不想让谁上谁就上不来。那些申请评职称的人不得不到他家里面去，送礼、送钱，各种各样的腐败就由此产生了。所以我说中国的事情要做好，只有回归到本原。这事情的本原，一定要超越利益。

就是因为我触碰了人家的利益，这样的话人家虽然当了什么什么长，但是没有了权力，而现在只打个招呼，给谁评就给谁评。连我评上教授，都是人家当作一个利益给我的。我是1986年评的教授，就是学校给我一个指标，说我当时在研究生院工作做得好，也出了书，各方面条件都很好，这个指标给我。评得上，这名额就是你们中文系的了。评不上，名额就收回。评职称变成了这样。这些年因为评职称，不知费了我多少劲，但是我这个设计始终没有被他们接受。直到现在，我觉得我这种评审的方法仍然有它的意义，把它完善一下，仍然可以建立起来。

但是就是利益在作怪，所以像这样很好的想法都没有被吸收。现在评职称就完全变成凭一些个人的印象，对谁有好感啊，对谁没有好感啊，学术变得其次了，而且经常是学术很好的人评不上，学术很差的人由于吹牛拍马反而被评上了，这很不公平。

我研究过其他国家评教授的方法。在俄罗斯，评教授非常难，你在高校最高只能得到一个副教授的职务，你博士毕业，博士论文通过了，同时获得一个职称，是副教授。从副教授晋升到教授，要有很长的路要走。那个教授是要拿到同行最高级的委员会去评的。所以必须有一部非常具有创造性的著作，有思想、有研究。经过多年的辛苦以后，你觉得行了，然后把全国这一方面最重要的专家都请来，然后开会讨论，看这篇论文行还是不行。如果认为行，那就给你评定教授，否则不能评。比如说我搞美学的，斯托洛维奇的《审美价值的本质》就是他的教授论文，但是这篇教授论文在美学界开辟了一条新的思路：用评价的理论来研究美学，而不用认识论的角度来研究美学。很有创造性，有很多的新东西，立刻就被好多国家引进翻译。职称评审应该是这样的，完全回归到学术本身。

但是在北师大当时不是这样。比如说1979年，我们评讲师，大家都很容易评上。到了1982年，当时评副教授，像我这个年龄四十多的一大批啊，一直都没有评。评副教授，是大家向学校申请，系里不评。当时管这工作的是孙敬桐先生，孙敬桐是一个工农干部，他不了解系里这些老师都研究什么，有什么作品，

　　　　　　　　　　　　朴：童庆炳口述自传

谈什么问题，达到了什么程度。他说不清楚这些，这样呢工作就转移到了我的手上，就让我去评。

当时是在全校的学术委员会，几十位老先生面前，由我去报告。过程非常有意思，当时全校学术委员会的主席是白寿彝先生，其他成员也都是七老八十的老先生。评审是这样：比如我汇报一个人，汇报完了以后，我说这位申请人的情况是怎样怎样的。完了，白寿彝先生就会说一句话："有没有意见？"如果大家沉默，没有意见，通过，就评上了副教授。所以有一天下午，那天下午评中文系的，我一口气评了十七名副教授。我把这十七个人的情况一一介绍了一下。我知道他们的论文题目是写什么的，甚至论文我都看过，所以我能够说得很清楚，人家提问我也能说清楚。当时不限定文章在哪发表，《人民日报》发表也好，《光明日报》发表也可以，所以我的目标是一口气让他们都通过。

只有一个人没有通过，一位姓梁的老师，比我们大个五六岁。前面我们说过这个人，就是比较"左"的那么一个人。他也发了一篇文章，在《人民日报》上。发的什么呢？发的是批判姚文元的文章。但是在批判姚文元的过程中，捎带地又批判了胡风和艾青，说他们的文学色彩是资产阶级的。结果在座的有一位老先生是搞经济学的一位很重要的人物，原先就住在我们背后这个红六楼，叫陶大镛。陶先生说："这篇文章我也看到了，人家胡风的问题可能马上就要解决了，艾青的'右派'马上就要改正了，为什么还要批判他们，我不太同意。"就这样把他搁置下来了。

搁置下来之后我很着急，因为他在我们评审的这些中年学者中算年纪大的一个。把他漏掉了，这怎么办啊？于是我底下又去找人事处，又去找白寿彝先生说明情况，说他不是整篇文章都在批胡风和艾青，只是捎带了一句，总体他是在批姚文元。结果白寿彝先生同意了，副教授就这么评上去了。那一次我自己没有报，因为我去讲这十七个人，就把自己排除在外了。他们都是升了副教授，我没升副教授。到第二年，人家说童庆炳已经为中文系立了功劳了，我们现在要给他评一个副教授。这事就别人拿去管了。评职称在当时是一件很大的事情，有时候要做老师们的工作。有的老师说，这次要是评不上我就不活了，就自杀，弄得非常紧张。于是要到家里面去做工作，这些工作都是极其细致的，一谈就是几个小时，谈通了，谈透了，他接受了，这样才好。这是我第二个工作。

第三个工作就是拨乱反正，平反的工作。当时很多人都是"摘帽右派"，有的在"文革"当中还被打成什么分子，这都要平反。比如1957年，我们那个年级一共有十几个学生被划为"右派"，遭受了批判。当时的党委和组织就决定由我和韩兆琦老师，我们两个党员，去翻原有的档案，因为当时"右派"是不能够一风吹，只是说"反右"斗争扩大化了，还是有一些人可能是"右派"的。要我们两个到人事档案室把他们的材料一份一份拿出来看，其实我们就看了几个人的。人家只是发几句牢骚嘛，算什么"右派"啊？所以我们当时很快就把整个年级的"右派"全部改正，一律平反。他们中很多人都到东北去了，到内蒙古去了，到别的地方去了。就我们两个人一句话全部"一风吹"，他们十几个人改变了命运，纷纷回到北京。

1961年、1962年的时候，有一类叫"摘帽右派"，就是把他的"右派"的帽子给摘掉，但他还是"右派"，只是"右派"分子表现好，把"右派"帽子给你摘掉了。而这一次平反是彻底平反，人家原来就不是"右派"，当时你把人家打成"右派"，是扩大化，是不对的。所以他们的命运都得到了改变。我们班里不愿意把他打成"右派"的那位同学叫周开弘，他也回到了北京，准备到南方去工作。经过北京的时候，他到我家里去坐了坐，我请他吃了顿饭。他也感慨很多，说一晃二十几年就过去了，说这政治运动如果搞错了，就会影响一个人的命运，把这一辈子最美好的时间都给耽误了。还有许许多多的平反工作，不止这一类，有各种各样的平反。

我举个例子。黄药眠先生也是"右派"，大"右派"，"摘帽右派"，大家都不愿意去找他谈平反问题。最后系里的总支书记刘漠，我前面也讲过，他原来是"鲁艺"的一个学生，他找到我，说咱们两个去给黄药眠先生平反，"黄先生虽然年纪大了，头脑还比较清醒。到时候他要提出一些问题来，我们该怎么回答。这个你得帮我"。我说："好。"然后就去跟黄药眠先生谈，说："你这个'右派'问题完全是搞错了。你当时提出来要教授治校，尽管现在看来还有一点问题，但这是人民内部矛盾，不是敌我矛盾，不应该把你打成'右派'。所以现在党委已经正式作出决定，恢复你的名誉，你还是中文系的一级教授，还是享受一级教授的待遇。"

我们以为这样说了，黄药眠先生气就消了。没有，完全没有。黄先生说："你们这几句话就给我交待了。我吃苦吃了二十多年，'文革'中当了'牛鬼蛇神'，遭受各种各样的折磨，你们这几句话就完了？很多问题必须论清楚！你们说学校里是不是要教授治校？"是党委治校、校长治校，还是教授治校？这在当时还是一个很尖锐的问题。我就跟他绕圈子："黄先生，我知道教师在学校里面是非常重要的。学校里面非常重要的两个主体，一个是教师，一个是学生。学校是以教师和学生为主体的。那么具体的教学工作也是由教师自己来决定的。你接受了一门课，这门课讲什么内容，怎么讲，是由你自己决定的。但是在原则上，我们的宪法规定，我们的领导是中国共产党。你自己在解放前也是靠拢共产党的。你甚至在1928年参加中国共产党，后来成为共青团的第一任宣传部长。"我接着说："你自己也是党员，你应该是知道这个情况的，我们的学校要接受上级党委的领导，上级党委要接受中央的领导，这是一个原则，我相信你也是同意这个原则的。你谈的那个教授治校呢，我的意思呢，是理解为这课讲什么、怎么讲由教授决定。"我就跟他绕圈子，总的原则还是共产党领导，具体的课程由教授自己决定。

我说黄先生你自己也是共产党员，1927年国民党清党运动，杀害了很多共产党员，第二年你就参加了共产党员。一谈到参加共产党，他就谈到他的党籍是不是也可以恢复了。我说："黄先生这事我决定不了，刘漠老师也决定不了。这不是我们能定的事情，是中央组织部的事情，你跟中央组织部去说。我们能决定的事情就是说你这个'右派'，是当时搞错了。现在向你道歉，给你改正了。我们的权力就在这里。"

平反工作，每一件都是很具体的、很细致的思想工作。既要坚持原则，又要把话说到他满意，这不容易。因为我们设身处地替他想，他被压迫了二十几年，被批斗了二十几年，他心里面有气啊，你得让他发泄出来，这是可以理解的。你在那时候不能跟他顶，但是我们也不能放弃原则，他说什么就是什么。到现在为止，这个教授治校恐怕也还不行。这是我们当时的平反工作。

第四个是教研室工作的恢复。"文革"把教研室都给取消了，现在等于要重建教研室。这个过程中遇到很多问题，谁到哪个教研室去，谁不愿意到哪个教研室去，教研室主任是谁，不应该是谁。这过程非常复杂，也是下了很大力气。最后终于把各个教研室都重建起来了。

之后，1980年又恢复学位制，这样我们要去申请硕士点、博士点。硕士点比较容易，我们学科的各个点，除了写作组，其他的都是硕士点。可是到1981年申报博士点时，我们很多老师都不想要博士点，说我们都不是博士，带不了博士，太麻烦了，不要博士点，要这博士点干什么？全都这样。我们只好一个一个去做工作，使他们认识到，中国现在开始实行学位制，大家一定要响应党的号召，有条件的一定要申请博士点，第一个博士都是由非博士带出来的。

第一批申请下来的博士点，有陆宗达的古代汉语博士点，以及现当代文学以李何林先生为首的博士点，大概就是这两个。

到 1983 年第二次申报，我的老师黄药眠先生申请下来了。他1981 年时不愿意申报。当时他说："你这个人胆子怎么这么大，年纪轻轻的，就想带博士。我不是博士，你也不是博士，我们能培养出博士来？这是不可能的事情嘛。自己给自己找麻烦，怎么可以这样呢？这不好。"我说："黄先生不是这样的，现在国家要恢复学位制，就像解放前那样，像别的国家那样，要有学士、硕士、博士等学位，这个学位必须要有资格的老师才能够指导的、带出来的。你是中国很有实力的文学理论家，大家现在都承认这一点。你不申报谁敢去申报呢？你年纪大了我知道，精力不够，这都可以理解，但是我可以帮助你啊。我们教研室的老师，还有别的老师，像钟子翱老师，都可以帮助你啊。"但是1981 年那一次没谈成，他最后说免谈免谈，你走吧走吧，我中午要吃饭，就这样把我撵走了。

1983 年，我第二次去找黄药眠先生，这一次我是公开跟他亮底牌了。我说："黄先生，现在不是你要不要这个博士点的问题，现在是我要这个博士点，我们整个的教研室要这个博士点。这关系到咱们这个教研室，这个你所创立的教研室，在全国处在什么地位的问题。"文学理论教研室是他在1953 年创立的，是中国第一个文艺理论教研室。他说："哦，是这样吗？我反正还觉得是麻烦。以后学生来了怎么上课啊？怎么指导学生写论文啊？"我说："人家读博士，主要是自己读书、自己写作，我们给予一定的指导，特别是方法的指导，也就可以了。比如马克思主义讲，我们研究问题应该用历史的、逻辑的方法，给他讲清楚这些，他自己去读书就可以了。"最后他勉强同意："行行行，所有事情都你管。"这样我回去填了三张表，合在一起也不到一千字。

后来钟敬文老师告诉我，他当时拿着那三张表——他是召集人之一，中文学科两个召集人，一个是北大古汉语的教授王力，另一个就是钟敬文先生——问道："这里有一份申请，是黄药眠的，大家有意见没有？"评委是王元化、唐弢，还有北大外国文学的一些先生。这些老先生不习惯于投票，说："黄药眠没问题，那是中国的一个理论大师啊，而且是搞马克思主义的。""那就通过了？"大家点头，就通过了。

这样，我们在1983年获得了全国第一个文艺学博士点。这也是我们当时系里面很重要的一个工作。我是1983年辞去副系主任的，当时不少教研室都已经申请到博士点了。有的当然遇到一些障碍，遇到一些麻烦，但多数还是成功了。可以说，我们当时的工作是很有成效的。

再一个问题是教研室恢复以后，要开始组织课程教学。我们要关注课程的内容，编写新的教材，实现教学内容的转型，不能再用过去极"左"的那一套观念来束缚我们的教学，应该讲学术的东西。教学要学术化，这是我们当时提出的一种思想。要学术化，要讲得有根有据，要摆事实讲道理。必须做到你讲的任何观点都是有来龙去脉的，最早谁提出来，后来是由谁来发展的，又是在谁哪里形成的，形成以后又有过怎么样的遭遇，有过怎么样的争论，要把这些问题讲清楚，而不是一味地像过去那样政治化，喊一些口号，那是不行的。我们要给学生的是知识，而不是政治口号。

所以总的来说，我们当时做的行政工作是一种转型的工作。由五六十年代完全学习苏联，到"文革"把教学基本上停下来，到现在我们重新搭起教学的计划、课程、课程的内容，组织大家编写教材，这一过程耗费了很多的精力。

这段时期我非常累，家里面对我很不满意。我家当时住在月坛北街，我下午1点钟吃完午饭以后就骑车出门，四十分钟到学校，然后开始一天的行政工作：一个会连着一个会，或者是找老师来谈话，或者是去请教钟敬文先生有些事情该怎么办，跟他商量，向他汇报。从这个时候开始，家里的家务活我甩手不干了，过去的家务活都是我干的。甩给谁呢？甩给我的爱人曾恬。她对我很不满意。我经常是要吃完晚饭之后，才能够回家。

有一次，由于公交车老不来，等了很长的时间，还需要转一次车，回到家里已经晚上10点多了。我妻子就没完没了地教训我，说："你作为这一家之主，却把家里面的活全部甩给我。我也有工作啊，我也要面对一个班的学生的教学，你忙，我就不忙吗？我比你更忙，你把家务活统统甩给我，你是干什么的？你在家里就是一个白吃饭的人。"我就像一个小学生挨训。我要等她把气撒完了，她自然就会好一点。

那时是1981年，我小孩已经上北大了，平时他在我们家里面"站队"，都是站在他母亲那一边，不站在我这一边。不知道为什么，那天他突然站在我这一边了。说到"白吃饭的"这几个字的时候，他把我当时的一个书包——不是现在的皮书包，而是帆布书包，上面都是油——抢过去，一股脑地抖在地上："你说我爸爸是白吃饭的，你看看他干什么活。"里面什么都有：我所有的工作计划，一些教案，开会的记录本，还有我每个月给家里寄钱留下来的那个小条子。最可笑的就是，我那个包里还残留有用纸包着的肉末，黏黏糊糊，已经发臭了。因为一般我骑车回家的时候要经过白塔寺，白塔寺旁边有个很大的副食店，我会去那里买一些肉末、各种各样的熟食回家，没有别的地方可放，也都放在那个书包里。我儿子一样一样扒开来给她看："你说我爸爸是白吃饭的吗？"后来我一直反复讲这个书包，我认为这是一个很重要的细节，跟小说《人到中年》里的很像。当时忙得一塌糊涂，没有办法协助我妻子把家务活做好，把家里的事情整理好。这是我做副系主任带来的结果。

"审美特征论"与"审美溶解论"

我的学术研究以及发表的论文，是随着时代的变化而变化的，随着时代的发展而发展的。我写的东西都不是那种无的放矢的东西，不是跟现实完全脱节的东西，而是跟当时的文坛、文学创作、文学批评所提出来的前沿问题、热点问题密切相关的。

改革开放之后，思想开放是一步一步来的，不像我们今天所想象的，一下子放开，大家可以随便提问题。当时的文学理论，还是要从毛泽东的著作里面寻找一些根据。最早一个根据就是报纸上发表了毛泽东跟陈毅谈诗的一封信，在那封信里面有一句非常简要的话："诗，是要用形象思维的。"这样，形象思维的问题一下就提到文学理论界的面前，形成了"百家争鸣"的一种局面。我们怎样来理解形象思维？当时中国社会科学出版社还专门出版了《外国理论家作家论形象思维》，很厚的书。所以在1978年、1979年，我也发表了关于形象思维的文章。但是现在看来，形象思维的问题不是很简单的，是很复杂的。

形象思维理论真正得到发展是在俄国，最早是别林斯基提出形象思维论，后来得到高尔基的确认。但现在看来，形象思维理论，从根本上来说，不是一种审美论，而是一种认识论。文学、哲学、法学、宗教学、历史学的不同之处在于，它们要用形象思维，而别的那些学科用逻辑思维。所以关键还是落在"形象"两个字上面。但是形象思维是什么样的思维呢？这是很难说清楚的。因为我们人思维都是用概念，是用一个一个概念在说话。文学作品是由词到句，由句成篇，也都是抽象的概念。比如"红花开放了"，你说它形象吗？不形象，这是一个极大的抽象。因为花有各种各样的花，其中有很多种红花，所以红花是对所有红花的一种抽象。另外，"开放了"中的开放，也是对各种各样开放的一种抽象。关于形象思维，当时我写过两篇文章。现在大家不再谈论形象思维这个问题了，就是因为形象思维的理论根基是认识论，而不是审美论。文学应该属于审美的范畴。

在文学理论上，我开始意识到一个很重要的问题，就是我们过去的很多创作，只是用形象作为一个传声筒，来传达一种思想。形象成为思想的传声筒，因此这些作品往往不能感动人，因为它们是配合某种观念、某种政策写出来的。20世纪五六十年代，我们当然也出过一些比较好的作品，比如《红岩》《红旗谱》《青春之歌》，还有《红日》，以及像后来改编为京剧的《林海雪原》,这些小说都还写得不错。但是当时大量的小说,都有公式化、图解化、概念化的毛病。它要表达一种观念,然后围绕这个观念,设计出一组形象,讲一个故事,就变成小说了。这就是形象只是思想和观念的一个传声筒。最典型的是当时被认为写得最好的、受过周扬表扬的、李準所写的关于合作化的短篇小说《不能走那条路》。

这个李準,不是现在的小李准。小李准还活着,比我小一两岁,搞评论的,曾经做过中宣部理论局的局长,后来又到中国文联做副主席。李準,河南人。他后来知道与人重名,所以他的準字一定要在下面加个"十"字,用繁体的写法。他说,现在回过头看他的《不能走那条路》这篇短篇小说,就觉得很惭愧,因为他的人还活着,但是他的作品死了,没有生命力了。他为什么会这么讲呢?就是他的小说的确有概念化、公式化、图解化的毛病,他设置了一个富农、一个中农、一个贫农,共产党坚决提倡搞合作化,贫下中农是坚决拥护的,中农摇摆不定,而富农是反对的。这种模式在当时很流行。

"文革"中的那几部样板戏,也是模式化的。它们用那一整套的模式来讲一种思想,讲一种概念,有所谓的"三突出"、衬托。新中国建立以来的文学没有得到很好的发展,甚至在"文革"当中,八亿人只有八个样板戏,出现了"审美饥饿"的现象,这都跟我们对文学的理解有很大关系。我们如何理解文学的本质和特征,是一个非常大的问题。

当时我就抓住这个问题,力图促进中国文学思想的一种转型,一种变化。那时候我最重要的一篇论文是发表在1981年第

6 期《北京师范大学学报》上的《关于文学特征问题的思考》。这篇文章可以说是我经过很长时间的思考写出来的。我还在1981 年第 4 期《文艺理论研究》上发表了《评当前文学批评中的"席勒化"倾向》。我这两篇文章主要是想解决文学的本质和特征究竟是什么的问题。

我认为哲学的认识论是有用的，文学理论中也有不少哲学认识论的命题，它可以解决文学理论中的哲学问题。但是哲学的认识论不能解决文学的一切问题，尤其不能解决文学的本质特征问题。

我们过去反复讲，文学就是社会生活的形象的反映，所以形象性是文学区别于非文学的一个特征。我读了很多的书，查了很多的资料，像当时比较出名的几部教材，都是采用这种观点的。比如巴人的《文学论稿》，最早的一部教材，1954 年出版的；1960—1962 年调整时期开始编写的两部教材，其一是北京蔡仪主编的《文学概论》，另外一部是上海由以群主编的《文学的基本原理》。这些教材，无一例外都认为形象是文学的本质特征，把形象问题看成文学的本质，看成文学最重要的特征。这种理解，我认为是有问题的。

我对这种思想提出了质疑，然后我就去追寻，这种思想是从哪里来的。后来我发现，这几部书都引用了别林斯基著作中的一句话，说文学和其他学科如哲学、法学、政治学的区别不在内容，而在方法；它们在内容上是一致的，而方法不一样。别林斯基说："哲学家用三段论法，诗人则用形象和图画说话，然而他们说的都是同一件事。"那么我就开始怀疑别林斯基这段话的正确性。

我读了别林斯基的很多著作。别林斯基的思想分两个时期，前期是所谓跟现实妥协的时期。这个时期别林斯基民主主义革命性的一面没有充分地表现出来，思想还是比较保守的。而后期，他实现了一种思想的转变。他要挑战现实、批判现实，认为现实要加以改造，要革新，我们不能这样活下去了。然而有一个东西他是没有改变的，就是关于文学的特征。他一共有三次谈到文学的特征是什么。在与现实妥协时期，他有一次谈到这个问题，认为文学与哲学不同的仅仅是形式，哲学有三段论法，而文学只有形象和图画。到了后期，这时候他已经摆脱了唯心主义，力图向唯物主义靠拢，力图表达他的民主主义的诉求。可是在文学这个问题上，他没有改变，他仍然认为文学和哲学等社会科学、人文科学的区别仅仅在形式上面，也就是他的文学形象论。他的文学形象论可以说影响了整个19世纪俄国的文学理论与批评，也影响了整个苏联时期的文学理论与批评，同时也影响了中国的文学理论与批评。

那么，别林斯基的这个理论是不是正确呢？我就去追寻别林斯基这种思想的来源。我发现别林斯基早期是相信黑格尔的，他是黑格尔派。因此黑格尔的那句"美是理念的感性显现"，对别林斯基产生了很大影响。他实际上是跟着黑格尔的"理念"论来研究文学。这个"理念"，今天我们大家都知道，是看不见摸不着的一个虚无。它是没有现实内容的，它是一个无所不在的，可是任何时候你都抓不住的东西，这就是黑格尔的"理念"，认为世界上的一切都是从"理念"那儿模仿过来的。

别林斯基在早期接受这种理论，并不奇怪。但是到后期为什么还接受这个理论呢？我认为这里有一个理论的惯性。一个人思想的转变，不可能是十分彻底的。他可能在一些基本问题上转变了，但是他在论文学的时候，仍然持以前的观点。

我怀疑别林斯基这种说法的正确性，而且找到了他思想的根源所在。正好这个时候，我也看到了普列汉诺夫以及朱光潜先生，都对别林斯基的这种区别文学和其他社会科学的观点，提出了质疑。我就此获得信心，开始撰写论文《关于文学特征问题的思考》。

这篇文章尽管发表在学报上面，但是产生了很大影响。首先是社科院文学所，他们看到这篇文章以后，觉得这是一个很重要的问题，所以在《文学动态》这个内部刊物中介绍了我这篇文章，还特地约请我继续写文章来讨论这个问题。当时的《文学动态》，相当于《红旗》的《内部未定稿》那种性质。因为当时思想解放了，很多人有各种各样的想法，有些想法跟党的想法，跟主流的想法不一致，那么就作为"内部未定稿"加以登载。当然有一些"未定稿"后来得到认同了，就拿到《红旗》去发表。

我这篇论文由于受到《文学动态》的介绍，立刻产生了比较大的影响。所以，有人给我归纳，说"童庆炳是想要把文学的形象特征论，改造为文学审美特征论"。我觉得这个归纳正好符合我的想法。我认为哲学认识论不能解决文学的一切问题，尤其是不能解决文学的本质特征问题。1983年，我又写了另外一篇文章，叫《文学与审美》。《文学与审美》更长，有三万字，更加系统地论述了关于文学特征的问题。这篇文章在当时的文论界影响很大，首先是被我们的学报评为优秀学报论文，[1] 而且消息刊载在《光明日报》学术版上面，随后又被许觉民主编的《中国新文学大系》"理论卷"全文转载。全文转载理论的文章一共四五篇，我的是其中的一篇。后来又被收入王蒙和王元化主编的《中国新文学大系·理论卷》。如果说 1981 年校报那篇文章是我对别林斯基提出质疑，初步提出了文学的审美特征论的话，那么 1983 年的这篇文章是比较详细地论证文学审美特征论。

在《文学与审美》这篇文章里，我认为文学有两层本质。第一层本质，它和哲学、法学、政治学、宗教学、历史学等是相通的，它们都是意识形态，都是对生活的反映。在这一点上，它们有共同的本质。但是我们判定一个事物之所以是一个事物，最重要的是要判定它们的特质。正是文学区别于哲学、历史学、政治学、社会学的不同之点，才能够规定文学是什么。我这篇文章思考的时间比较长，论述得也比较周严，而且里面既有历史的也有逻辑的叙述，尤其是能够针对 20 世纪五六十年代的那种公式化、概念化的作品，解决指导问题。在文论界，我的这

---

1 优秀学报论文或应为发表于 1981 年的《关于文学特征问题的思考》。据 1985 年 4 月 18 日《光明日报》2 版薛文所写消息《〈北京师范大学学报〉评选优秀论文》："《北京师范大学学报》评选出近几年在这个学报上发表的一批优秀论文。中文系副教授童庆炳写的《关于文学特征问题的思考》、历史系副教授顾诚写的《论大顺政权失败的主要原因》等十八篇论文入选。这批论文的作者都是中青年教师。论文是经过群众推荐和专家评审选出的。最近，北师大校长王梓坤在有关会议上对获奖教师给予表彰。"

两篇文章都没有经过非常激烈的讨论，就被大家接受了。

其实在五六十年代，周扬、茅盾他们对那种公式化的作品也很着急，也想要解决这个问题。但他们只是强调写得形象生动，由此吸引读者。而我所说的审美是什么呢？审美是一种情感的评价。我强调的是情感，文学一定是情感的，而不一定是形象的。一篇作品，如果仅有形象，没有情感，这篇作品就是不及格的。就像《不能走那条路》，你不能说它没有形象，它有富农的形象、中农的形象、贫下中农的形象，而且写得挺典型，但是没有灌注情感，所以显得很干巴。

我读过古代的一些文章，像韩愈的古文，现在大家都认为是很出色的文学作品，可是他的古文里面，形象是很差的。他靠的是什么呢？靠的是气。气的背后是什么呢？就是他的情感。

审美特征论和形象特征论的区别就在于，一个是重情感，一个是重外在的形象。审美特征论没有引起大家的质疑，不像刘再复的《论文学的主体性》引起大家议论。因为我批判的是别林斯基，就是说，别林斯基有一点思考错了，被童庆炳发现了。这样的批判大家容易接受。这是我的一个很重要的时期。

对于审美问题，我不仅仅停留在对文学本质特征的理解，而且把审美论运用到文学理论的许多重要问题的解释上面。比如真实性问题、典型性问题、创作主体问题，还有其他的一些问题。除了那篇三万字的长文，后来我还写了一些文章。

比如"典型"，过去讲的是个性和共性的统一，我觉得没有说出文学典型的特质和规律性。所以后来我写了《特征原则与作家的发现》，从美学的角度来解释典型的问题。

而对于真实性问题，过去一般的理解是按照列宁的说法，即所谓真实性，就是反映事物的本质或本质的某些方面。但很多东西并不反映本质，比如我们的很多诗词歌赋，像"床前明月光，疑是地上霜"，就是简单的几个字，怎么反映生活的本质和本质规律呢？是不可能的。所以后来我给真实性一个非常简要的解释：真实性的问题就是合情合理的问题。真实性就是文学作品所描写的细节、形象、氛围的合情合理的性质。合情，是合乎人的情感逻辑；合理，是合乎生活的轨迹。只要你写出情感的逻辑和生活的轨迹，这就大大成熟了。这种理解后来受到文论界的好评。我的这个解释很容易地把真实性讲清楚了。另外，如果情理发生冲突，它合情不合理，或合理不合情的话，哪个更真实呢？宁愿要情不要理，因为情感是审美最重要的东西。

随后我提出一个理论，叫"审美溶解论"。我认为审美感情或者审美评价本身是有溶解力的。它可以把政治的、历史的、法律的、社会的各种因素溶解到它里面去，它并不是单纯的一种美，并不是单纯的一种情感。所以我认为，文学就像康德所说的，它不是纯粹美，它是依附美。美是一种情感，但是很多东西都依附于情感当中。我这个文学情感论又是从哪里来的呢？它有两个源头，一个是我们中国的古代文论。古代文论始终是讲究情感的。比如刘勰《文心雕龙·诠赋》，针对汉赋的缺点讲了这样八个字："情以物兴，物以情观。"这八个字非常有意思。什么叫"情以物兴"？你的情感是因为接触到物，也就是周围的事物、周围的社会，才兴起来的。你不是无缘无故地产生情感，而是由外界的事物引起来的。但是文学不能停止在这里，还要"物以情观"。作家诗人看到外界的事物，一定要用情感的眼睛，去观照、去看待，这样才能看出诗情画意来。

为什么刘勰不喜欢汉赋呢？铺陈太多，铺陈一些城市的各种食物，还有鱼、虫、鸟等，但是里面缺少情感。刘勰的"情以物兴，物以情观"实际上把审美的本质问题给说透了，但是过去都没有注意到。我在那篇三万字的论文里面，引用了这句话。

再一个源头，就是19世纪英国作家王尔德的"为艺术的艺术"。现在大家认为"为艺术的艺术"是一种形式主义，是没有内容的。实际上这是对王尔德的一种误解。王尔德"为艺术的艺术"，是针对19世纪英国工业的发展导致人的精神完全趋于功利主义这种状况而发的。当时在文学当中，渗入了很多极端的功利主义、个人主义，而且还渗入了一些不道德的内容，所以王尔德提出了"为文学的文学，为艺术的艺术"，力图让文学摆脱当时英国资本主义高速发展时期的功利主义和不道德的思想的束缚。他是想挽救文学，使文学不堕落，捍卫文学自身的纯洁性。在中国，最早把这句话引过来的是王国维。王国维在清华大学当教授的时候，主张为艺术而艺术，他是正确理解了王尔德的想法。所以我讲的审美论，它是有根据的，前人就有这种论述，只是我们过去都没有很好地理解它。

在这个时期，我也表现出了文学理论研究的一种战斗精神。1982年，我发表了《评袁康、晓文的〈一部违反真实的影片〉》。袁康、晓文批判《天云山传奇》的文章发表在《文艺报》上，我也在《文艺报》上发表了反驳他们否定《天云山传奇》的文章。我认为他们在"左"的圈子里还没有走出来，而这部作品是拨乱反正的一个产物，是转型的一个产物，完全是真实的。就是因为大家都在关注、讨论这篇文章，所以《新华文摘》等三十几家刊物转载了。一时间，人们以为我是一个影视评论家，纷纷来要我这方面的文章。但是我告诉他们，我是个搞文学理论的，不搞影视评论。

在那些年，我是以这几篇文章，在文学理论方面开始了我的历程。这三篇文章是我在文学理论立足的根本。当时整个文论界，也同时迈开了转型的步伐。文学审美特征论一出，几乎所有的教材都改过来了。一下子蔡仪、以群的教材，用的人越来越少，因为觉得太陈旧了。也是在这个时候，我在很多青年学者，比我年轻的学者当中，产生了吸引力。很多信件纷纷涌来，跟我讨论问题，后来这些人有相当一部分成了我的学生。所以一篇文章发表出来以后，不管它发表在什么地方，哪怕是小刊物，只要它好，当时一下子就能产生巨大的影响。

1984年，我成了万元户

到1984年，对于文学审美特征论，我不再仅仅是写文章讨论研究了，还写了一部教材。我在1983年底辞去了副系主任的职务，想静下心来读书、写作，但还是不可能撇开教学，完全孤立地搞研究。研究必须跟教学结合到一起。

刚好这个时候，中央组织部基于很多干部的学历很低，根本没有上过大学，有的高中也没有上，可已经是团长甚至师长了，有的还是副军级，而一些高级干部，当时也都没有学位，于是就设立了一个科目，叫党政干部基础课，全国性的，一共有十门课程，请我做主讲其中的《文学概论》。

我用了整整半年的时间，一边写讲义，一边讲授。在什么地方授课呢？在北京电视台。每周三下午，只要打开北京电视台，就可以看到我在讲课。我讲的时间很长。那时候北京电视台，就在我们学校学院南路对面的那个院子里。

那时候我的学生仅在北京就有十六万之多，涉及各个方面，包括地方的、北京市的、中央政府的、解放军的，很多干部都在学党政干部基础课。当时我讲课，下面是没有观众的，对着电视讲。北京电视台只管录音、录像，我们就只管讲。板书是我们系里的一个老师帮我去翻的，一页板一页板地翻过去，很简陋。但是也忙得不得了，因为在课后、考试前，我还要到各个地方去做辅导。很多地方很多单位，把他们要考试的人聚集在一起，请我去做辅导。尤其是解放军那三个大院，我都去过。党政干部基础课毕业后，他们就可以在简历上写大专学历。

就在前几天，星期六吧，我去身体检查，进到一个拍胸片的地方。拍完了胸片，从里面突然出来一个人，非常热情地跟我握手："哎呀，我就是读你的《文学概论》拿到证书的。"我问："你是什么时候？""1984年嘛。"

也是在1984年，我那本以文学审美特征论为主导思想的教材，在红旗出版社出版了。上下两册，头一版就印了二十七万册。那个时候可以用以下的词句来形容：黄河上下，大江南北，所有的高校老师都在用我的教材。怎么用的呢？他们告诉我，买两套我的教材，然后把两套教材都剪下来贴在他们的教案上。

这书不是分正反面吗？所以他们要买两本来贴，这样教案的两面就都有了。他们拿着这个当教案，就按照我教材上的来讲课，我那也是讲稿，通俗易懂，举的例子一直是很多教师非常喜欢的。他们说没有一位老师编的教材能像你编的这样生动，有这么多例子。我搜罗了很多例证，各种各样的例证，不像蔡仪那套教材干巴巴的，我的教材有血有肉，所以大家很喜欢这个教材。

1984年，我成了北京市的劳动模范。这对我来说是一个极大的鼓励。也在那一年，我的教材出版之后，出版社给了我八千块钱，中组部又给了两千块，合在一起，我一下就成了万元户。1986年我小孩出国的时候，我只用了这一万元中的五分之一，两千块钱，为他买飞机票，就送他出国了。

撰写《生活之帆》

在研究文学理论的同时，我和妻子开始写作。当时"伤痕文学"非常火爆，谁要是发表一篇"伤痕文学"的文章，真是一夜成名。我们觉得心中有很多感情，为什么不写出来呢？有一次妻子从她学校里听了一个故事，然后她把那故事跟我讲。我说我们可以把这个故事改造一下，用我们平时接触到的许许多多的人的思想感情行为动作心理，把它充实起来，写成一部小说。

于是她讲故事，我动笔，花了两三个月，完成了这篇小说。我们最早起名为《代价》，但是跟广州一家杂志发表的一篇小说重名，所以后来改为《生活之帆》。小说寄到人民文学出版社的《当代》杂志编辑部，当时人民文学出版社的副总编、《当代》主编秦兆阳，看了我们的小说，认为写得很好，可以发表，但是里面还有一点问题，就约我们去面谈，提了修改意见。我们回去以后用了一个月时间，把小说修改出来了。但这一修改，小说篇幅长了，本来是一个中篇七八万字，一改就写到超过十万字了。秦兆阳看了以后说："改得还不错，但是有点长了。给你出个单行本吧。"这样，我们在1980年出版了第一部小说。

《生活之帆》出版以后，反响非常热烈。"伤痕小说"一篇一篇发表出来，都得到了很好的评价。我们的小说是"伤痕文学"洪流中的一部，写的是一位女教师的故事，里面人物有我自己的影子，也有我同学的影子。印了七万册，全国各地的新华书店都有卖。外地的同学给我们寄信："你的'帆'在我们这里也升起来了。"我们前后接到了五百多封信，可见那个时候文学真是了不得。

1981年，我去参加首届茅盾长篇小说奖评奖，在香山整整住了三个月，先是在兄弟楼，后来搬到昭庙。这一百天里，我几乎每天读一部长篇。我也把《生活之帆》送给评委们，他们都放下手边的小说，看完以后说："你的小说写得不错啊，也不比那一年得奖的《沉重的翅膀》差。不但故事好，而且文字也非常好，写得非常有情调。"

当时我们不善于跟人家交往，不知道如何包装自己，如何能够出名，没有这个想法。《生活之帆》没有搞那一套，也没有请人写评论。那时候我们跟王蒙还不认识，跟《文艺报》的很多编辑都不认识。

我妻子还继续写她的小说，后来出版过一部四十万字左右的小说集，叫《太阳还会爬起来》，王蒙给写的序。后来我跟王蒙成了很好的朋友。我一边搞研究，一边写小说。文学界有人说我是"两栖动物"，又搞创作，又搞学术。后来我办莫言那届作家班跟我的这种经历有一定关系。

上课的感觉

"文革"后期，我开始讲课。一直到 1984 年，我每年给本科生上文学概论课。每一轮我都要再备课。我觉得上课是老师的本分，一定要很负责任地把真正的知识传授给学生。当时我上课有一个特点，就是把书本上的知识、理论、观点，搭配一些有趣的例子、诗词歌赋、小说，像《红楼梦》是我经常举例的。一本书，拿出其中的一个细节来，细细地给学生讲，从这么一个细节，怎么能体现出一个文学观点。另外，学生对我的课最感兴趣的是，我讲课的时候，是把自己摆进去的，把自己的所见所闻、所经历的甚至梦境，都放到课上去讲。这样讲不但使课更加丰富、更加生动，也更能吸引学生，更能够让学生理解到，文学理论跟每个人的生命、每个人的经历、每个人的生活是息息相关的，不是那种纯粹的概念、纯粹的学术。

我这一辈子很重视自己的观察和对问题的理解。比如讲美的问题，我认为美就是一种审美，跟 1950 年代朱光潜、蔡仪、李泽厚不一样。他们是把美和美感区分开来，美是重视客体，美感是重视主体。但是我认为没有这种关系，不能把美和美感分开，甚至连"美感"这个词我都不太喜欢。美就是审美，美感就是美，美就是等于美感。美永远在变动，就是我们人的审美永远在变动。

不同的时段，某个人对美的感受是不一样的。原来认为是不美的东西他会认为美，原来认为美的东西他会认为不美。我小时候几乎每个月要干砍月季的活。那是土地改革的时候，家乡分到了几亩地，其中有两亩地是和对面的围墙连在一起的，那围墙的角上长了一丛月季花——现在北京市的市花。当时我很讨厌月季花，因为月季在我们南方长得非常快，长出来以后就把整个禾苗给盖上了。见不到阳光会影响稻谷的生长，所以父亲会对我说："孩子，拿把柴刀去把月月红的枝条给砍砍。"我只好去砍。

但砍月季花的枝条是非常困难的。第一，月季花的枝条是软的，你砍下去它就垂下去。第二，上面有刺。你得伸出左手，抓住月季花的枝条，伸出右手拿起柴刀再砍下去。砍一下砍不断，要砍两下、三下、四下，等到花了很大力气，把那一片月季花枝条砍掉的时候，手上已经鲜血淋漓了。所以那时候，我觉得月季花对我来说是一个很多余的东西，一个给我找麻烦、让我感到很痛苦的东西，我怎么会觉得它美呢？从来没觉得它美过。这是我少年时代对月季花的感受。

北京市把月季花定为市花，培养出一百多个品种，各种颜色都有，每到春天的时候开放，从4月开始，一直延续到12月。月季花的花期特别长。为什么北京人会把月季花定为市花呢？就是因为月季花有这个特性，它的生长力特别强。

所以在课堂上，我会这样给学生讲，如果有一个外地的男孩来到北京的街头，这时候已经11月了，寒风凛冽。他站在街头，要寻找他所寻找的人，可是找不到，心里面感到很痛苦，甚至很委屈。这时候有一种东西会对他微笑，那就是月季花。你看，我现在也能欣赏月季花了，我在园子里一共栽了三十棵月季花，现在有那么八九棵长得比较好，靠南边的一些则因为核桃树把阳光遮住了，就没有长好。

这完全是我生活的一种经历。把这种经历放到课堂上去讲，用它去印证文学理论的一种观点，一种美学的观点，学生感到很有趣，能记得住。后来我把这一段还写成散文。这种课在教师当中是很少的，我喜欢讲这种课。有的时候是一个梦境，我记忆得很新鲜，拿出来给学生讲讲，大家也都感到很高兴，因为这梦境里的情形恰好跟我们理论上的某一点是吻合的。

我把上课看得非常神圣。我有篇散文叫《上课的感觉》，谈到我上课前必须洗个澡，必须擦干净皮鞋，必须穿上最漂亮的西服，系上最漂亮的领带。这是我的节日，这时候不穿等什么时候穿呢？我有七八身西服，都是供上课时候穿的。我买的衣服当中，西服是最好的，领带有三十几条，其中只有一条是名牌。那是获英东教育奖时，霍英东先生亲手送给我的。对我来说，上课不是一种负担，而是一件非常愉快的事，就像人生中的一种节日。

学校请启功先生题了校训"学为人师，行为世范"八个大字，大家都觉得启功先生的题字很好，终于把我们学校教学、科研的主题重新找回来了。于是我们校报开了版面，让大家来注释启功先生的这八个字。我用自己上课的经历来注解启功先生这八个字，写成了《上课的感觉》，发在校报上，整整一个版面。

这是我在学校里影响最大的一篇文章，看过的人最多，老师学生都看。

有好事者，也就是我的学生，把文章转寄给了《人民文学》。我在《人民文学》的朋友，看到我写得这么好的文章也不给他，反而是学生给寄去了，他说："一定要在教师节前，给你发表出来。"在《人民文学》发表时，题目改成了《我的"节日"》，后来也被五六个刊物引用，特别是被天津的《散文（海外版）》放在头版头条加以转载，还评了一个散文大奖。《上课的感觉》是在学校发表时的题目，更朴实。

当研究生院副院长

我刚从中文系副系主任的位置退下来，学校就找我说，研究生院成立了。全国最早成立了三十一所研究生院。当时是顾明远副校长任院长，但他忙得不得了，无暇顾及研究生院的事，要找副院长，学校决定让我来当。这样我又被行政工作套上了枷锁。研究生院的工作很繁忙，那是初创时期，研究生院应该建立什么样的工作作风，就是摆在我们面前的一件事。

研究生院一共有二十多个人。院里给了我一间房子，一张办公桌。去了之后，我就观察他们是怎么工作的，是怎么对待来研究生院请求帮助的老师和学生的。一个月以后，我召集他们，讲了一次话。

我告诉他们我们研究生院是做什么的，不管是研究生院的院长副院长，还是处长副处长，底下的工作人员也好，所有的人都是为老师和学生服务的。在教学和培养的过程中，老师、学生遇到了问题，有的问题不清楚，或者要寻求什么帮助和援助，那么我们应该给他们做好服务工作，不是当官做老爷。

因为我去了一个月，看到那些干部都太神气了，老师、学生来了，屁股连挪也不挪一下，眼睛连看也不看，自己忙自己的事，人家都在那站了好几分钟了，这才抬起头来："什么事啊？快说。"我觉得这样非常不好。我说："不是这样做工作的，你们这样是把自己的位置摆错了。老师也好，学生也好，都是我们服务的对象。讲一个细节，你们来我这里请示工作，我都会在办公桌旁边摆上一把椅子，先'请坐'，给你们倒茶，然后再听取你们的意见。""他们一定是有困难，一定是有问题要帮助，这才硬着头皮来找你们，请你们伸出援手的。那么你们应该要像我对待你们那样，去对待这些老师和学生，在桌子旁边摆一把椅子，来了以后要认真接待，请他们坐下，然后说：'你有什么事情？我能给你提供什么样的帮助呢？'这样，人家就会跟你讲事情，包括他要求的是什么，看看能不能研究生院给他一些帮助或通融。这个时候，不管事情我们能不能够答应，都要好言相待。如果事情是可以做的，应该立刻告诉他们：'这件事情可以做啊，你只要沿着什么样的途径，把这事情怎样怎样，我们就可以同意了。或者你打一个报告来，我们签个字就可以了。'如果说事情不能做，那你就得告诉他们——你一定要把教育部的那些文件弄得滚瓜烂熟：'根据教育部哪年哪月第几号文件第几条的规定，规定的是什么什么。尽管我很想帮助你，但是有规定在这。我没有办法突破规定替你做这个事情，很抱歉，很对不起。'这样人家也就会理解了，这是有规有矩的，是不能做的。"我一共讲了二十分钟，这二十分钟讲话对他们来说就像一席重大的报告那样，整个研究生院的工作作风从此完全改变了。

他们很欣赏我这种做行政工作的方法。多年以后，每当研究生院成立多少年，都要请我回去，因为我是第一届的常务副院长。

1989年1月1号元旦，我递了一纸辞职，辞去研究生院副院长的职务，回教研室去，当个教研室主任，普通老师。

招收硕博研究生

1984年到1989年，是我人生最忙的"季节"，这几年发生的事情太多。除了行政工作，最重要的事情就是开始带研究生和博士生。

1983年，我们教研室获得了博士点；1984年，我们开始招博士生。当时一个很大的困难，就是教研室老师教学力量不够。黄药眠先生作为导师指引我做副导师，他身体不太好，有比较严重的心脏病，所以实际上整个工作都交给我。事先他也跟我打了招呼，说身体不好，研究生这些事情都要我来管。我自己一个人，要负责研究生院的工作，还要上课，的确是比较忙的。1984年，我们最早一届招了三位研究生：王一川、罗钢和张本楠。

我对博士生的指导，并不在于给他们讲课，更多的是跟他们讨论问题。而他们研究的是不同的领域，这样就逼着我去读各领域不同层面的文章，这样才能跟他们交流。最重要的是给他们一些方法上的指导。在方法上，我的想法是要稳扎稳打，要把资料研究得非常扎实，要进入语境中。一个问题，一定要提到语境中去研究，不能把某个人物的一句话、某几句话孤立起来研究。我们尽管是研究理论，也要用历史的、逻辑的方法。

培养学生是非常费力的。幸亏当时带博士生，我采取的办法就是给他们自由。现在看来这个办法是对的。不要上那么多课，尽可能缩短课程，然后让他们尽快定下题目来。题目确定以后，直接进入写作过程。用三年时间，静静地写一篇博士论文，这样时间比较充裕，搜集的资料比较完整，问题捋得比较清楚，论文水平才会高一些。

那个时候的学生，一是水平和基础比较好，都有社会的经验，大都是从1977、1978那两级本科生上来的。他们插过队，去过兵团，有生活经验。其实对文科来说，这种社会实践是非常重要的。对很多问题的理解，他们比那些没有历练过的人要高一筹。

现在回过头来看，头两届博士生后来都成才了，都成了高校很好的学者。比如北大就有我两个学生，一位是王一川，还有一位是第二届（1986年）进来的丁宁。

王一川，北大艺术学院院长，长江学者。他对美学、艺术学都有很大的贡献，这和当年我指导他写博士论文是有关的。当时他的硕士论文写的就是审美体验论，恰好跟他现在所研究的东西是一致的，等于那个时候给他打下了基础。现在，在国内美学界像他这个年龄的人里，他是出类拔萃的。1982年，教研室缺少年轻教师，自己的学生又不够，我们需要找一个研究文学的，于是就到北大去选。当时我们可以在三个学生中选一个，他们那时都是胡经之老师的学生，毕业以后面临着找工作的问题，最后挑了王一川。相对来说，王一川的年纪最轻。他来了以后研究美学，是我们的助教，研究做得不错，所以读博很自然地首选是他。他考试成绩也很好。

罗钢现在在清华大学人文科学学院，同时兼任《清华大学学报》主编。他在这里只读了三年的博士，应该说是三人中最勤奋最努力的一个。那时他论文题目确定以后，每天就带一个烧饼去国家图书馆，一待就是一天。三年下来，他把中国重要的文学理论家的思想、来源做了一次比较清晰的梳理。很多没有进入我们学术视野里的东西都被他发现了。他的论文叫作《历史汇流中的抉择——中国现代文艺思想家与西方文学理论》。罗钢的论文我看了之后有很多感叹，每看一篇都有很多收获，我觉得做研究就要像他这样，扎扎实实一步一步地往前推进。他的博士论文出版时，我给他作了一篇序。随后他把博士论文拆成单篇，有两篇发在《中国社会科学》上，还有几篇发表在《文学评论》《文艺研究》上面。后来他留校，成为我们文学理论团队的一员。

第三个学生叫张本楠，他是中国的博士生中第一个研究王国维的人。他关于王国维的论文后来在台湾出版，也受到好评。

1987 年是第一届博士生答辩的时间。答辩的情景至今想起还觉得很新鲜。王一川、罗钢、张本楠三个人，安排了两天答辩时间，王一川在上午，罗钢在下午，张本楠在第二天上午，来的是国内一流专家。王一川答辩，是在过去党委开会的地方，七个教授来参加，有刘再复、谢冕，人大的蒋培坤，还有外地几个很有名的教授。那是文学理论博士生的第一次答辩，答辩非常认真。罗钢、张本楠答辩也是如此。答辩以后，《光明日报》还发了消息，说中国培养出第一批文学理论博士，他们是谁谁谁。那次答辩完全是在我亲自张罗的，因为黄药眠先生在早几个月前已经走了。那次答辩会完了以后，全校文科的答辩形式就形成了一种模式，固定下来。

1985年，我们教研室三位老师一起招进十三名硕士研究生。现在学界已经有了一些名气的，像首都师大的陶东风，就是这一届。我招了四名，教研室另外两位老师钟子翱和梁正华合起来招了九名，一共十三名。但是不久，钟老师患病，指导不了学生了，而梁老师又回南方去，他是广东人，广东的五邑大学请他当副校长，我们给他开了欢送会。于是这十三名学生都归到我门下了，再加上1984年招进来的三名博士生，1985年又招进来三名，合在一起有十九名学生。[1]

教学相长的深刻体验

带硕士生就要开课，按照硕士生的要求，起码要开两门课程。

---

1 据童先生去世后最后核实确定的童门通讯录，王一川、罗钢、张本楠等第一批三位博士是1985年入学，第二批孙津等三人也是1985年入学，大约月份要稍晚一些。

当时我给他们开了一门"文学理论专题课"，在这门课上我费了很大的功夫。因为1978年进入"新时期"以后，我们放开眼光去看外面的世界，这才发现20世纪已经是一个理论的世纪。尤其对文学理论来讲，出现了各种各样的文学理论批评流派，有多种多样的著作，多种不同的观点，从形式主义到新批评主义到结构主义、后结构主义，还有现象学、接受美学，等等。当时第一批翻译过来的文献，让人感觉仿佛一股新鲜的空气扑面而来，我们也意识到如果不研读这些书，读出心得，读出体会来，作为一个教师就没有资格给硕士生上这些课。所以，当时我下了很大决心来开这门课，而且要讲出系统性来，不是再讲些陈旧的、过去的、认识论的那一套概念，而是要实现文学理论教学内容的转型。

在课堂上，我是以教学为主，也有争论环节，要实现一种教学的民主。因为像这些外国的理论对学生来说是新的东西，对我来说也是新的东西。各人的背景不同，知识面不同，对问题的理解也可能不一样，那么我们可以交换。这门课整整讲了一年，讲得很慢，因为每堂课都会有争论。

最喜欢提问的那个学生，就是陶东风，现在在首都师大教书。讨论到有些地方，他会固执地举起他的手，把他的观点摆出来。接着，又有同学举手，说"我觉得你说得不对，童老师刚才讲的不是这个意思，是什么什么意思"。第三个同学也可能说，"我补充点新的看法，跟你们俩都不一样"。可能第四个同学提议，"我们刚才是否都听懂了童老师讲的课，请童老师再讲一遍"。这样课堂上就出现了热烈讨论的局面。于是我把那个段落重新讲一遍。就这样，我讲解的知识，被他们吸收消化了；同时他们对问题的理解，也有一些很精彩的东西，是我所缺乏的，弥补了我讲稿里的不足。我们互相补充，教学相长。这是我第一次真正体会到教学相长是什么意思。

"文学理论专题课"我讲了很多遍，也补充了不少新的东西。1989年，我把它修改成一本书，就是《文学活动的美学阐释》，由陕西人民出版社出版，这是我继《文学概论》之后的第二本理论书。蒋孔阳先生特别为这本书写了序，认为这是文学理论新的收获。

《文学活动的美学阐释》后来被教育部评为硕士研究生优秀教材，作为教学用书出版。原版是一个黄色的小本，后来在这个基础上开始重印。很多读者，特别是学文学的读者，从我这本书里吸取了中国古典的和西方的文学理论。比如俄国形式主义，当时还没有译作，但是很重要，是20世纪文学理论的开篇。我的俄语水平有限，所以去找当时的俄语原版也找不到，结果我找到一本批判俄国形式主义的著作《继往开来》[1]，他用批判的观点，把什克洛夫斯基、雅各布森等的话引出来批判。我则用正面的眼光去吸收他们的观点。

我记得，当时课堂上有学生问语言的陌生化是从哪里来的，因为当时是第一次听说这种观点，而且我说得有根有据。他们很奇怪，说你怎么会读到这种书呢，我告诉他们说，你们去看

1　梅特钦科:《继往开来:论苏联文学发展中的若干问题》，中国社会科学出版社，1983年版;1995年，商务印书馆"苏联丛书"再版。

一本书，叫《继往开来》，是批判俄国形式主义的，我就是从这本书里知道俄国形式主义是怎么开始的。

除了文艺学专题课，当时我还尝试了这么一种讲课形式，就是我带领大家读一本书，一个班里面大家分工，你读这一章，他读那一章。当然我要做个示范。我读第一章，之后我提出自己的一些看法，比如对这一章进行概括，主要有几个观点，哪几个观点我不太同意，为什么不同意。因为当时我发现学生来学做研究，但是并不会读书，要么全信书，全信书则不如无书，要么是对书里的东西抓不住要点，总是抓一些次要的东西，而这书主要讲什么却不明白，读不懂。所以我就带着大家一起读书。

当时处在改革开放初期，所以想先选一本西方的书来读。比较流行的做法，一个是读英国当代文学理论家伊格尔顿的《二十世纪西方文学理论》。这本书在国内有两三种译本，有中国社会科学院出版社的、陕西师范大学出版社的，还有香港的。一般选择社科院的来读。还有一个则是读美国学者韦勒克的《文学理论》，他是新批评的创始人之一。

我选择的不是这两本书，而是苏珊·朗格的《艺术问题》。为什么选这本呢？苏珊·朗格是美国美学家协会的主席，地位很高，年龄也很大了，我们读她的书的时候，她已经八十多岁了。她这本书的好处是薄，讲的问题很集中，专门讲艺术问题。而且她吸收了西方各种流派的文学理论，融会贯通。其中有符号论的，现象学的，心理学的，从各种不同的角度来论述艺术问题，很精彩。

我们一星期读一次，每一次由一位学生负责一章，有时两个人合读一章。要读出体会来，真正把它读懂、读透，了解西方的文学观念、艺术观念是怎样的。

《艺术问题》这本书章节很少，主要是她的一些演讲，一共十讲。书中讨论了舞蹈问题、绘画问题、文学问题、诗歌问题，以及艺术创造中的各种问题。"艺术是人类情感的表现形式"是她全书的中心，从第一讲到最后一讲反复在讲这个观点。她的这个观点是比较新的。比如我们不谈表现，而谈再现，但是她提的是表现，认为艺术不可能再现。我们不可能将周围的这些树这些花原原本本地再现出来，只能是说这些树这些花引起了我内心的一些感觉、情感、想象，然后我把通过一种模式把它们表现出来。

这本书还有一个好处就是它是综合性的，不仅综合了西方的东西，还有中国古代的东西。苏珊·朗格知识很渊博，对中国的画论都很熟悉。读到其中一段，谈转化问题，她说其实这是由五代后梁画家荆浩提出来的，文中是用现代汉语来解释什么意思，我就让学生去找，一定要找到原话，这样才能理解它。学生们很认真，把原话找出来了。这是荆浩《笔记法》"六要"里面的第六要："墨者，高低晕淡，品物浅深，文彩自然，似非因笔。"就这一句话，苏珊·朗格把艺术转化的思想联系起来了，而且加以引用。当时译者没有译出来，但是我们作为专业读者找到了原文。可见这本书虽然薄，但是含量很大。

这本书比韦勒克的《文学理论》要深，包含的内容要多，作者的见解常常是很独特的。比如"艺术是生命的形式"，我们一般都说艺术是有生命的，但是她说，她不是在比喻的意义上来讲"艺术是有生命的"，而是艺术本身就是有生命的，就应该是活生生的，她强调艺术是一种生命的形式。比如她说我们人要呼吸，一呼一吸，手左右摇摆，走路前后走动，都是有节奏的。她把人类的许多生命特征和艺术的特征对应起来讲，非常有意思。这就启发我们，艺术追求的是活生生的东西，就像生命本身那样真实的东西。艺术不应该是一种公式化、概念化的东西。

我们花了两年时间读这本书，慢慢读，书读进去以后，学生几乎能把书上的话背下来。有一段时间，我们那十几个硕士生写的文章里面动不动就是"苏珊·朗格怎么说"。所以像这些书，读了以后的确是很能开阔眼界的。

这也是我第一次体味到作为教师的乐趣。此前我在越南和阿尔巴尼亚讲课，都是我讲学生听，学生不可能跟我讨论，都是灌输式的。这一次讲文艺理论专题课，再加上读《艺术问题》，完全是和学生平等地对待一个问题。讲课时，你们觉得我讲得不对，你举手，反对，提出理由来，我也可以反驳，也可以吸收。读书也是这样。当时争论得非常热烈，比如说"转化"这个词是什么意思，翻译者啰啰唆唆翻译出一大段话，真正读到荆浩的话，其实就是几个字，就是说你画出来的东西不是原物，它的深浅跟原物不一样，它经过了艺术家的处理。处理以后你看起来好像已经不是用笔画出来的，不是"因笔"了，那本身就是自然，但实际上它不是原物，而是把原物转化成一种艺术。再比如周围的树，你把它画出来，画出来不是照搬，而是经过浓淡、各种形状的处理。经过处理以后它是一个独立的作品，你看过之后觉得特别自然，好像不是用笔画出来的。所以我们平时看画

　　　　　　　　　　　　　　　　朴：童庆炳口述自传

和周围大自然是不一样的，比如我们看照片和山水画是不一样的。照片是复制出来的，而山水画是画家经过自己的浓淡处理，加上各种各样的东西，但又不觉得它是用笔描出来的。苏珊·朗格讲的"转化"就是这个意思。像这样的问题，我们会反复讨论。

我们从绘画讲到舞蹈，又讲到音乐。音乐怎么表现暴风雨的呢？冼星海写《黄河大合唱》，写黄河上号子的声音，那是音乐里的声音，它的确跟原声好像有点像，但它不是那个号子原来的声音，已经经过艺术的处理，转化了，已经是音乐的一部分了。而它似乎不是冼星海有意做出来的，而是一种很自然的存在。

那个时候真正体会到教学的乐趣。弄懂了一个道理告诉学生，或者学生弄懂了一个道理，跟你交流，都是非常有意思的事情。我认为，作为教师来讲，人生的乐趣就在这里。老师和学生平等地来讨论一个问题，讨论出一个结果，双方都受到启发，都觉得有一种理在其中，真是非常美妙。

攻关心理美学

学生一多，论文的写作就成为一个很大的问题。这十三个硕士生，我一个人带不过来，如果十三个人写十三个题目，每个人写的题目都不一样，彼此没有联系，那么对我来说是十分困难的。我就把我的一个朋友程正民教授请过来，他原来也在文学理论组，我们一起留校的，后来他到苏联文学研究所去了，那是学校独立的一个组织，他在那里工作，事情不多。我想把这十三名研究生的论文都统合到一个学科方向上，然后由我们两个人一起来带他们。

恰好这个时候教育部社科基金可以申请课题。社科基金现在归中宣部管，最早在1989年以前归教育部管。当时文学组社科基金的评委，都是些老先生，有蒋孔阳先生、王瑶先生，南京大学研究古典文学的程千帆先生，还有吉林大学写《中国人民解放军进行曲》的公木教授。最年轻的是刘再复组长。我在那里申请到一个课题，叫"文艺心理学（心理美学研究）"，算社科基金的重点项目，给了三万块钱。

这样，我就要求这十三个学生一起来做这个课题。

我为什么要做这个心理美学课题呢？

1984年，中国文坛发生了一件大事，当时社科院文学所所长刘再复在《文学评论》上发表了论文《论文学的主体性》，影响极大。因为他整个论文的观点和毛主席在延安的讲话是完全不同的。毛主席强调文学是社会生活的反映，而他强调的是作家的主体性、作品的主体性，作品中的人物一旦获得了自己的性格，获得了他的生活逻辑以后，他就自己起来活动了，就可能摆脱作家的控制，本来你构思是要他走向死亡的，结果他不，他最后很顽强地活下来了，不受你作家的指挥了。

文章很长，我印象里是《文学评论》两期分上下刊登的，不但引起了文学理论界、学术界的关心，甚至政治界都关心了。那么两派开始争论。有赞成的，认为文章写得好，讲出了艺术的一种规律，确实是思想解放了，文学理论早这么搞早就成功了。也有反对他的，比如姚雪垠和陈涌，他们一个是作家，一个是理论家。

姚雪垠是《李自成》的作者，他用自己的亲身创作经验来反驳刘再复，说他的小说里面的活动从未跃出他设想的范围。但是他的这种说法又引起了另外一些人的批评，说你小说里的人物难道都是一些傀儡，完全听你调动的？这还是在艺术范围、理论范围内的讨论。而到了陈涌[1]这里，则没这么简单，作为党内的理论家，他给这篇文章扣上了一个帽子。什么帽子呢？反党反社会主义。好在后来主要是往学术讨论这个方向发展。

刘再复这篇文章不是没有缺点。他的主要论点是对的，跟我的立场是一致的，所以我支持他。可是我又觉得很多地方写得不够完善，有很多漏洞。这是他缺少研究的结果。这样我们就想从心理美学这个角度展开研究，来弥补他的不足，使他的主体性理论得到完善和升华。这也是我当时选择这个课题的一个原因。我认为真要把作家的主体性弄清楚，就要从作家的创作心理这个角度深入下去进行研究。

按照分类，美学可以分成哲学美学、社会学美学和心理学美学。哲学美学专门讲主体客体那一套；心理学美学，在中国习惯上叫文艺心理学，其实这是两个不同的概念。文艺心理学

---

1 陈涌，原名杨熙中，又名杨思仲，生于广东南海。1940年代曾任延安鲁艺文艺理论室研究员、《解放日报》副刊副主编。1949年后曾任《文艺报》主编、《文艺理论与批评》杂志首任主编、中国社会主义文艺学会首任会长、中国社会科学院研究员等。离休前任中共中央研究室顾问。

属于心理学，心理美学属于美学。而我一心一意要研究的是心理美学。

前面提到的美学三分法不是我个人的划分，而是美学界的一般的分法。朱光潜先生也说他的《文艺心理学》这本书，实际上应该叫心理学的美学，因为它讲的是美学的问题。当时我为什么要选这样一个课题申报呢？我发现心理学，特别是跟文学有关的心理学，在20世纪有了长足的进步和很多新的发展。像朱光潜先生研究的文艺心理学，比如移情论、距离论、直觉论等，基本上还是19世纪和20世纪初期的东西。后来出现了弗洛伊德、格式塔，以及人本主义等各种心理学流派。他们对艺术都有自己的观点，跟文学的关系很密切，也有关于文学艺术的专门篇章，从各自学派的观点来看文学艺术的问题。但是，我们都来不及吸收。

当时我们的国门没有打开，学术上跟国外的交流不够。记得当时我还曾去找过林崇德先生，请他给我介绍20世纪心理学的发展。他后来给我介绍了几本书，其中美国人舒尔茨的《现代心理学史》我特别喜欢，翻译得也非常好，能够把一些诗意的东西都翻译出来。这本心理学史，有很多文学艺术方面的内容，我觉得这些可以尝试研究一下，继朱光潜先生的《文艺心理学》之后，往前走一走，把20世纪的美学成就再进行一次我们中国式的理解和总结。这样我就申报了课题。但当时刘再复说你这心理美学在国内很少有人这么提，还是按照朱光潜1930年代写的《文艺心理学》，就叫"文艺心理学研究"吧。我则认为应该叫"心理美学"。后来调和一致，正题还是叫"文艺心理学"，后面括弧"心理美学"。然后我很高兴地告诉学生，我们申报了一个课题，是关于心理美学的，得到了三万块钱的资助。1980年代，出一本书只需要两千块钱，所以这三万块钱是很多的，很珍贵。

于是，我就要求这十三个学生都做这个题目，加上我、程正民老师，还有丁宁，他是我的一个博士，也研究文艺心理学，后来访问学者安徽大学的顾祖钊老师也加入了，总共十七个人，研究一个课题，集体攻关心理美学。

为了将课题研究得更扎实，我们阅读了几乎所有翻译过来的心理学美学的资料。因为学生们都懂英语，还阅读了当时能找到的一些英文的著作；还有懂俄文的，像程老师已经翻译了科瓦廖夫的《文学创作心理学》；顾祖钊老师很熟悉中国古典的东西，对心理美学方面也很有兴趣。我们还拟就了一个研究提纲。1986年，请了当时在郑州大学任教的鲁枢元教授，来给我们授课一个月。鲁教授已经写了几篇文艺心理学方面的文章，有了一些建树。他讲的基本上是舒尔茨《现代心理学史》中的内容。

这样，经过一番文献阅读、资料寻找，还有无数次的反复讨论，我们终于形成了自己的对20世纪文艺心理学或者说心理美学的理解。我们认为要找到一个中心词，即心理美学的中心词或关键词。后来终于找到了，就是"体验"，很普通的一个词。这等于我们这本书有了一个纲领性的东西。第一章一开始就讲体验的生成、体验的类型，体验的类型里面讲了各种各样的体验，童年的体验、缺失性体验、丰富性体验，还有崇高体验、愧疚体验、孤独体验、神秘体验、归一体验等等，这些都是心理学的概念。我们还把"体验"这个概念渗透到其他各章各节。

我们认为体验和人的经验是不一样的。人的经验和人的经历基本上是比较相通或比较相似的概念，你有什么样的经历就有什么样的经验。比如说某个医生很有经验，就是指他治过很多病人，做过很多次手术。体验是什么呢？体验也是一种经验，不过是经验中那些刻骨铭心的、永远也不会忘记的，已经成为无意识的东西。一个作家为什么每天可以写出三四千字的作品来，并不是说他已经完全构思好了，只是说大体上构思好了，具体的细节、具体的语言并没有构思好，是在他落笔的时候，从内心涌上来的曾经有过的那种体验促使他完成了创作。

像莫言的《透明的红萝卜》，就是来源于他小时候的一次经验，那次经验刻骨铭心，成为他的一种体验。其实一个人一辈子，记忆是有限的，不是无限的。我们的记忆是采取相反的机制，一些刻骨铭心的东西，不要你自己用力，它总是自然而然就记住了。你遭遇到一件很悲惨的事情，或者初恋成功了，这些最新鲜的事物让你震撼，那么它们都可能成为你的体验，是永远忘不掉的。

比如我年轻的时候，在阿尔巴尼亚的地拉那教学，每天早上穿过寂静的城市，所能听到的就是妇女的高跟鞋敲击地面的嗒嗒的声音。再比如我小时候在山路上挑柴，有时候下大雨了，一边是悬崖峭壁，一边是耸立的山峰，柴路就在中间，我每一步都必须踩住，否则就会掉到悬崖下面去。像这些东西，是人生的一种体验，永远不会忘记。

文学也好，艺术也好，靠的是什么？靠的不是经验，靠的是体验。现代心理美学的根基就在这里。20世纪的心理学各派几乎都在讲体验。人本主义心理学是最突出的，认为人的需要是分层次的，最高层有个审美体验，审美需要转化为审美体验。

我们认为人的体验是多种多样的，还作了一些比较。比如缺失性的体验和丰富性的体验，哪一种更具刺激力，对作家、艺术家来讲更具动力？往往是缺失性的体验。当他饿肚子的时候，当他得不到的时候，当他遭遇灾难的时候⋯⋯这些缺失性的体验日后会成为他的财富，他创作的财富、艺术表现的财富。像莫言获得了诺贝尔文学奖，最重要的是他有一个苦难的童年，那个苦难的童年给他的体验是极其深刻的，永远难以忘怀的，他把童年说成是自己的"血地"。就是说，他什么事情都要回到故乡的视角来加以把握，很多事情是发生在别的地方，但是他也要拉到故乡来加以把握。为什么？因为故乡周围的那些人、那些事，说的那些话，是他极为熟悉的，而把听到的故事放到他故乡的环境里，他就有了温度和激情，把故事写出来，而且会写得很好。

体验是十分重要的，而且童年体验比成人体验更为重要、更难忘，一个人的童年体验几乎决定他的一生。世界上有很多作家、艺术家都在寻找童心。人本主义心理学家马斯洛提出了一个概念，叫"第二次天真"，你寻找的童心只能是"第二次天真"。第一次天真是你真正的童年，那个天真是不可能装出来的。但是人不可能有第二次童年，那么我们怎么返回童年那个境地呢？作为一个作家、艺术家，往往要摒除社会化的一些东西，摒除一切功利的东西，回归到无功利的状态，回归到一种童心状态，这就是"第二次天真"。像今天的社会，讲功利、讲财富、讲各种奢侈的东西、讲贪欲，这些都是社会化的东西，无数人都在这么追求，慢慢地你在成长的过程中，也沾染接受了这些东西，这是很自然的。所以西方的很多大画家，一辈子都在寻找那个童心，但是可能再也寻找不回来了。

我们做这一套心理学美学丛书一共三个步骤。首先每个人写出一篇三万到五万字的硕士论文，即这本书的一个提纲；第二步，在硕士论文的基础上，扩写成一本书；第三步，参与最终成果的写作。经过几年的努力，到1990年，我们课题完成，一共写了十六本书。这些书里有一套丛书，共十三本，其中有我的《艺术创作与审美心理》、程正民的《俄国作家创作心理研究》、陶东风的《中国古代心理美学六论》；一本论文集；还有一本中华书局给我出的集子；以及一部最终成果，即《现代心理美学》。我的集子收录了那两年发在《文史知识》上面的文章，每期给他们写六千字，写了二十几篇，用西方的心理学来解释中国古代的诗学，或者用中国的诗学来解释西方的心理学，就是一个中西互释的过程。对我来讲，收获也很大。

《现代心理美学》非常幸运，出了两版。第一版出版以后，正好碰上国家教委（当时教育部叫国家教委）首届"人文社科优秀著作奖"评选。当然报送的很多，很多人积累了几十年的著作，很多都是多卷本。我们这本书很幸运，获得了二等奖。然后在国庆四十周年的时候，又被出版社列为国庆献礼的书目。

值得一提的是陶东风的《中国古代心理美学六论》，这本书不知怎么流落到季羡林的书房里。季羡林看了之后说"这本书了不起，学贯东西古今啊！"，然后问"这是谁带的研究生"，一了解是我。于是陶东风、我，还有季先生的一个学生——一个梵文学者，被约请到他家里去，整整谈了一天。先生对我们满口称赞。

这套"心理美学丛书"还有王一川的《审美体验论》、丁宁的《接受之维》、顾祖钊的《艺术至境论》、陶水平的《审美态度心理学》、李青春的《艺术情感论》、杨守森的《艺术想象论》、李珺平的《创作动力论》，还有黄卓越的《艺术心理范式》、唐晓敏的《精神创伤与艺术创作》。后来我还写了一本，叫《中国古代诗学心理透视》。

这个过程不仅取得了成果，更重要的是培养了学生，这些学生的第一部著作基本上都在这套书里。他们现在成了全国各地各个高校的学术骨干，他们的起步就在北师大。这是一个非常有意义的过程。

真正的辩证思维而不是"深刻的片面性"

对于心理美学的研究，我是采取一种真正的辩证思维的方法。我的《艺术创作与审美心理》，其实讲的都是旧问题，艺术知觉、艺术情感、艺术想象多少人讲过了，都讲烂了，所以我研究的作家创作中的审美知觉、情感和想象这个论题不新鲜，但我是从事实出发，搜集了很多资料，有很多作家的创作谈，还搜集到了关于艺术知觉、艺术情感、艺术想象的各种说法、论点，我发现它们常常处在一种矛盾当中。

比如艺术知觉，它是无功利的，但又是有功利的，是超越的，但又是现实的。比如说艺术情感，它是自我的情感，但又是人类的情感，是一种内容的情感，但又是一种形式的情感。再如艺术想象，它是有意象性的，但又有逻辑性。总之，呈现出一种非常复杂的矛盾冲突的特点。我陷入了困惑：为什么过去研究这一问题的人处处都是统一的，而我研究的结果则处处是冲突的、矛盾的？我究竟该怎么处理这个问题呢？

后来我读了德国理论物理学家海森堡的《严密自然科学基础近年来的变化》。他在这本书里提到，他常常发现在做实验的时候有很多矛盾、冲突。那么怎么办呢？他说："在物理学发展的各个时期，凡是出现由于上述这种原因而对以实验为基础的事实不能提出逻辑无可指责的描述的时候，推动事实前进最有效的做法就是往往把现在所发现的矛盾提升为原理。"我读到这段话以后，心里豁然开朗。我在书里就这么描写道：我似乎一直在一个黑暗的隧道里摸索，直到忽然金光一闪，我看到了解决问题的方法。我们首先要尊重的是艺术创作中的事实，事实是冲突和矛盾的，那么如实把它描述出来，而且提升为一种原理。我这本书就是按照把矛盾提升为原理这样一个思路来写的。由此也可以看到，我和所谓的"深刻的片面性"是完全不同的。

后来我提出"历史理性与人文精神的张力说"，也与我的这种思维方式有关。所以我写这本书最大的收获，不在于书本身，而在于获得了研究问题的一种思路，即我们要尊重事实，从事实出发。如果事实本身是矛盾的、冲突的，那我们想办法不但把它描述出来，而且把它提升一步，变成一种原理，这个问题就可以得到解决。

怀念一起读书、写书的日子

1984年到1989年这个时段，是读书的好时间。人们还不热衷于做生意，或者去干一些别的事情，只是认为"文化大革命"十年耽误了我们的好时光，我们都变成了很愚昧无知的人。过去读书有罪，现在迎来了一个读书光荣的时代，大家都愿意充实自己，愿意吸收马克思主义的东西，吸收西方的东西，吸收古典的东西，形成了一个读书的热潮。所谓读书的热潮，也是研究的热潮，那个时候的文学理论和文学作品是处在社会中心的，不像现在都被边缘化了。

那时候，文学和文学理论是很重要的话语，随便一篇文学理论、文学作品，或者很不起眼的小说，都可以轰动整个中国。像刘心武的《班主任》，从今天来看，写得并不是很好，但是在那个时候，因为反映了"文革"后人们的思想感情，引起了共鸣，所以一下子传遍了全国。他还写过一篇小说叫《爱情的位置》，写得也很一般，但是因为敢写爱情，过去是不能写，就一下子形成了一个热潮。当时，文学处在中心的地位，影响很大，所以大家搞理论和批评也很有劲。

很多学生都很怀念那段日子，那时大家没有别的追求，除了死心塌地地坐下来读书、研究问题、钻研问题，这样的情况后来再没有过。我们那个班现在在北京的大约有十位学生，每年年底在我生日那天聚会时，都会回忆他们当学生时的情景。现在他们也都老了，有好几个学生都准备退休了，他们都是1977级、1978级的学生，是"文革"以后第一届、第二届参加高考的。

像李珺平，已经五十五岁。唐晓敏在二外当文学院院长，已经六十多了，也面临退休。蒋原伦，初中就去了兵团，现在年纪很大了。

我带的学生很多，这十三个学生是我永远不会忘记的，因为我们每天都在一起"摸爬滚打"。当时我也不把自己当作一个老师。因为西方的东西对他们是陌生的，对我也是陌生的，于是我们一起学习、一起讨论问题。我们做研究时的那种热烈场面是现在难以想象的。比如谁要写硕士论文，或者写他的书稿，当时还没有 PPT，他就自己在黑板上一边写，一边讲他的思路。大家坐在下面听，他讲完了，我们就提问。有时候我们会争吵得面红耳赤，当意识到我们是在进行学术讨论，又平静下来。所以，这是非常好的一个时期。

我对他们的学习抓得很紧，但是在生活等其他方面，我都采用比较宽松的态度。我带学生的原则四个字——"宽严相济"。该严格的时候要严格，比如读书、写作一定要严格，这是老师的责任。这样人才才能出来。但是对学生不能管得太死，他们有自己的经历，有自己的愿望，有自己的要求，有自己的活动，各人有不同的性格，应该任其发展，不能够过多地加以干预。而且他们年纪也不小了，能够自己管理自己。很多事情当时我都不知道，后来他们才告诉我，说当时班里面分成南方派和北方派，南方的领袖是谁，北方的领袖是谁。又说谁谁谁和谁谁谁两个人在宿舍里要打架，后来觉得宿舍太小，打架打不开，就到楼底下拉开架势，大家都围起来了，要看他们两个打。可他们两个最后说算了，不打了。

　　　　　　　　　　　　　　　朴：童庆炳口述自传

我们的书写出来了，能不能出版，又成了一个很大的问题。1989年之后，各个出版社对出版学术著作都极为谨慎，能不出就不出，多一事不如少一事，反正都是国家的出版社，也不自负盈亏，每月拿自己的工资就完了。我们找了不知道多少家出版社，都不愿意出。最后找到天津的百花文艺出版社，有一个老编辑看到我们的书稿，觉得很新鲜、很有意思。他找了几个编辑，一本一本地看。我们就三万块钱，大概两万给了他们，剩余一万买了书。之后还需要不断地往天津跑，一个电话来了，哪本书出问题了，得跑一趟。因为对于他们来说这套书的校对太困难，还得我们自己去。当时为了出书，我自己跑，程正民老师也跑，每次都是一个老师带一个学生到天津去。有一次程老师带着陶东风去，在天津火车站，陶东风发起了高烧，四十度。如果不是我们那么去奋斗，这套书也出不来。所以我们真是把学术和我们自己的生命看得一样重要。这套书正式出版是1990年，大家都非常高兴。出来之后，卖得也很好，很快他们就说要加印。很多学生还因为这套书评了副教授，甚至教授。

创办"作家研究生班"

1988年，我还在研究生院副院长任上。我的朋友何镇邦先生是鲁迅文学院作家班的主要教员，我们是福建同乡，他老是请我去作家班讲课，这样，我后来跟鲁迅文学院的院长唐因也熟悉了，当时的教务长是周扬的儿子周艾若。

我曾跟鲁迅文学院提过建议，希望它变成一所正规的学校。

当时北京市给了他们一个办大专的机会，但是他们没有接受。他们认为苏联的高尔基文学院就是专门培养研究生的，不培养本科生。现在要鲁迅文学院从大专开始办，他们不愿意。我就劝他们，说这是一个机会呀，现在办一个大专，几年后就是本科，本科办得好，然后再招研究生，这是很自然的过程，放过这个机会，可就没有了。但是他们没有听我的话，所以它现在还是只办培训班。

由于我经常去讲课，跟唐因、周艾若等谈话也都很愉快，看问题经常是很一致的，这样他们就提出来能不能跟我们北师大合作，以北师大的名义招硕士研究生。我说北师大没有直接招生的权利，单凭自己的作品，不看学历，也不经过考试，这很难办。但是我可以给教育部打一个报告，说现在有一批年轻的作家很有实力，但是他们没有学历，知识不够丰富，要是能让这些年轻的作家读研究生，提高他们对文学的理解，扩大他们的知识面，从理性的层面给他们讲讲艺术创作的规律，以及中国的古典文学、现当代文学，那么会对他们有很大的帮助。

于是我打了这样一个报告，亲自送到教育部去。当时教育部负责学位办的是一个厦门人，和我是同乡，我们之间说话有一种同乡之情，所以他都是跟我说实话。报告送去以后，他说这个还没有先例，我们研究研究，争取给你一个好的答复。过了若干日子，他告诉我可以先同意试办研究生班，但是读硕士研究生必须通过英语考试，还要有一定的作品。这样，1988年，我们开办了由北师大主持、鲁迅文学院合办的作家研究生班，总辅导员就是我和何镇邦。

然后制定教学计划，有十几门课，包括马列文论、现代文学课等，其中古典文学，专门找了韩兆琦老师讲《史记》。我给他们开的是创作美学。

　　因为这个作家班是教育部批准的，中国当时几乎所有的年轻作家，已经出名、半出名和未出名的，纷纷从全国各地来报名，非常热烈。那时候都觉得文学是一个门路，要是文学搞成了，可以靠它吃饭。像莫言，都是首先报名的。他们本来在鲁迅文学院读过一届培训班，现在又来读研究生班。刘震云、余华、毕淑敏、迟子建等都来了。除刘震云之外，学历比较高的是余华，他是高中毕业。毕淑敏是初中毕业。莫言还要低一点，初中都没有毕业。迟子建是从黑龙江的一个师范学校毕业的。当时已经有名气的是莫言和刘震云，莫言的《透明的红萝卜》已经发表，刘震云发表了一系列的"新现实主义小说"，像《一地鸡毛》《官人》《官场》《新兵连》等，在社会上产生了反响，文坛上的评价也比较高。毕淑敏进来的时候只有一篇作品，叫《昆仑殇》，我印象很深，写"文革"时期在昆仑山上拉练的故事。有的作品还很稚嫩，比如迟子建的。也有知青作家，比如肖亦农，但他现在不写小说了，专门写影视作品。

　　鲁迅文学院有两个大教室，一个可以坐一百人，一个可以坐五十人。我们上课是在五十人的教室，这个班总共四十多个学生。住宿也在那里。当时为什么不在北师大办，就是因为北师大教室比较紧张，住宿也紧张，尤其是那些作家都要求一个人一间屋，或者两个人一间屋。鲁迅文学院恰好有这个条件，他们有一幢楼，一半是教室，一半是宿舍楼。于是就在那里办，名义上是合办，但是发毕业证、学位证，还是北师大来主持。鲁迅文学院基本上还算不上一所学校，只是一个培训组织，直到现在依然如此。

刘震云在北大念过本科，现在又来读研究生班，就是想拿到一个研究生学位。他当时在《农民日报》副刊做编辑，也比较忙，上课经常缺席。但是别的人基本上都能来，毕淑敏每次都来上我的课，非常认真，这让我很感动。当时她住在军事博物馆附近，而鲁迅文学院在八里庄十里堡。因为课都是早上8点开始，她五六点就要匆忙起来，坐公交车，越过整个北京城，从西到东，到八里庄。她当时还没有出名，只有一篇《昆仑殇》。她初中毕业后长时间在部队做卫生员、做护士，在青藏高原一带当过兵，非常辛苦，有很多体验，心里有很多话要说，想要用文学的形式表现出来，但是又不知道怎么表达，所以她很热心地来听我的课，对我的课抱着极大的希望。我的课叫创作美学，就是讲写什么、怎么写的。她每次必到，而且永远坐在靠前的位置。

还有迟子建，现在的黑龙江作协主席，也是一个非常规矩的学生，每次课必到。她觉得学知识能丰富自己，她当时作品也还很少，还没有出名。有的学生偶尔旷课，四十多人的班级，有三十多人上课是很正常的，有时候还会更少一点。学生通过学习这些课程，比如我的创作美学课，对文学以及文学创作中可能遇到的问题，有了基本的理解，对于怎么解决问题也有了思路。有些年纪比较大的，觉得这些知识自己好像都懂了，就不来上课了。不过我们规定，缺课七次就除名。其中有个学生，是沈阳的，叫洪峰，就除名了。

我在讲授时，有意地把他们已经发表的作品都搜集过来，觉得有点意思就拿到课堂上去分析，像莫言的《红高粱》。迟子建、毕淑敏、刘震云的作品我也分析过。分析作品、联系理论、联系实际，这样对一些文学创作的观念、文学应该写什么、怎么写，都有些理解。这些分析，我收录在了《维纳斯的腰带》这本书里。

当时我还有意识地批评了江青所谓的"黑八论"。"黑八论"是什么理论呢？现在一般人都不懂。当时有这么一个背景：新中国成立以后一直号召大家写工农兵，写新的故事、新的世界，但很多人并不熟悉新社会，并不熟悉工农兵。老作家写不出来，一些新手写出来的艺术水平不高，又公式化。当然也有一些老作家当时响应党的号召，写出了不少作品。比如老舍、巴金等，老舍写了《龙须沟》，巴金抗美援朝时到朝鲜去体验生活，也写了一部作品，后来改编为电影《英雄儿女》，我就记住了"烽烟滚滚唱英雄"这句歌词。经过讨论，在1960—1962年的调整时期，张光年在《文艺报》上发表社论，提出"题材广阔论"，认为题材要广阔，熟悉什么就写什么，不要在写什么的问题上纠缠不清，把它规定得很死。题材并不是决定作品优劣的唯一标准，还要看你怎么写。一个小题材，一个旧社会的题材，一个知识分子的题材，也可以写成很好的作品。但江青认为这是错的，就给他扣了个帽子：反题材决定论。按照江青的意思，题材决定作品的成败。这是"黑八论"之一。再比如真实论，也是江青反对的。但是文学作品难道不要真实吗？文学是要真实的。我从审美的角度看文学的真实性，提出了一个很简要的命题，即所谓文学的真实是一种合情合理的真实，合情是合乎人物的情感逻辑，合理是合乎生活的走向、生活固有的规律。如果出现冲突怎么办呢？有的时候理过于情，有的时候情过于理，那么如果在哲学那里，要以理为主，但在文学上，要以情为主。

另外，我引入了很多西方的东西，这是他们没有接触的。比如格式塔心理学。格式塔心理学很讲整体性，认为整体大于部分之和。其实这也是结构主义的一个基本观点。创作当中也是这样。作品里某一个细节写得很好，还不能够成为好作品，一定是要有整体的结构、整体的氛围、整体的情调，才能够吸引人。我还讲到接受美学。作家写作的时候要想到读者，想到读者可能会怎么来理解你的作品，不能你自己想怎么写就怎么写，要引起读者的共鸣，让读者能接受你的作品。

总之这门课，有很多同学一直记忆深刻，给了他们很大的帮助。特别像毕淑敏，她说："这门课给了我一次文学的生命，开启了我的文学生命的里程，让我知道文学是怎么回事了。"后来她写的好多作品都很好，有的还改编成电影。她现在正在写一个关于非典的长篇，2003年她亲自到非典前线，帮助病人，深入第一线去体验，那是带着危险的。

别的课对他们也很有帮助。特别是韩兆琦老师，给他们讲了一年《史记》，一个个故事，像"鸿门宴"之类的，讲得很细，是按照古典文学的路子来讲的。

特别值得一提的是，给他们开了英语课。英语是很有意义的，有一部分人就是在这里开始学的。因为我们规定必须通过英语课考试，才能申请硕士学位。所以有一部分人相当使劲地学。

莫言也是如此，虽然学得不是特别好，但考试通过了。

莫言后来到北师大当教授，他说："当年上课的时候，童老师让我们学这个学那个，其中也包括学英语，当时我们都觉得没有用。现在才知道英语太有用了，那个时候我们都很年轻，记忆力很好，生词也能记得住，要是多花点时间把英语学好，那么现在我们就可以直接跟外国的作家沟通了，这是多好的事啊。"他还开玩笑说："那次英语考试能通过简直是很侥幸的，有的题目都不会。前面的同学给我递了个条子，我也看不懂，抄也抄不下来。"

说不定第二个诺贝尔文学奖也会在这个教室产生

课程大概是 1990 年 7 月结束的，之后开始申报硕士学位。没有通过英语，没有写出硕士论文，就拿不到硕士学位，没有学位证书，只有毕业证书。最后这个班有十几个学生拿到硕士学位。还有十几个人也想拿学位证书，只好再另请老师给他们补习英语，手把手教他们，又学了一年多。同时又把这十几个学生分到我们这些老师名下做硕士论文，分到我名下的有莫言、余华、毕淑敏、刘恪（现在在河南大学当教授）。

莫言的硕士论文，是讲创作和故乡的关系。一开始我给他出的题目是《文学创作与童年经验》，他觉得有点像写讲义，于是改了个名称，叫《超越故乡》。他这篇论文写得非常好，提出了一种说法：故乡是自己创作的"血地"。故乡是自己的祖宗生活过的地方，是自己最了解的地方。故乡的人和事，是永远都写不尽的。他甚至把别的地方发生的事也拉到山东高密去，只有这样写，他才能进入写作中去。他这一见解和很多大作家的是一样的。童年生活，对他来说是刻骨铭心的，体验是非常深刻的，所以这些东西能够成为他创作的源泉。特别是莫言的故乡，就是蒲松龄当年创作《聊斋志异》的地方之一，那里有很多人的故事、狐狸的故事、鬼的故事，再加上那里一些鲜活的人物。这篇论文，把他哪篇作品是来源于哪里都写了。

其实，莫言当初是不想写故乡的，他对故乡有点抵触情绪，因为写故乡就要写那个地方的贫穷，写那个地方的落后，写那个地方最原始的那种生活。后来他去参军，在军营里才开始写作的，那时他就写海洋，写军舰，写海军的生活，写城市的东西。一开始他就写这种东西，之后他进入解放军艺术学院学习。其毕业小说，就是《透明的红萝卜》。他这篇小说，被他当时的系主任徐怀中看到了。徐怀中也是一个作家，小说写得很好，很有情调。徐怀中可以说是莫言的恩师。他把莫言的这部作品推荐给当时的《中国作家》。那一年发表后，就成名了。

他的这篇硕士论文实际上是对他原有的创作的一次总结：一开始是写远离故乡的东西，最后发现写来写去都写不好，还是写回自己熟悉的故乡，尽管那是贫穷的、落后的、饥饿的，但是反而写得好。

后来他在有些地方说："这篇硕士论文，不是我写的，是童老师替我写的。"有一天他来学校接受教授的聘约，我对他说："文学理论有一个观念，就是所有的题材内容别人都可以截取，都可以拿去，唯有你自己的文笔别人是拿不走的，现在你自己再看看那篇硕士论文。是你的文笔还是我的文笔？当然是你的文笔！"论文写作中，我给了他一些指导，也给了很多材料。我说："没错，你引用的好几段话，是我给你找的，但整篇论文是你自己完成的，我只是给你做了修改。"他说："噢，是这样，那是我忘了。"他的论文我们现在还保存着。

毕淑敏的论文，专门写苏联以及后来俄罗斯的几个作家的作品。其中有一位俄罗斯作家，拉斯普京。他写过的最重要的作品是《告别马焦拉》《活着，但是要记住》《伊万的女儿，伊万的母亲》等，这些作品都翻译成中文了。他的作品是比较明朗的，但是他并没有把生活简单化，写得很有情致，既写历史是要前进的，同时也写家园、人性，我们仍然要守望。他写出了生活的复杂性，总调子是积极向上的。毕淑敏的作品也是积极向上的。现在中学课本里选了好几篇她的文章，都是励志散文。她改编为电影的作品叫《红处方》，也是比较明朗的。

余华，则专门写现代派的真实性问题。他是这些学生当中理论性比较强的一个。有些人就发懒，比如刘震云，没有撰写论文，所以也没有拿到硕士学位。

当年我们没有想到，中国的第一个诺贝尔文学奖得主会在这个教室里产生，说不定第二个诺贝尔文学奖得主也会在这个教室产生。现在回过头来看，我们那段工作是很有成效的。

1990年代，走出低谷

1990年进入人生低谷

我这一生可以说遭遇过三次打击或者说三次低潮。第一次是小时候不让我上学。第二次是 1963 年，因为发表了一篇关于《红楼梦》的文章，被当成"白专道路"批判了一个月。第三次是 1990 年，博导评选落选。

黄药眠先生 1987 年已经去世，学生一直由我在带，没有正导师，而且当时也找不到导师。于是我去申请博导，当时我的条件应该已经够了。我已经出版了几部书，除了早先红旗出版社的《文学概论》上下卷，还有 1987 年的全国自考教材《文学概论》，1990 年又出了百花出版社的那一套书。初评非常好，我全票通过，这是很少有的。终评是在京西宾馆，终评小组有王元化先生、蒋孔阳先生、霍松林先生，一共五六个人。他们发现初审稿里文学类我本来排名第一，但是我的名字被涂掉了，就问为什么把童庆炳涂掉。说是教育部涂的。于是就请国家教委来回答这个问题，教委的负责人没有办法回答。而且王元化、蒋孔阳跟我非常要好，打电话来问我："怎么回事？名字被涂掉了。"

我心里突然紧张起来，准备要质问当时的方校长。结果我电话还没有打过去，方校长的电话就打来了："这一次是因为你政治审查没通过，所以把你名字抹掉了。"我说："这个政治审查是哪里的？"他说："是学校党委的。"我说："学校党委的政治审查有什么权利把我的名字涂掉呢？我就是党委委员。党委作出什么决定应该跟本人见面。你说我政治条件不合格，你得告诉我。你怎么能这么办呢？做得一点道理都没有。"反正我跟他拍过桌子，所以也不怕他。他就支支吾吾，因为他不在理。当时我们就吵了起来。

　　然后在京西宾馆，评审组跟教委的负责人说："你们说童庆炳政治条件不合格。我们在座几位都是老党员，童庆炳也是党员，我们是否可以把童庆炳请到京西宾馆来，当面测试他的政治面貌、政治条件、政治情况呢？"教委当时也很尴尬，只能说这是校党委的决定，跟教委无关。

　　这对我们教研室来说真是很大的打击，我们有博士点但是没有博导。这件事在王元化已经出版的日记里有一段记载，大意是说条件很好的老师给拉下来了，条件很差的评上去了，这样评博导就没什么意思。[1] 我看过他出版的日记，非常厚。

1　王元化日记载："六月二十七日：竟日开小组会，这届学科评议会简直无法和上届相比。不仅参加成员在学识上相差很远，作风也两样。上届所有老先生都是认真的。每个人看资料，研究问题，直到深夜，一丝不苟，公正无私。现在却有请托说情种种徇私现象发生。结果在博导人选上劣进优退，不学无术者滥竽充数。我们开会时，在北京的高校有些未列入博导候选名单者［如北师大的某某就是其中之一，他确实应该评上的］，来到京西宾馆（转下页）

当时我已经辞去了研究生院副院长的职务，回到教研室当主任，一心一意要把教研室建设起来。而且教研室也正处在低谷时期。先是钟子翱先生在1986年去世了，黄药眠先生在1987年去世，接着是1990年我没有如愿评上博导。如果我如愿评上，我们这个学科的博士点就能够继续招生，因为当时只有我一个教授，其他都是副教授、讲师。

这时候，在我面前摆着一个问题：怎么办？对我来说有两种选择，第一种就是选择自己干，不管教研室了，教研室主任我也辞掉，这样子自己还可以清净地做一点学问；第二种就是还要继续干，带领教研室走出低谷，不是我自己一个人单独干，而是要跟大家一起干，一起通力合作，把教研室的团结、教学、科研都搞好，让教研室走上一个比较高的教学科研水平。

我反复想，自己一生的追求就是想要为国家、为人民做点事情。所以选择了克服困难，还是要继续干。当时我的情绪很不安定，有的老师就来鼓励我，比如启功先生，他鼓励我说："没有什么了不起，你受这么点打击有什么呀！我还当了二十二年的右派呢，这才出了头了。不要灰心，要继续干。"然后他写了一副字给我，是陆游晚年书房的对联："万卷古今消永日，一窗昏晓送流年"，意思就是你静下来读书吧。所以我给自己的书斋

（接上页）要求容许他到会申诉，但被拒之门外了。更有一些人洁身自好，虽受到不公正待遇，却默默隐忍了。其中有两位后来我见到，他们对此事并无任何表示，这种高尚作风虽令人敬佩，但对于教育界弊病的改革不利。"见《王元化集08：日记》，湖北教育出版社2007年版，第35页。

起名为"消永日斋"，纪念启先生给我的鼓励。

钟敬文先生也把我找去。他说："你这个孩子（其实当时我不小了，但是在他看来的确是个孩子，因为我和他的儿子年纪相仿），受点打击就垂头丧气，唉声叹气，这怎么行啊！人这一辈子，不知道要遇到多少困难，越过多少坎呢，你受这么一点点挫折，就觉得受不了了，就牢骚满腹了，甚至不想干了。这是不对的，你要向我学习。"他也当过右派，这是现身说法，告诉我他最困难时候是什么样子的。

在这些前辈老师的鼓励下，加上教研室有一批年轻教师拿到了博士学位，所以我觉得还是可以再做点事情，而且更加意识到教研室的建设对我来说是一种责任，我不会就这样轻易认输、放弃。我决定干到底。在随后的日子里，我一直在想办法请一个博导。恰好了解到辽宁大学王向峰老师的博士点没有通过，但他的博士生导师资格通过了。我特意跑了一趟沈阳，请他来做我们点上的博导、学术带头人。他正好找不到地方招生，而且我们以前就认识，也是学术上的朋友，于是我们一拍即合，这样就又可以继续招博士生。

1991年，评审组临时增加了一次会议，会议中通过了一些博导。当时我没有申请，结果却被拿出来投票，全票通过。这样，我在1991年获得了博导资格。

接下来经过几次人事调整，教研室出现了比较和谐的局面。尽管我们只有一个教授，著作不算很多，力量也不算很强，可以说正处在教研室的低谷时期，但我们就从低谷开始起步。记得有一天晚上，我把罗钢、王一川、张海明这几个年轻教师，找到操场上一个双杠旁边，开了一个很简单的会议，主题就是"我们怎么办"。我们分析了教研室的利弊，作了比较深入的讨论、思考，大家建立了信心，开始了教研室的十年长征。在接下来的十年里，我们打了"四大战役"，让我们教研室成为全系乃至全国最强的一个教研室。

四大战役之一：中西比较诗学研究

第一个战役肇端于1980年代中期，我印象中是1986年，由黄药眠先生和我从教育部领来一个博士点基金课题，叫"中西比较诗学"。1990年前后，开始做这个课题。这个课题参加的人达到二三十人，几乎把所有的老师学生都组织到一起了。我们按照比较文学的结构和思路，集体撰写出了中国从未有过的一本书，叫《中西比较诗学体系》（上下卷），由人民文学出版社出版。这本书有一个比较完整的体系，第一编是背景比较，第二编是范畴比较，第三编是影响研究，这样就是一个非常严格的结构。

这本书是在1991年出版的，出版后产生了很大的影响，在台湾、香港的报纸都有介绍、评介。这是第一部关于中西比较的书。乐黛云老师——比较文学的顶尖专家、北大的教授，看到这本书以后就说："哎呀，我们研究了这么久，就是想写出这么一本书，结果我们没写出来，你们比我们先写出来了。"乐先生当时带着很多博士生，她说："我把这本书作为必读的参考书推荐给大家，因为这是中国的第一部。"

这本书为我们赢得了很大的声誉，后来一再重印。这时候黄药眠先生早已经不在了，但因为课题是我们两个人一起拿来的，所以署名还是我们两人主编。稿费下来以后，给他的是大头，送给他夫人蔡澈先生和他的儿子。蔡先生说："你老给我们送钱干什么？黄药眠一点力气都没有出，全都是你出的力气，你还老是给我们送稿费。"因为它重印了多次，所以不断有稿费。人民文学出版社一直要我们修订，但我们还没有找出时间。

这一套书的完成，可以说是费尽了我们全部的智慧和精力。首先是怎么来做背景研究。背景研究的很多东西都是宏大的哲学问题，包括中国的文化和西方的文化是什么形态，有什么差异，我们的文化特点是什么，西方的文化特点是什么，像这些在 1990 年代那个时期大家都没有研究过。我们第一个做，要宏观地把握这些问题，很不容易，幸亏大家一起讨论。有的人了解得比较多，比如李壮鹰老师，他是专门研究古典的，对西方的东西也有一定了解，所以这部分主要是他来写。直到现在来看，他写的仍然大致不差，这是很不容易的。

这本书本来是四编，还有一编是审美意识，是一个男学生和我当时带的一个女硕士生两个人写的，以这个男学生为主。这部分写的是中西审美艺术比较，文字相当好，因为他既懂古典又懂西方，而且与他的博士论文也有关系。但出书的时候，他出问题了。出版社说有两个办法：一是保留，署笔名；一个就是删掉。后来发现署笔名不好办，别人问你这笔名是谁的，不好回答。最后就把这整十万字都删去了。那位女硕士生也受到了影响，因为她剩下的那两篇，已经撑不起来一编了。所以成书就是三编。

第二部分范畴比较是我们下功夫最多的，这是重头戏。当时大家齐心合力，一人负责一题，感受多的写两篇，准备少的写一篇。第三部分影响研究比较简单，都是罗钢的文字，主要是他的博士论文。

这时我正给《文史知识》写专栏文章，同时在定这本书的稿子，统稿压力非常大。这本书涉及古今中外，问题很多，我先搭好框架，稿子交来后，再检查语言、论点是不是有误。有的地方存疑，就去查书，看看有没有这回事，看看某个作者是不是这个意思，这一过程花了很多时间、很多心血。有的东西不懂，就打电话请教。当时老一代先生们都还在，比如季羡林先生、王瑶先生，跟我算比较熟的，我就可以问他们。王瑶先生的学问很好，尽管他是研究现代文学的，但是古今中外全都通。还有就是郑敏，她在外语系，也给了我很大的帮助。再就是钟敬文先生给了我一些指点，遇到他说不清楚的问题，他会说你可以去找什么书，用什么方法解决。还有一些问题，我就向同辈的学者请教。比如从莫斯科大学回来的钱中文先生，他对外国的东西比较了解。

第一个战役打完了以后，我获得了信心，觉得之后再做，会做得更好。

四大战役之二：文学理论系列教程编写

第二场战役，是教材编写。1990 年，教育部决定要高校编两部文学理论的教材。一部是综合大学教材，由北京大学、南京大学、复旦大学、浙江大学合编；另外一部是师范院校教材，由北师大、陕西师大、山东师大这些单位编写。综合大学教材的主编，是浙江大学的王元骧先生，他比我大几岁，对文学理论、美学也都很有研究；师范院校教材就由我牵头。

这样我就前后联系了近十所高等师范学校，比较重要的有西南师大、山东师大、辽宁师大、华南师大，组成了一支共十五人的队伍，于1990年开始启动教材编写。1990年我请假回家帮助母亲做白内障手术，回家之前，我先去了重庆，到西南师大开了《文学理论教程》教材编写启动会，确定了一个大纲，讨论了我们这本教材要用什么观念来写。

我提出了一个观念，叫"文学活动论"，即把文学理解为一种活动。我认为文学不光是指小说集、诗歌集、散文集这些文本，文学本身就是一个活动。先要有生活，作家对生活有了体验之后，进行构思、晕染，最终落实到文字上，变成一种文体，形成一种文本。这还没有结束，它还要经过读者的阅读、接受。读者受了感动，就更全身心地投入生活，鼓励自己在生活中建功立业，或者理解了某种生活，打开了生活的视野，这都是反馈。

当然，这个观念不是我的，是俄罗斯心理学家列昂节夫在《活动、意识、个性》一书中提出的。其实像我们讲审美是人的一种活动，文学也是人的活动。过去我们把文学看得太窄了，认为那个文本就是文学，没有书就都不算。现在看来不是，它应该是整体的一个活动。那么它是怎么来的呢？根据马克思的"人的本质力量的对象化"，它是由作家的本质力量的对象化，经过他的创作最后变成作品。人有本质的力量，他要对象化；作家有本质活动，他要对象化。这整个活动是作家和读者的本质力量的对象化。

对这个观念，大家都很同意，觉得这样来讲文学，比过去那种只是把文学看成文本本身的观念要完整得多，科学得多。这样，框架就容易搭建起来。这可以说是新时期思想解放后我对文学的一个新的理解。我在1984年发表的《文学概论》还是以文本为主，这次以文学活动为主了，理念上有很大的不同。

这本书的理念——文学不能被单独理解成作家的创作，或者文本本身，它是一种活动，而活动所以生成的东西，是作家和读者的本质力量——至今仍为大家所接受。

观念形成了，架子搭起来了，还有方法问题。我从福建回来以后又开了第二次会议，确定了这次的编写方法："古今中外法"。什么叫"古今中外法"呢？意思就是我们这本书不能像过去蔡仪主编的那本《文学概论》那样，只讲马克思、列宁、毛泽东的观点；我们要打通古今中外，凡是有用的东西，都拿过来，做到相融相洽，结合到一起。这样子知识的丰富性就有了，而且写起来还方便。比如在中国现代找不到的，你可以去找西方的，西方找不到的可以到中国古典里找，最终形成一个古今中外结合的知识体系。

这两点找到之后，关键性也是决定性的，就是写作者的水平了。当时参与写作的这些人后来都成了名教授，水平都是非常高的。印象最深的就是初稿出来后，我看了一遍拿回去修改一遍，又拿来讨论了。曲本陆老师当年在辽宁师大当中文系主任，他那里有住有吃，我们就到辽宁师大开会。我们讨论了十五天，每天讨论一章，大家上午看一章，下午讨论，讨论不完晚上继续，要说这一章写得怎么样，哪点写得好，哪点写得不好，哪点写错了，哪点太保守了，哪点又太激进了，大家会提很多问题、很多意见。像这么长的统稿会，还没有见过。

这期间还发生了一场拉锯战。高教社的副主编彭治平思想趋于保守，而我的学生则要求多些西方的东西。我站在中间，双方的工作我都要做，太保守的内容不要，太激进的内容也不要，要取一种比较中道的东西。所以有时候彭治平对我有意见，说我思想太激进了；有时候学生对我有意见，说我的思想太保守了。会议上经常是彭治平和大家进行思想交锋，而我坐着不说话，最后要我来拍板。我一直在思考怎么把极端的东西去掉，留下比较稳妥的东西。我们既坚持马克思主义，同时又能够拓展知识，用马克思主义的思想立场来吸收古今中外的知识。我觉得这样是对的，因为列宁讲过，过去时代的一切知识，我们都要加以掌握。

那次统稿会起了非常决定性的作用。大家回去根据统稿会上的意见重新修改了一遍，然后集中到我这里来，再统稿一遍，最后终于出版了。

中国近现代历史上，开始编文学理论教材是在1923年，有一个老师编了第一本《文学概论》[1]。从那以后，各种《文学概论》

---

1 据赵勇老师解释：第一次以《文学概论》命名的教材是伦叙的《文学概论》（1921），但有点模样的教材则应该是马宗霍的《文学概论》（1925）。可参考程正民、程凯《中国现代文学理论知识体系的建构——文学理论教材与教学的历史沿革》一书。

不断地出现，都是用那么一两年，就不用了。一直到1960年，周扬组织南方、北方各编一本，北方是蔡仪主编的《文学概论》，南方是以群主编的《文学的基本原理》（上下卷）。《文学的基本原理》1963年出版，用了一两年，"文革"就不用了。但"文革"结束之后，这两本书又都再次出版，一直用到1984年左右。1984年我在红旗出版社的《文学概论》上下卷出版以后，整个观念都有了变化。这时各个学校也编了很多文学理论方面的书。教育部可能是基于各个学校编的书水平参差不齐，才决定编写两本教材，由综合大学编一本、师范大学编一本。

没有想到的是，综合大学那本没编出来。王元骧先生是一个学究型的学者，他对很多问题都有很深入的思考，但是他那个编写组争论非常激烈，在一些问题上各不相让。据我了解，最后他们只编了三万字的提纲，没有正式出版。这样，高教社出版的我们这本书，就成了唯一的，不但师范院校用，各综合大学也开始用，而且考研究生也要用。那时候不管是考中文系哪个专业，都要考文学理论，指定用书也都是这本。

这本书第一版有两种封面，当时有责编正好怀孕，就在封面中间做了一个小娃娃，非常不好看，所以第二次印刷的时候改成了现在这个封面。后来，我又下了比较大的功夫出第二版，叫修订版。当时我跑到我小汤山的新房子整整待了一个月修订稿子。现在仍然还在使用，已经出到第四版了，印了一百多万册。我每年光是这本书，稿费都有三万多。

"马工程"《比较文学概论》是2004年开始编写，2006年出版。但这本书用得少，大家还是用我们在高教社出版的这一本。

我之所以说编教材是一个战役，不只是对这一本书而言的。我们从编这本书得到启发，觉得我们要想让自己的学术观点有影响力，就不能只是写一本书，而要编各种各样的书。后来我们又编了很多本，比如《文艺心理学教程》，成为各高校的选修课用书，修订到第二版，至今还在用。这本书也是南北各编一本，南方是由鲁枢元主编，华东师范大学出版社出版；北方就是我和程正民两位主编的这一版。我们还出了《马克思与现代美学》，以及马新国主编的《西方文论史》、王一川主编的《批评理论与实践教程》，都是在高教出版社出的，所以我们在高教社形成了一套教材，非常有冲击力。这样一下子在各个高校，无论是基础课也好，选修课也好，用的都是北师大文学理论教研室编的书。

此外，我们还编了《文学理论要略》，1995 年由人民文学出版社出版，采用理论和历史结合的编法，上编叫理论，下编叫历史。我当主编，一共找了五个博士生，一人写一章，每章观点都不一样。陶东风写了一章，他完全是用格式塔的观点来看问题。罗钢也写了一章，叫"文学作品的形式"，是用新批评的观点来写的。这本书每一章都不一样，是一本可以开拓人视野的书，影响也很大，主要在北京大学、香港中文大学，还有台湾的一所高校使用。后来人民文学出版社一直让我们修订，但我们没有工夫，大家手里课题太多了，就没有修改。

还有一本《文学概论》，是全国自考的教材，三十个省市在用。这本书是我当主编，大纲也主要由我编写，在徐中玉先生的领导下，经过大家讨论，由武汉大学出版社出版，现在转到北京大学出版社。这本书估计印量也在一百多万，因为有三十个省市使用，以前参加自学高考的很多，直到近几年才比较少了。后来王一川也编写了一本教材，叫《文学理论》。

这样，我们的教材光"文学概论"就有三四种，再加上文学心理学教材、美学教材、西方文论教材，以及李壮鹰老师编写的中国古代文论的教材，形成了一个教材系列。所以我们说它是"第二场战役"。这是我们作为一个梯队，向学术界、向全国宣传我们的学术观念、学术思想的很重要的一个渠道。在别的学校、别的老师，没有一个费这么大力气编写教材的，只有我和我们教研室这么做了。

编教材面向的是学生，比出一本专著，印一两千册，学术传播力更大，影响更深远。像《文学理论教程》和《文学概论》这两本自考教材，就印了不止一百多万册，这影响多少人啊。我现在一到哪儿去，一说是童老师，他们都知道。过去没有见过面，但就跟见过面似的，感到很亲切，都说"我用过你的书"。他们原来对我有各种各样的印象，前几年我长得比现在还要年轻一点，他们就说，"诶，不对呀，你是童老师吗？"我说："怎么不是啊？"他们说："在我们的印象里，你应该是一个七老八十的教授了。"我说："我现在已经是七老八十了，怎么不是七老八十。""你怎么长得这么年轻呀，和书里面那些很严肃的话对不上。"我说："你用书里的那些学术的语句来看我，就看错了。"

这些书形成了一种对高校教学的冲击效应。而其中值得提到的，就是我们最早的这本《文学理论教程》第二版，先是得了北京市优秀教学成果奖一等奖，后来又得了国家教委的优秀教材一等奖，一年后教委改成教育部，又得了教育部的国家级优秀教材二等奖。这样它的影响就很大了。对我个人来讲，这是很好的收获。

四大战役之三：文学艺术与社会心理研究

第三场战役，是把我们从 1980 年代开始提倡的心理学美学，又作了一次发展。我们考虑到,仅仅从心理学的角度来分析文学、美学创作、美学作品，还是有缺陷的，有很多现象没有办法解释，因为文学毕竟跟社会有着密切的关联。于是我们提出了社会心理思想。社会心理思想最早是由普列汉诺夫提出来的，他认为，在马克思主义提出来的经济基础与上层建筑之间有个中介，这个中介就是社会心理。这很重要,因为文学是一种社会心理现象，既是社会的，又是心理的。

所以，我们有了教育部的一个课题，叫"文学艺术与社会心理"。这个课题大约是 1996 年由北师大领取的，要求三年完成。1996 年，我本来准备去韩国的高丽大学讲学，可是这课题没有完成，我要是走了的话，一是课题没有人主持，二是我的那部分没有人写。我写的是前面的一部分，当时为了做成这个项目，我是下了很大的决心的。我请学生在顺义潮白河边上的一个小区，借了一个两室的房子，住到那里，躲开学校的杂事。除了每周四回学校开会、上课，剩下的时间我就在那里静静地看书，找材料，用电脑写作，整整待了半年，终于把稿子写完了。

每天早晨一定 7 点多就坐在书桌旁，早饭、午饭、晚饭都

朴：童庆炳口述自传

是我自己做，晚饭后出门散散步。其实那个小区很好，那时候那套房只卖八万块钱，放在现在八十万也买不到。这是我以前带过的一个工农兵学员帮忙找到的，他的老家在顺义，他知道有个亲戚买了一套房子，似乎也不打算入住，就先借给我。他从家里带了书桌、床，我从北京带了被褥。我爱人没有跟去，只有我自己。这样可以静静地读书，静静地思考问题、研究问题。有什么事星期四我可以回来，那个时候没有电话，也没有手机，过的是一种隐居的生活。当时，我的一个侄子来北京到我家，打开门我妻子不认识，她说如果你是他的侄子，就星期四来。那个侄子是来找我借钱的。他手上没钱，于是在火车站睡了几天，等到星期四才见到面。1996年的时候没有手机就是这种状况。

当时我一共给自己列了六个题目，一个月完成一个，后来这六篇文章都发表了。

这样，关于文艺心理，1985年我们领取了"七五"重点项目"文艺心理学（心理学美学）"，1996年我们又领取了"文学艺术与社会心理"这一课题。前后一共出版十七本著作，我们认为，这十七本书超过了朱光潜先生1930年代写的《文艺心理学》。而且当时，尽管有很多高校也零零散散地出了很多文艺心理学的著作，但是像我们这样很完整地、系统地、全面地去做，而且做得比较深入的，还没有。到现在为止也没有人能超越我们。当然，我们现在思想观念又发生变化了，不再研究这些题目了。

四大战役之四：文体学研究

第四场战役，要从它的背景讲起。

1989年，对我们文学理论这个学科来说，是一次转向。从新中国成立以来一直到现在，整个文学理论的发展有三次转向。第一次转向，是发生在"文革"之后的审美论转向，从过去的认识论转向审美论，这是在1978年后。我当时很有幸地提出了要从审美的角度、观念来看待文学。第二次叫语言论转向，发生在1989年之后。从过去研究思想、研究价值，转为专门研究文学形式。文学是语言的艺术，文学形式中最重要的是语言，我们就专门来研究文学的语言是怎么回事。直到1990年代末出现了第三次转向，即文化论转向，引入西方的文化论研究，这才更加开阔。

那时，我读了西方很多关于语言论的著作，但不能够完全接受他们的东西，于是参照中国古代诗论、小说论，提出了一个新的概念，其实这个观念也并不新，就是"文体论"。当时在我的组织下，我们出了一套丛书，叫"文体学丛书"。1994年第一版，到1999年是第三次印刷了。

这套丛书有五本，从不同角度来讲文学的文体问题，其中有两本书是比较直接的，一本是我的《文体与文体的创造》，另一本是陶东风的《文体演变及其文化意味》。其他几本书，有的是介绍性的，介绍西方怎么研究文体，如王一川的《语言乌托邦》，就是介绍20世纪西方语言论；还有罗钢的《叙事学导论》，这几乎是中国第一本介绍西方叙事学的专著；还有蒋原伦和潘

朴：童庆炳口述自传

凯雄的《历史描述与逻辑演绎》，是讲文学批评的问题。潘凯雄是人民文学出版社的社长，蒋原伦是我的学生。这套书出版以后，无论是在创作界还是在理论界，都产生了很大的影响。

此外还有一个原因，那就是，文学经过 1980 年代高潮之后，关于写什么的问题已经打破，但关于怎么写的问题，被突出地提出来了。光是讲个故事已经不够了，这故事怎么讲才有意思，怎么讲才能吸引人，怎么讲才能够表现出作者对事物的一种态度……跟创作的变化也有很大关系。我们是在鲁迅文学院的研究生班结业以后，就决定研究文体论，也得到了鲁迅文学院几个老师的支持，比如何镇邦、唐因。当时王蒙对此也很有兴趣，他给丛书写了序言，认为文学形式是很值得探讨的。

《文体与文体的创造》是我的著作中被引用得最多的一部。为什么呢？因为过去中国把"文体"这两个字都理解成文学体裁，认为就是散文、小说、诗歌、戏剧剧本之类的。实际上这种理解是不完整的，"文体"这个词，在英语中是 style。style，可以翻译成风格、笔性、笔墨、笔调、语调、语体等。给"文体"一种新的解释，不像过去那样把"文体"简单理解为文学体裁的，中国只有两个人：我和台湾的徐复观。徐复观在研究《文心雕龙》之后提出一种新的文体论，认为"文体"包括文学体裁、体要、体貌。"体要"讲的是著作的内容最核心的东西；"体貌"是语言的那种色调。他举例说，就像一个女子，要有"体裁"，她是一个女的；"体要"，她这个人心灵好不好呀；心灵好的话，长得怎么样啊，这就是"体貌"的问题。他是这样理解文体的，也有一定道理。我认为他是对这一问题的古典理解。

按照我的那个解释，文体是按照一定的话语秩序所形成的文本体式，它折射出作家、批评家独特的精神结构、体验方式、思维方式和其他的社会意识、文化精神。这句话看起来很复杂，讲起来很简单，意思就是，文体是一种语言体式，是一种语言的格调。这种格调很重要。它的背后是由个人的思想、喜好、个性、兴趣等支撑着，同时它又折射出社会历史文化的精神。而文学体裁只是文体的一方面。

因此我提出了文体"三结构"说，它有三个层面。第一个层面，当然是文学体裁。但是一定的体裁要求一定的语言表达方式，我们称之为语体。比如议论文，它要充满逻辑，要有判断、推理，最简单来说它是要摆事实讲道理的。那抒情文就不是这样，它要求的文字是要能表达你内心的情感世界的。叙事文，则要求文字能够完整地叙述一个故事。

"语体"这个概念，我是从西方语言学转向的论述中吸收来的。当时在中国讲语体的只有两个人，一个是北大的教授，在讲"法语语体学"，他出了本书，那本书给了我很大的启发；另外一个就是钱钟书的女儿钱瑗，她在北师大开了一门课，叫"英语语体学"。

语体的问题，过去我们常常忽略，直到近些年来才开始注意。比如《北京晚报》，在改革开放以后就建议，我们见面不要再问"你吃了吗？"，要说"你好"，分手的时候要说"再见"，别人给你了帮助要说"谢谢"，这都是一种礼貌的语体，最早就是在这里普及的。比如在客厅里说话，要有客厅的语体，应该是高雅的、有格调的；在教室里，则是另外一种语体。你到商店去也一样，比如说你走进柜台，服务员首先要跟你打招呼，问你想买点什么，这都是一种语体。其实任何场合，都有其独特的语体。

语体又分两种，一种是规定的语体，另一种是自由的语体。我刚才说的都是规定的语体；自由的语体，就是你把这个语体带上你的个性特点。同样的一句话，你可以把它说得很有意思，那就变成自由的语体了。"有钱不是万能的，没有钱是万万不能的"这句话，就是一种自由语体。这是谁的话呢？王朔的。王朔是一个很追求语体的人，他会调侃，还说"无知者无畏"，这都是他的一种个性，掺和了他的调侃意味。他的小说《一半是海水，一半是火焰》等中，调侃、反讽等各种味道的话都有。他这是小说语体，是在讲故事，但是他把个性、他自己的精神气质，以及他那种兴趣追求放到里面去了，这就变成自由语体了。这种自由语体发展到极致的时候，就成为一种风格了。比如王朔，第一篇文章是这样，大家觉得有点意思，但是他第二篇还是这样，写了好多，写了半辈子了，他一直在那里调侃，大家就知道这是王朔的风格了。

我认为从体裁到语体到风格这三个层面，是相互联系的。这种提法是我的创造，也是我这本书中比较独到的一个方面，现在很多人在研究文体的时候，都引用我刚才说的那段话。台湾的徐复观和我，都是在一种新的意义上来解说文体。这样我比西方的语言论转向，就带有更多精神文化历史的内涵，把语言跟个人所追求的精神、客观的历史文化联系在一起了。

在《文体与文体的创造》中，我还有一个思想是和过去不同的。过去讲文学创作，只讲文学作品的内容、形式。过去的理论，认为一定的内容决定一定的形式，一定的形式反作用于一定的内容，内容与形式和谐统一。这种观念基本上是一种哲学认识论的观念，是对哲学认识论观念的套用，没有解决文学自身的问题。为什么这么说呢？它没有把文学的内容和形式提升到一个审美的领域来讨论。所以这种讲法无论对理论家还是作家，都没有什么意义，这哲学的套子等于白说，是正确的但是无用的，没有说到文学的内容和文学的形式之间的关系。所以当时我下了很大的功夫，印象中大致花了四五个月写一篇题为《文学的内容与形式相互征服》的论文，专门写文学的文体，讨论文学的形式对内容的作用。因为《文体与文体的创造》已经出版了，这篇论文来不及放进去，后来放到《维纳斯的腰带》中去了。

一定的文学作品的内容大体上要求一定的文学形式与它相当，但是形式不是消极的东西，它的作用是很大的。形式是在雕塑内容，如果它没有这种雕塑的作用，那我们还要形式干什么呢？巴尔扎克曾说过：任何一个人在喝咖啡的时候或在树林里散步的时候，都可能构思出一两个小说的故事来。在脑子里构思出一两个故事来，是很容易的事情，但是要把这故事变成文字，用一种文体把它表现出来，这对许许多多的人来讲是很困难的。从有故事到有文本，其中有遥远的路要走。我认为文学的内容、形式是相互征服的。一方面，内容要求一定的形式，这个很容易理解；但另一方面，形式又要征服内容，它可以赋予内容以这样或那样的情调、色调。同样一个故事不同的人讲，用不同的文体来讲，那是完全不一样的。

我在这篇论文里，讲了很多事例。比如，一个乱七八糟的

朴：童庆炳口述自传

故事，有了一个好的文体，可以变成一篇很好的小说。俄国作家蒲宁的小说《轻轻的呼吸》，讲的是一个女中学生奥莉娅，才十六岁，长得很漂亮，和一个哥萨克的士兵恋爱，但是又跟一个五十多岁的老地主发生了关系。她在学校很出风头，大家都觉得她很漂亮，很多人追她，连她的班主任老师都很羡慕她，因为这位班主任是一个老处女。哥萨克士兵知道了她和老地主的事，在奥莉娅去车站接他的时候，一枪把她打死了。有的评论家说，像这么一个女中学的乱七八糟的故事，写的是"生活的溃疡"，写的是没有什么意思的事，但是到了蒲宁的手上就变成了伴有春天般气息的小说，他曾获得诺贝尔文学奖。

奥莉娅长得漂亮，因此她班里的那些女同学，都说为什么她能够在学校里吸引那么多男生，请她介绍经验。奥莉娅有一天很高兴，在教室里，把那些女同学都聚集在一起说，她爸爸有一本《古代笑林》，里面讲女人呼吸的时候不要粗声粗气，要轻轻地呼吸，就像她现在这样，轻轻地呼吸。这样呢，女人就能变得漂亮。所以这小说的名字叫《轻轻的呼吸》。而她跟老地主的事，在小说是一笔带过的，如果不仔细看都不会发现的。另外她在月台上被士兵一枪打死，小说也是淡化处理，把这件事镶嵌在对月台景色描写的句子中。但奥莉娅给同学讲《古代笑林》介绍经验这个段落，写得特别详细。所以这个故事就产生了变化，成为带有春天般气息的少女的故事。在她死后一年，班主任还是一个老处女，她来到奥莉娅的墓地，看到奥莉娅微笑着的相片，在墓地旁边的椅子上沉思，故事就这样结束了。

后来莫言在给《维纳斯的腰带》写序的时候，就用了《轻轻的呼吸》这个例子，因为他们在听我讲形式、文体的重要性时，都觉得这个故事非常好。实际上，不但蒲宁的这个故事是这样的，很多故事都是这样的，很简单，三言两语就说完了，还不如新闻看得过瘾。可一旦小说家用文体、形式雕琢这个故事、征服这个故事，它就会变成一个有文体的小说。

再比如说鲁迅的《阿 Q 正传》，如果我们把故事的枝枝节节都抽掉，故事的主干无非就是一个雇农没有饭吃，所以整天给人家打工，然后遇上革命，去参加革命的队伍，后来革命失败，他就回到老家，人家都说他是革命党，糊里糊涂就把他枪毙了。但是鲁迅，用一种幽默的、讽刺的文笔，来写阿 Q 的故事，重点写阿 Q 的精神胜利法。他自己没有钱，却说"老子比你阔多了"。作家王冶秋说，第一遍读《阿 Q 正传》我们只有笑，当读到第七遍、第八遍的时候，你就笑不出来了，会觉得悲哀。这就是文体对于故事的一种改造、征服。

其实我们平时说话，也是这样的。但很多人是没有文体这个概念的。若现在是王朔和你对谈，你一定觉得非常有意思，因为他的每一句话似乎都在调侃。他会说出非常有意思的话，就像我们上一次讲到的，平常人说"没钱是不行的"，但是他会说"钱不是万能的，没有钱是万万不能的"，这就变得很有意思了。

《文体与文体的创造》这本书里还举了一个林肯的例子。选总统的时候，林肯不是直接说他很穷，家里一无所有。如果他这样说的话，谁都不会投他的票。他用了非常朴实又很有智慧的讲法。他说，他的家里的确很穷，他所能依靠的，就是一张桌子、几把椅子，但是他有一架子书，他现在所能依靠的，没有别人，只有选民。完全换了一种说法，他把"我很穷但是我又很富有"表达得非常好。

文体还包括很多技巧性的东西。有时候，一句话就能产生很好的"笑果"。你们年轻人天天写文章，可以越写越活，写出自己的文体来。有些报纸我不喜欢看，我喜欢看的报纸中有《文摘报》（光明日报社主办），它每一期都会有那么一两篇很有意思的小文章，不见得内容多么好，但是文体好。

现在国内有人专门研究我这个理论，认为内容形式相征服的理论很有价值，可以给作家很多启发。比如蒋子龙，他的小说《乔厂长上任记》没有文体，用陈词滥调在讲一个动人心魄的故事。王蒙是有文体的。他有一篇小说叫《风筝飘带》，讲的是两个知青终于回到了北京，他们都没有找到好工作。女孩在饭店里给人端盘子，男孩在街道办事处给人家修雨伞。有一次，这个男孩到小饭店去吃饭，他们见面了，那时他们还不认识。这女孩留意到他好像没吃饱，就过来问他"你吃饱了没有啊"，那个男孩咿咿呀呀说"吃饱了吃饱了"，女孩说我看你没吃饱，没关系，我再给你端一盘子，你以后把钱再补上就可以了。于是他们开始谈恋爱了。偌大的北京，找不到谈恋爱的地方，有一次肚子饿了去买烧饼，最后一个烧饼也被一个老头买走了，他们什么也没买成。整个故事平淡得不能再平淡了。但这个小说，我认为是1980年代初写得最好的小说之一，写得非常有意思。因为它有文体，一开头就有文体，很能表现我对文体的定义。它不但是他个人的，也是时代的、历史的。小说一开头，在"中华人民共和国万岁"的大标语旁边，画着刀和叉，人家一看，时代变了，已经到商品时代了。他用半句话就把这个氛围很有意思地表现出来了。

第四场战役不仅仅是这五本书，还有一套《文艺新视角丛书》，也是我主编的，但我没有参加写作，是我几个博士生写的。一共五本，由云南人民出版社出版，而且印了两次。这一套书，基本上是介绍西方各种各样的文论流派，把外面的新的文论思想介绍进来，有的就是他们的博士论文。

这"四大战役"，总结起来，我们出了将近四十本书。中国没有任何一个教研室在那十年里出过那么多的书。我们碰上了好机会，我的好几个博士生在学校里两年破格评副教授，只要有著作，再过两年就可以评教授。中文系跟教育系经常在一起评，比如学校参评五个人，有两个人能评上教授，结果常是中文系的打败教育系的。为什么呢？中文系的人出书多，教育系的有很多论文，但是书少。再加上系里正常的评定，到1997年，教研室已经有七位教授。教研室兵强马壮，很多著作获得了奖励。最重要的是《文学理论教程》得到了教学成果奖，还得过一次教材一等奖、一次教材二等奖。而且我们关于心理学的成果，也得到了教育部人文社科奖项。

当然，奖励是其次，重要的是我们给中国的文学理论研究注入了一些新的东西，开拓了新的领域。这"四大战役"，涉及文学理论的各个方面，而且又是切合那个时代的需要的。比如那个时候，很需要介绍西方20世纪的文论流派，我们有《文艺新视角丛书》；很需要用新的文学观念编写出来的新教材，我们有一整套教材；文体学研究是我们的新开拓，"五四"以来，没有哪个人用这样一种力量开拓文体学的研究；文艺心理学研究方面，我们把朱光潜先生的研究从古典推向现代，他主要是19世纪的研究，而我们研究的是20世纪的东西。此外，我们教研室很团结，没有多少问题，还开了几次学术会议，在各高校产生了很大的影响。

这"四大战役"打完，我们教研室又走向了新的高峰，以1999年评上教育部人文社科重点研究基地为标志。这时，距离1989年正好是十年。

文艺学研究基地成立

1999年，这时我们国家有钱了，拨给教育部的钱大大增加。于是教育部把这些钱拨给各个司，当时社会科学司也拿到一笔钱，要怎么办呢？他们就打算在中国的一百所高校选取文科的一百个学科，每个学科成立一个重点研究基地，各个学校来申报、评比。

这样我们的机会就来了。机会总是留给那些有准备的人。我们教研室率先成立了文艺学研究中心。2000年初，我们就去申报教育部的人文社科百所重点研究基地。我们的申报并没有费很大的劲，因为竞争对手没有很强。本来在中国的文学理论研究教学方面，有几个高校还是不错的，一个是中国人民大学，那里有几位老先生；另一个是复旦大学，本来1995年第一批评国家重点学科是给了复旦的，但后来蒋孔阳先生去世后，复旦的力量也不行了。此外，还有山东大学，曾繁仁从校长的位子下来，也想成立一个研究中心。大概就是这几所学校。大家一看对比很明显：人大那些老先生已经退休了；复旦大学，只有蒋孔阳先生的弟子朱立元，力量太少了；教育部给了山东大学一个机会，或者出国，或者成立一个基地，他们最终选择成立基地。所以我们的基地叫文艺学研究基地，他们的叫文艺美学重点研究基地。文艺学研究基地在我们的努力下，很快就有了结果。本来我们以为竞争将会很激烈，因为全国不知道会从哪里冒出一个学校来，就可能是竞争对手。而且当时都流行走后门，我们教研室当时还有一个小金库，攒了十万块钱，准备万不得已动用这十万块，结果一分钱没花。

接着就是我们通过了答辩，国家重点学科也转移到我们这里来。印象中连试答辩也是非常严格的。当时我有一种体会，觉得我们就好像古时候读书人去赶考。那时天还不亮，是个冬天，要求我们早晨 6 点前必须赶到友谊宾馆——在中国人民大学对面。大家就在宾馆的过道里，很黑，不知道会有什么结果，跟进了贡院一样，很紧张。

后来正式答辩，当时北师大刚上任的钟秉林校长也在，他之前不认识我，见面就问我是哪个学科的，后来一看我们的分还不错，说那要好好争取啊。好像直到那一天，校长才开始认识我。当时我也快退休了，没有什么宠辱的感觉，只觉得我应该做的都已经做到了，接下来的事不是我的了。因为这个基地一拿到，7 月份我就走了，去了南洋理工大学。

在新加坡，新加坡大学是后来成立的，完全用英语上课，而南洋理工大学是用中国话教学的，那里有一个中华语言文化研究中心，不断地吸收大陆、台湾的一些学者，去与他们合作研究。我跟我妻子在那里度过了一年，写出了一本我一直想写但没有时间写的书，叫《现代学术视野中的中华古代文论》。这本书名义上是我和中华语言文化研究中心的两个人合写的，实际上是我写了一个提纲，我们稍微讨论了一下，最后由我写成的。写了十一个月，先是在北京出版社出版，后来又改了一个书名，拿到人大出版社再版。

这本书对中华古代文论做了一个探讨。此前文学理论界一直有一种看法，认为中国的古代文论是零零散散的，没有很多专著，没有体系。但是我们教研室的一些老师，包括李壮鹰老师、张海明老师，都认为有一个潜在的体系。我也是这样认为的。于是我到新加坡以后，就一心一意地想把这个潜在的体系变成一个显在的体系，这样子就写了这本书。

这本书完成后，我大体觉得学术生涯结束了，下来就应该休息了。但没想到事情没那么简单。

随后，我成为重点研究基地的主任。每两年一检查、三年一检查，不断地要检查，不断地要弄出成果来，比以前还忙。因为以前是自己掌握进度，现在不行了，人家给了你钱，每个基地差不多给了一百万，教育部给五十万，学校再配套五十万。我们自己有了办公室，也给我弄了一间办公室，也有了秘书。一开始我们都不知道怎么做，只是不断完成立项。

比如我们做了一个项目，叫"中国现代文学的价值取向"，这是一套丛书，从不同的角度来讲中国现代文学的价值取向。

程正民老师写的一本，大家都认为很有价值，他把中国现代以来的文学理论知识的产生和变化的整个过程，梳理了一遍，找了很多材料，相当于做了学科史的工作，很有意义。

每年都有新的项目，每个项目立项前要填表，填表后要开会，开会后要分工，然后不断地督促他们，要考虑到不是做出来就算了，一定要保质保量地完成。这个工作非常累，比过去要累，这是我万万没有想到的。

"童庆炳文学五说"

从1978年开始，做了二十多年的研究，也是因为年纪大了，我就想对自己的学术做一次总结，看看自己究竟做出了什么东西，哪些是有意义的，哪些是重复别人的。于是我出了一本书，叫《童庆炳文学五说》，是在时代文艺出版社出版的，先印了二千册，很快就没有了，后来又印，很快又没有了。

这"五说"，第一说是"文学审美特征说"，即文学的特征不是形象而是审美，我把审美这个概念应用到文学真实性、典型性、内容与形式、结构等各个方面。第二说是"文学内容与形式相互征服说"，前面我已经讲过。第三说是"文学活动'二中介'说"。马克思、恩格斯早年在历史唯物主义中讲存在决定意识、经济基础决定上层建筑。到了晚年，特别是恩格斯觉得这一说法把复杂问题简单化了，所以他提出：在经济基础和上层建筑之间有许多中间环节，经济基础是决定力量，但是它要经过很多东西的转换，才能作用于上层建筑。这一思想后来被普列汉诺夫所继承，普列汉诺夫提出"五项因素公式"。我认为就文学活动而言，从具体的生活到作家的文本，至少有两个中介，一个是社会心理，另一个是文体。"二中介说"解放了文学理论过去那种僵化的状态。第四说是"文体三层面说"，即体裁、语体、风格。第五说是"历史—人文张力说"。下面我重点讲一讲这第五说。

我提出的历史理性与人文关怀的张力，要从哪里讲起呢？这个问题实际上最早是由马克思和波普尔提出来的。他们对资本主义社会的发展提出了很重要的见解，就是工具的合理性和价值的非理性，意思就是科学技术的这些发展是有益于人类的，让我们劳动的速度大大加快，生产出来的东西多了。马克思在《共产党宣言》里讲过，资本主义创造的东西比此前所有社会创造的东西的总和都要多，所以它是有合理性的。科学技术作为推动历史前进的力量是有合理性的。

这种合理性，是从工具的角度看待的。同时他们又都提出价值的非理性。什么意思呢？就是说你用这工具去生产，去劳动，或者去做别的事情，而你所要谋取的，往往是利益，甚至是暴利。这就是非理性的东西。你看第一次世界大战、第二次世界大战是怎么发展起来的。就是因为我们有了工业化，才开始用枪用炮相互屠杀，这就是非理性的。所以需要一种人文的关怀。那么我认为文学作品的描写应该不是简单化的，因为生活本身是非简单化的，它里面蕴含着历史理性和人文关怀的张力。只有这样去写文学作品，你才能够寻找到文学的真实。

最初，我是从一些作品中发现这一点的，帮助我发现的是苏联作家、诺贝尔文学奖得主肖洛霍夫。他的《一个人的遭遇》，讲了第二次世界大战中一个普通士兵索科洛夫的故事。索科洛夫的家在顿河边上，他有一个非常美满幸福的家庭，特别是有一个非常聪明的儿子。儿子十五六岁的时候，在区里的数学竞赛中获得第一名，连中央的报纸都报道了这个消息，全家都很自豪。他妻子是个孤儿，两个人情感很好。他还有两个女儿，长得非常漂亮。他自己是大卡车的修理工。可是第二次世界大战开始后，他被征召入伍了。到了战场上，他为了保卫祖国而战斗。在战斗中，他担当旗帜兵，非常英勇，表现非常突出。后来在一次敌人的轰炸中，他的战车被敌人的炮火击中，他晕过去了，当了俘虏。当然在战俘营里，他惦记的还是自己的祖国，表现了他对祖国的热爱。同营的一个俄罗斯人要叛变，索科洛夫听说之后就亲手把他掐死了。在战俘营里，他受了各种各样的罪，吃了各种各样的苦，他想念自己的妻子，自己的祖国。战争接近晚期时，有一次，他利用机会，俘虏了一个营长级的干部逃脱了。俘虏的营长是个德国鬼子，开始苏军还不相信他，后来验证这个鬼子正是他们所需，因为他手里有很多情报。所以给了这个士兵嘉奖，允许他放假回家看看。

　　这个时候，第二次世界大战快结束了。他一回去，发现自己的家完全变成了一个水洼地，房子完全被炸掉了，就是一个荒芜之地。有邻居出来告诉他，就在战争发生多少天之后，这个地方遭到了轰炸，妻子和两个女儿都在那次轰炸当中死去，他的儿子参军去了，成为一个炮兵。他感到非常悲伤，觉得一切都完了。这时候他回忆起妻子送他上战场的时候，她觉得这是最后一面，他根本不可能再回来了，所以粘在他身上哭啊闹，不让他离开。他看到其他的战士都上车了，唯独他的妻子缠着他不放，就有点生气，轻轻地推了她一下。他现在回想起那个动作，非常懊悔，太对不起她了。他说他妻子是世界上最好的妻子，是金不换，可是现在被敌人炸死了。

　　这时候还留下一个悬念，就是他的儿子。儿子在卫国战争中已经成长为炮兵连的连长了，正在参加最后进攻柏林的战斗。可是过不久他儿子也牺牲了。他感到更加悲伤，觉得战争把他的一切，把他所有的幸福都毁灭了。他在顿河边上捡了一个孤儿来作伴。没办法，他又开始开汽车。有一次他在这顿河边上等船，船没有来，过来了一个记者，这个记者就是肖洛霍夫本人。

　　肖洛霍夫是用倒叙的方法来写这个故事的，这个故事被认为开辟了苏联小说描写战争的一条新的路线。因为过去写战争的小说，比较有名的像法捷耶夫的《青年近卫军》、西蒙洛夫的《日日夜夜》、波列伏依的《真正的人》，都是一味地歌颂，忽略战争的阴影，只写为祖国一味地牺牲。

　　而《一个人的遭遇》所写的，恰好是两方面的。索科洛夫英勇地走向了战场，他不惧危险，积极地为祖国战斗，即使在战俘营里，他想到的也还是祖国，为此他掐死过一个叛徒。最后他还立了功，俘虏了敌人回到营地。小说一方面歌颂他对祖国的忠诚，为祖国的解放事业作出了他的贡献，另一方面，也讲战争是非常残酷的，讲战后士兵们的这种悲伤、痛苦、寂寞，这种无法忍受的无奈。不论什么战争，即使它是正义的，最终都要死人。肖洛霍夫很同情战士。这样，作品就出现了两个维度，一个我称为历史的理性维度，就历史理性维度来讲，索科洛夫为祖国英勇战斗是应该的，这是他的社会责任、历史责任，无论如何都要坚持的。但是同时还要写出战争给人带来的那种痛苦、悲伤、被毁灭的幸福，写出这些东西来，才有人道主义的同情，才有人文的关怀。而且这两者之间不是割裂的，而是保持着一种关系。

这篇小说发表于1956年元旦的《真理报》。《真理报》第二天就把这篇八万字的小说连载完了，而且放在头版头条。这从来都是《真理报》发社论的地方，怎么发起小说来了呢？实际上这是当时苏共中央政策的一种变换，那时提倡一切为了人性，一切为了人民。过去一直说苏联卫国战争的牺牲，在某种程度上来说比中国要惨重，因为他们已经建立起了现代化的国家。就是在那场战争中一切都毁掉了，家家户户都在大战中失去了亲人。

后来我又发现了苏联的另外一部作品——《告别马焦拉》，这部作品的作者还活着，叫拉斯普京。建造水电站是好事，是历史的进步，可是却要把马焦拉湮没。这给人带来了各种各样的伤感。特别是老年人，他们故土难离。作品表现了作家的一种人文关怀。后来关于这一思想，我发表了长篇论文。

为什么我会写这篇论文？源于我跟人大的一位讲师在会上的一次争论。大概是1999年，那一年在南京开会。会上，这位讲师所有的发言都在批判列夫·托尔斯泰，吹捧巴尔扎克。我当时非常不同意他的意见，在一次小组会上我们争论起来了，我说这样批判不对。巴尔扎克的小说，我至少读过四五十部长篇，他整个小说是批判资本主义的，就历史唯物主义来讲，他整个小说是非常有深度的。但是列夫·托尔斯泰的作品是讲究道德、良心、人性、感情的，特别是晚期的作品，比如《复活》。列宁对列夫·托尔斯泰也是有肯定的，认为他写出了生活的真实，他同情人民，这点是非常好的，写农奴的痛苦，甚至从这里我们可以看到俄国革命的重要性。后来这场争论延伸到《文艺报》，我们在《文艺报》上你一篇我一篇，争论了半年，当然也有其他人参与，但主角是我们两个。

因为发了不少文章，我就去挖掘我的理论根据。马克思和波普尔提出的工具的合理性和价值的非理性，如今我们看得更清楚了，现实就是这样。现在我们的历史是不是前进了？是的，我们国家富强起来了，各种工业体系都建立起来了，受帝国主义侵略的日子都过去了。可另一方面，各种各样的问题也暴露出来了。科学技术给我们带来的是好还是坏的？有些就是坏的。比如地沟油，猪肉注水，甚至连米都有假的。

于是我写出了一万五千字的长文《当代中国文学创作中的人文价值取向》，发表在陕西师大学报 1999 年第 4 期，而且得了当年该学报的学报奖。

2001 年，我又用同样的观点分析，写了一篇七千字左右的文章，发表在《文艺报》。这篇文章竟然也得了中国作协的一个奖。

后来我还分析了电影《集结号》。电影有两个维度：一个维度是他们英勇战斗、不怕牺牲，为了堵住国民党的那一次进攻，他们就顶在那里，没有吹响集结号他们就不能撤退，一定要战斗到最后一个人，可是他们始终没有听到集结号，全连都战死了，只有一个连长侥幸活了下来。后来那个连长又参加抗美援朝战争，之后他就退伍了。另一个维度是写连长退伍之后。退伍后他在分谷子时遇到了指导员的妻子，她正在跟分粮食的人争论。当时是这样规定的，为国牺牲的人的家人可以拿到七百斤粮食，而失踪的只能拿到二百斤粮食。她认为自己的丈夫是牺牲的，应该拿到七百斤粮食。碰巧这个连长也在这里，他说他可以证明她丈夫是为解放事业牺牲的，由此引发他对所带的那一个连的士兵的回忆。随后他决定一定要还他们一个明白，证明他们都是为人民解放事业而牺牲的。最后他算做到了，全部给他们重新安置了。

电影在那一年拿了很多奖。电影拍得非常好，但是对于圆满的结尾我要提出批评。结尾应该是怎么样的呢？应该是连长到七十岁了，仍然在寻找证据，证明他的战士是为了人民解放事业而战死的。他从一个地方，走向另一个地方，风尘仆仆地，但是证据依然没有找到。这才是结尾，要有点遗憾。

莫言的小说《蛙》，也是这样的。一方面写计划生育是必须的，如果不实行计划生育，我们国家以及整个人类的负担都太重。但是另一方面，它写的是四个妇女，因为超生不得不被抓回来，接受引产，最后四个家庭家破人亡。作者的感情是放在这四个妇女之死、四个家庭家破人亡上面的。有文章说这部小说体现了历史理性和人文关怀张力说，写出了生活的真实。我一直认为，作家应该运用历史理性和人文关怀这种双重的光束来照射现实，这样才能够恢复生活的原貌，写出生活的真实。只要是伟大的诗人和作家，他在无意识中进行写作，就不能不进入这个理论框架里面。

文化诗学

同时我也开始新的理论建构。20世纪末，文学理论处在一种萎缩的状态。为什么会萎缩呢？文学理论不联系作品的实际，不联系作家的实际，一味地搬用西方理论，进行推论，从概念到概念，从术语到术语，没有什么很真切的内容，所以文学理论处于边缘化的状态。

文学理论的问题究竟出在什么地方？我们应该寻找一条怎样的新道路？1999年我连续发表了三篇文章：一篇发在《文艺研究》上，叫《中西比较文论视野中的文化诗学》；另一篇发在《江海学刊》1999年第5期，叫《文化诗学是可能的》；第三篇是《文化诗学的学术空间》，发在《东南学术》1999年第5期。

而且我还在"百家讲坛"讲了一次文化诗学问题。现在大家都认为"百家讲坛"是讲故事的，其实最早这个栏目是请一些比较有名的学者、专家去讲理论，但因为这些专家讲的往往是自己研究的心得，偏于自己的学科，题目比较窄，观众比较少，听不懂，后来才改造成大众化的。

我这三篇文章，加上"百家讲坛"的一次讲座，提出来一个新的观念，即文学理论的方法论应该是文化诗学。文化诗学是什么意思呢？过去文学理论分为两种，一种叫内部批评，一种叫外部批评。所谓内部批评，是讲文学文本内的语言、结构、修辞等，有俄国的形式主义理论、英国的新批评，还有法国的解构主义，以及由此生发出来的叙事学；所谓外部批评，就是从政治学、社会学、历史学、心理学等学科的角度来研究文学，结果就出现了问题，停留在一些比较宏大的问题上，不能够切中文学理论的要害。

像过去我们提"文学为政治服务"，这是政治学的观点，并不是讲文学本身如何重要，而是讲政治如何重要。那么我就想力图打通内部研究和外部研究，在内部批评和外部批评之间找到第三种批评。这第三种批评，我称之为文化诗学批评。

非常巧的是，在我提出文化诗学批评这一概念的同时，美国学者斯蒂芬·格林布拉特也提出了文化诗学批评。他的文化诗学批评是什么意思呢？他研究的是英国作家，比如莎士比亚。莎士比亚的研究已经很充分了，他就想在研究莎士比亚的时候，一方面要研究文本、结构、修辞，另一方面要从莎士比亚所处的时代、文化语境当中，看看莎士比亚这么写，力图表现的是一种怎样的感情和意图。他最有名的一个报告，跟我在中央电视台"百家讲坛"的讲座几乎是同一时间，他的早几个月，题目都是《走向文化诗学》。当时有的人认为，我这一概念是从格林布拉特的文化诗学那里抄袭而来的，实际上不是，的确是我自己在当时遇到了文学理论困境，为了摆脱困境而力图寻找的一条新的研究思路。

后来我把文化诗学概括成"一个中心，两个基本点"。"中心"是审美，我们必须研究文学和文学作品的审美特性，不能离开审美。因为现在有的研究走得太远，走到政治学，走到民俗学，走到教育学等别的方面去了，这就偏离了文学固有的特性，离开了文学的本质。比如刘再复在三联书店出的《双典批判》，就基本上是否定咱们的两本古典名著，一部是《三国演义》，一部是《水浒传》。他的观点和我们老一代人的观点基本一致，"少不读《水浒》，老不看《三国》"，因为少年人血气方刚，整天喜欢造反，喜欢搞暴力，你读《水浒传》便助长这种倾向，所以"少不读《水浒》"；而老人呢，已经有很多智慧了，再去读《三国演义》里那套谋略，是不好的，就像鲁迅批评《三国演义》里诸葛亮的形象，聪明到变成一个妖了。我觉得这样的理论批评，失去了文学的审美。《三国演义》也好，《水浒传》也好，是一个审美的建构，我们要把它当作一种情感的东西。《水浒传》无非是打抱不平，反对压迫，反对各种各样的迫害，对小孩灌输这种感情没什么不好；《三国演义》讲的是一种智慧，智慧越多越好，也没什么不好。你首先肯定它是一部审美的作品，在审美的基础上来探讨它的内容，这才是可取的。所以我提出了文学的中心点还是审美，这一点不能动摇。

"两个基本点"，第一个基本点是要从宏观的角度进入历史语境。任何一部作品都产生于一定的历史语境中，是针对一定的问题而发的，所以不能脱离历史语境，一定要用历史主义的观点来看待作品。

我经常给学生举"群鸡正乱叫"这个例子。他们说这不是一句诗，也可以写"群狗汪汪叫"。这就是因为没有进入历史语境而产生的误解。这句诗是杜甫《羌村三首》第三首中的一句。杜甫在"安史之乱"即将结束的时候，回到了他当年的故居羌村，和妻子儿女见面。开头一句就是"群鸡正乱叫，客至鸡斗争"。"安史之乱"时杜甫在长安生死不明，大家都很记挂他，现在他终于回来了。第三天，他同村的父老们都提着酒、拿着肉来看他，而他家"群鸡正乱叫"。北方的鸡和南方的鸡不一样,是能上树的。所以客人进来之后,他要把鸡赶到树上去。把这句诗放回到原有的语境中去理解,就不一样了,它是一句非常好的诗。同样的,如果孤立起来读杜甫的《羌村三首》,每首诗好像都没有什么太多的意思,但需要知道的是,"安史之乱"末期杜甫已经做了左拾遗,不过跟皇帝有一点合不来,他太实话实说了,无所顾忌地批评皇帝,皇帝不高兴了,就让他回家待着。如果把三首连在一起,放到上述历史语境中读,你会发现它们是非常好的诗,会知道它们的意义和价值在哪里。

其实,任何一个句子都要在上下文中才能确定它的意思,这叫语言中的语境。所以在文学作品中,有前设句、后设句,要整个地连在一起理解。同样的道理,一篇作品,比如鲁迅的、杜甫的,我们不能离开那个语境,离开了我们可能读不懂。从小学到初中,我们读不懂鲁迅的《药》,因为那时你根本不知道辛亥革命是怎么回事,到高中你知道了辛亥革命,这篇作品你就慢慢理解了。其实理论的研究也要进入语境中,现在都喜欢寻章摘句,这样问题就很多。

第二个基本点,就是要对文学作品、文学文本本身进行细致分析。细读文本,有一整套的阅读文本的规则。

步入新世纪

金山岭长城，童庆炳生前最后一张照片

编写中央"马工程"教材

2004 年,中宣部突然发来通知,让我去京西宾馆开会,说"中央实施马克思主义理论研究和建设工程",要成立十个小组,编十本教材,都是概论,比如《马克思主义哲学概论》《社会学概论》《政治学概论》《新闻学概论》《史学理论》等。4 月份,我被任命为"马克思主义理论研究和建设工程重点教材"《文学理论》组组长,当时胡锦涛还在人民大会堂接见了我们。

文学组有四个首席专家:陈建功,作协副主席;李准,原来是中宣部文艺局的局长,后来做了文联副主席;还有社科院文学所的所长杨义,他不算副部级,但也是正司级;就我一个是教师。

虽然文学组有我们四个首席专家,但不能只我们四个来编,所以要召集成员。这些成员一个一个地要通过中宣部审议同意,每个组开始大概二十个人。国内研究文学理论的领头人都到了,包括社科院以及各高校的。这些人都有自己的文学观念,都有自己的思想;有的研究多一点,教学少一点;有的虽然教学,但是没有编过教材。唯独我又在教学，又编教材，于是认为我有一点经验，加上年纪也算比较大的一个，这样就让我负责。

当时我是不想做这个工作的，在京西宾馆第一次会议开完，我就不想干。我去找袁贵仁副部长，他也是马克思主义哲学的负责人。他说："怎么不想干啊？"我说："这个活我干不了，我是研究文学理论的，没有做过马克思主义的文献。"因为我们这个学科专门有一个方向叫马列文论，研究马克思恩格斯关于文学的一些东西、列宁的《党的组织与党的文学》、毛泽东的讲话等等。袁贵仁就做我的思想工作，说："这一次让你编的教材，不是专门的马列文论，而是你所研究的文学理论的概说。你在高校工作多年，编了不少教材，比较有经验。你为人也随和，善于与人交往。"我说："是你说的这个情况，但你也只是说对一半。我跟多数人都是可以交往的，但是有那么一两个还是非常难交往的，经常为一点小事争论不休，他们缺少文学知识，所以经常跟他们谈不通。实际上我们编书都要有自己的体验。比如我编文学理论，是我对文学本身有体验。这样编进去的，才是息息相通的东西，很亲切的东西。"袁贵仁说："就是因为这样才让你来做，总而言之就这样，不能不做。"

一开始就不顺当。幸亏这个小组很好，首席专家小组四个人里我年纪最大，他们很尊重我，觉得我长时间在高校教书，有丰富的经验，是一定能搞成的。所以他们很有信心。关于开会什么的，大家意见都还一致。本来我也以为像李准，会不会也是拿那种调子的，让人受不了。结果不是，李准非常好，很尊重我。他1964年从山东大学毕业，也是科班出身，读过文学史。

他之前是中宣部的文艺局局长，接着当了文联副主席，文联副主席退下来以后做了很多影视作品，比如《长征》等，他都是文学顾问。这样我们就有了共同的基础、共同的语言。杨义就不用说了，他对文学问题研究得很深。而陈建功是搞文学创作的，他知道文学创作需要什么样的理论指导。所以我们四个人的合作比较好。当时又请了王一川来做联络员，一些会务上的事情，包括联系成员等，由他负责。当时我们觉得研究外国文学理论方面的成员还不够，就把吴元迈也请了过来。吴元迈在列宁格勒大学读的俄罗斯文学，回国以后分到外国文学所，后来一直做到所长，很有见识，既懂文学又懂理论，而且对人也比较通达。再有钱中文也是后面才请来的。钱中文是莫斯科大学毕业的，研究文学理论，知识功底很厚实。有了这些人，就开始有信心了，于是开始弄提纲。

可是一弄提纲，每个人都有不同意见，很难捏合到一起。后来我们就说不着急确定提纲，先做出三五个提纲，然后再把这些提纲融合起来看看怎么样。这样北京弄了两个提纲，一个是以北师大为主，联合首都师大，两所学校来做；另一个是清华的老师们做的。此外，上海的复旦大学做了一个提纲，四川大学也做了一个，四川大学当时来参加的是冯宪光，他是专门研究西方马克思主义文学理论的。还有一个提纲好像是浙江大学的王元骧做的。这样就如期完成了五个提纲。当时以北师大的提纲为主，又吸收了各个提纲的优长。

提纲捏合好以后，大概是 2005 年末，我们在江西师大开了一个全国性的文学理论教师大会，有一百多人参加。记得会议开得很隆重，时任江西省委书记孟建柱还接见了我们，因为我们算中央工程，他们有责任支持我们。不过会上，大家的意见还是很难统一。这个会开完了以后，我觉得调查得还不够，就带着王一川和他的一个学生先后东南西北走访了两三个月，走了很多学校，找老师们开会。四川聚拢起来开了一个会，西北聚拢到西安开了一个会，听取大家的意见，各种意见都有。总之，我感觉意见越来越多，越来越不容易统一起来。

在这种情况下，后来我们还是做出了一个提纲，在大会上获得了原则上的通过。更具体的一些细节，则由首席专家会议来决定。我当时觉得首席专家会议非常重要。因为很多问题，你要拿到那个二十人的大组去讨论，就是各说各的意见，都统一不了，非得要一个人拿出一个主意来，其他几个人附议，这样子意见才容易统一起来。

我想了一个办法，给中宣部打报告，说我们文学组由于人多力量强，大家对文学有自己不同的理解，很难在所有的问题上达成一致的意见，所以我们实行首席专家会议制，凡是大组决定不下来的事情，就拿到首席专家会议上来讨论。中宣部同意了，又加进来一个首席专家杨志今，当时文艺局的局长，现在是文化部副部长，因为他对马列主义、毛泽东讲话、邓小平思想比较精通，恰好这部分我们也觉得很难写，把党的政策变成一种理论，不是很容易的。这样凑成五个人。他对我也很尊重，所以首席专家会议制确立以后，我们大组的会就开得少了。然后就是分章节撰写，按照一定的时间，大家交稿。

这一过程中产生了一些我们没有料到的问题。名义上，我们要编出既是马克思主义，又有时代精神，又能联系创作实际的作品，但是我们一旦联系创作实际，马上就面临新问题。比如不可以列举作家，最后写到教材里的，1980年代以来的现当代作家大概只有蒋子龙，以及其他一两个人。比如老要举白毛女以及鲁迅的例子。这样子怎么体现时代精神？读者一看都是旧的东西。那怎么才能写出时代精神，让读者感觉到不陈旧，而是很新活的东西呢？很难。

总之中间遇到很多这一类的问题。这样可写的东西越来越少。特别是20世纪，在西方被称为一个理论的世纪，文学理论得到长足的发展，有很多东西是很好的，我们认为可以吸收。比如接受美学，作家写作应该面对读者，因为最后解读作品的是读者，读者有权利这样解读，也可以那样解读，每个人都有自己不同的接受。这一理论的代表是六十年代西德的姚斯，当时东德的一些理论家也同意这一观点。结果报送上去，还是不能要。

后来我就跟当时的一位副部长（现在做中央委员了）说："你不能这么看这个问题，毛泽东的讲话在普及和提高那部分有七处用了'接受'这个词，或者用'接受者'。最早讲接受美学的是毛泽东，当时我们不理解，没有把毛泽东的思想提到这样一个高度来认识，人家提到这个高度认识了，咱们不能够吸收，不太对。"他是搞哲学的，从吉林大学来的。

后来内部又产生了问题。虽然这个项目被定为国家社科基金重大项目，但是所得经费要供二十几个人使用，所以我们开会就要找一些单位来做东。我有个学生在山东菏泽当书记，我就跟他联系。稿子出来之后，大家就到菏泽，每人拿一本，大家一章一章地谈，认认真真地讨论。遇到一些学术性问题，大家觉得不太合理应该改一改的地方，编写者则坚持这样写，不愿意改，常出现这种状况。但是不管怎么样，在菏泽我们花了整整一个星期，统了一遍稿子。2004年项目开始，到2007年我们完稿，时间很长，但我们这算是快的了。经济组、党史组拖得比我们还长。这十个组里，有两本教材交稿较早，一个史学理论，一个是文学理论。我们是第一个交上去的。但是中宣部没有同意，说要审稿。

这时候我正巧生病，身体不舒服，胃出了问题。因为劳累了几年，从2000年基地成立开始，中间做这个"马工程"，特别累，有一段时间吃不下东西。2008年初，我天天到校医院输葡萄糖输盐水，这样过了一个礼拜，那些陪我的学生说："老师这样一疼就去打点滴应付过去，不行啊! 要去医院看看。"在学生的劝导下，我终于去北医三院做了胃镜，过了几天结果出来了。我的一个女博士生，内蒙古的，拽着那个检查结果，不愿意给我看，可也不知道找谁。最后是把我儿子找来了。儿子才和我说："现在是癌症初期，你还以为没病呢。"我说："有这样大的事吗?"医生说就是癌，胃细胞发生了癌变。

于是又早起，头天去看病，第二天就去住院，第三天开刀，用的微创手术。主刀医师是从美国回来的，第一次在这家医院做这类手术。那天下午，除了正在给病人看病的医生，大家都在通过荧幕看那个医生做微创手术。手术做得很快，四十分钟就结束了。我做手术的时候没有意识，全麻的。他们用床把我推进手术室，我坐在椅子上，这时候过来一个很漂亮的穿白衣服的护士，她摸了摸我的头发，说："你现在感觉怎么样？没什么事吧？"又问有没有哪个地方不舒服，我说："没有。"她就将一将我的头发，手捋到我脸上的时候，我就没有知觉了。像《水浒传》里面写的蒙汗药，她手指上有麻醉药，你闻到自然就麻醉过去了。结果手术做完以后，别的人都是住一个礼拜就出院了，我住了一个月还没有出院。我又去做了一次胃镜，发现微创手术做得太快了，可能不太干净，里面发炎长脓了。这样又给我改用药物治疗，处理了半个月才出院。

一个半月出院以后，教材已经被中宣部看了一遍且筛选过了。我们是派王一川去参加，加上中宣部理论局的副局长，文艺局有两三个干部，《求是》杂志管文艺的编辑，《人民日报》管文艺的编辑，可能也有《光明日报》管文艺的编辑，一共十一个人审稿。他们一页一页地看，中宣部理论局的副局长拿着鼠标把每一页纸打到墙上去，觉得有疑问的地方就停下了。我们的教材那么长啊！他们就那么看一遍。开始的时候很慢，一天只能看几页，觉得这个地方有问题那个地方也有问题，后来快一些。经过这一打磨修改，他们觉得干净了，放心了，我们就算通过了。我们的教材是通过的第一本，在 2009 年，也就是我生病的那一年出版了。

之后教育部和中宣部联合下文件，要求各个高校都用这本教材。但是事与愿违，因为很多高校看完教材后，特别是一些有层次的高校，觉得是普及读物，太简单了，没有新意。我也觉得编得不好，但不管怎么说，就算完成了。

2012 年，十八大召开之前，李长春在京西宾馆开了总结会，结束了这个工程。对于这本教材，各校战战兢兢，怕不用不好，又怕不好用，于是原来用什么还继续用什么，只是买这本教材让学生自己看。用得比较积极的是内蒙古、新疆等边沿省区，还邀请我们利用暑期去辅导、讲解。

当时我们以为我们自己编的那本《文学理论教程》可能就不印了，可是后来一看，仍旧卖得很好，跟过去一样，不受什么影响。从编这本教材我知道了，做事情要实事求是，坚持从实际出发。大家都说这个教材不能反映今天的文学理论现实，不能反映文学理论的丰富性和生动性。时代在变化、在发展，我们的人民开始了和平的建设，要的是一种新的审美的世界，应该与时俱进。作为教材，不切实际是不行的。第一，脱离了 20 世纪这个文学理论的世纪，第二，脱离了 1980 年代以来当代文学蓬勃发展的实际，就剩一些干巴巴的东西。

灾难和遗憾

2006 年过去，2007 年开始，我的灾难也开始了。2007 年，我妻子查出癌症，做了手术，但手术不是很成功。2008 年，我也查出胃癌，夫妻俩同时得癌症，处在一个非常困难的境地。妻子的每一件小事都是我去处理的，因为当时小孩去美国了，后来才回来的。

2009 年 1 月份，她走了，在我的怀抱中走了，七十三岁。这对我是一个极大的打击。我们是同学，后来成为夫妻，但我们也是非常好的朋友，志同道合。她喜欢文学，我也喜欢文学。她写诗，而且写得非常好，小说也写得好。可惜她的一些精力都浪费掉了，没有写出能够影响一时的作品。她是个很富有感情的人，完全可以写出更好的作品来。我觉得过去的理论在她身上留下了一些影响，所以作品写得不是很成功。她往往是即兴发言很新颖，一旦写到纸上，改过来改过去，有些东西就越改越差。

创作当中有这么一种现象，叫"陌生化"。什么意思呢？过去我们以为"陌生化"是俄国形式主义的一种提法，就是做些语言游戏，没什么意思。其实不是的。比如，在文学作品中，成语是不能大量使用的，因为成语用得越多，你给大家提供的审美信息就越少。为什么？成语是大家都熟悉的，大家看这个词语的时候，不会去感受它，而是很快就读过去了，不会留下什么印象。文学是写感觉，你是怎么感觉的，你就把它写出来。不一定要用别人的句子写出来，而是要用你自己最初感觉到的那个句子。

对于我妻子的作品，我当时告诉她"怎么感觉的就怎么写，不要去修饰"，结果她修饰过多，这个作品就变得没意思了。我说："你写出来的东西永远比你说出来的东西更枯燥，你说出来的东西很生动，因为没有修饰过，是最原初的本真的东西，这种东西对文学来说是最可贵的。"文学和理论著作区别之一，或者说重要区别，就在于它的语言是不一样的，文学的语言应该是"陌生化"的语言，而理论著作的语言是非"陌生化"的语言，是经过反复修改润饰过的一种语言。

至于我自己，如果仍有遗憾，那就是还有一本书没有完全写出来。我从 1994 年开始研究《文心雕龙》，陆陆续续发了许多文章，计划要写一本《〈文心雕龙〉三十说》的，但是，我到现在为止写了二十三篇，还有七篇没有写，这个工作拖拖拉拉的。我有个学生在开封的河南大学当出版社总编，他给我出了本《童庆炳谈〈文心雕龙〉》，收了十几篇文章，但这还不是我最终的成果。我期待今年秋冬时候身体能好起来，再做一些整理。

　　当然，一个人的遗憾总是很多的。我起码构思了三部长篇小说，还有两部长篇写出来了但还没有出版。因为人活到这个年龄就没有那种急着拿出去的冲动了，总之要做到最好，才能够把它拿出去。前不久我住院，晚上睡不着觉，有个学生来陪我。我把长篇小说《从故乡到北京，从北京到故乡》的构思给他讲了一遍，讲了三小时。

　　生活还没有走到尽头，但是也不远了。所以心里经常会想一些事情，觉得自己走过的路，受到各种各样的干扰，如果条件好一点的话，也可能做得更好一点。古人有云："地尽其力，人尽其材"，我觉得自己的才能可能是在两个方面，既在创作，也在理论，完全可以像许多外国的作家那样，一边搞创作，一边搞理论。世界上许多诺贝尔奖的得主都是大学教授。将来我们中国条件好了，我想以后的文学家将慢慢地会从学校导师中产生，或者就像我们的前辈鲁迅、郭沫若、茅盾那样，既有创作，同时有理论，有的是从创作到理论，有的是从理论到创作。像鲁迅，他是从创作然后到写《中国小说史略》《汉文学史纲》。茅盾则是先搞文学理论，一定程度后转向文学创作。可能我的才能是在感性和理性之间，在情感的抒发和逻辑的推演之间。这两方面都做好，是我的一个理想。

2013年秋，最后一次访谈实录

罗：您在创作跟研究两方面都做出了比较出色的成就。我记得刚进中文系，一位老师课上直接跟我们说，你们来中文系不是来学创作的，要以搞学问为主。您怎么看待创作与研究这两者间的关系？

童：实际上，学理论兼搞创作的传统由来已久。像大作家茅盾、周立波，他们实际上最早的时候都是理论家。茅盾在写《子夜》之前，是一个理论家。周立波在延安鲁艺工作的时候是讲文学概论的，后来东北解放，他到东北参加土改，写出了《暴风骤雨》。

还有很多理论家兼作家，比如王蒙，他是以创作为主，理论为辅。我呢，是以理论为主，创作为辅。至于说到高校的教师，也大都是这样。我的很多老师都是既搞理论又搞创作，钟敬文、黄药眠、启功都是或者写诗，或者写散文，或者兼写小说，还兼翻译。所以我一直提倡一个人既要有感性也要有理性，应该把感性和理性充分地展现出来，不至于用理性压倒感性，也不至于用感性压倒理性。

最早提示我要搞创作的是我的老师黄药眠先生。大概是早在1980年代，有一次我们一起坐火车去西安开会，一路上聊天。

他问我现在怎么给学生讲文学理论、文学概论，我就把讲课的情况给他讲了讲。他说你这样讲不是十分好，你老是给学生下定义，那么学完理论，全都是定义。你讲定义，学生背定义，这种学习方法不是很对头，要引导学生写小说、诗歌、散文。他还鼓励我说你自己也可以试一试，写得成不成，没有关系，关键是要有自己创作的体验。有了体验，你就会知道哪些定义是重要的，一定要给学生讲清楚；哪些定义是无关紧要的，讲不讲都可以。你用你的创作来检验它。

回来以后，当年我就写了一部十来万字的长篇《生活之帆》，寄到《当代》杂志。后来《当代》的总编，很有名的一个理论家，也是作家，就给我传递消息，说小说写得很好，他准备在《当代》发表，不过发表前让我在几处再做点修改。结果我修改的时候可能加了那么一两万字，变长了。所以拿回去以后他就说给出一个单行本。后来我还写了《淡紫色的霞光》，以及几百篇散文。

我认为这样创作下来真是有体会的。写文学作品和研究理论确实不一样。研究理论，是要材料，这些材料每一条都是实实在在的。而创作，是要一种带有情感的想象。如果没有或者离开这个想象，创作就不能成功。我们看到的生活是原生态，这种原生态的生活，要经过自己的研究、思考，慢慢地体会。进入人物的精神世界里去，才能够摸到生活的脉搏，能够看到生活的发展轨迹。这样，你才可以开始写小说。所以创作是要写自己的感觉和想象，特别是要带有情感。文字可以写得很淡，情感是必需的。这跟写论文不一样。当你从写论文转到创作，你实际上是进入了另外一个天地。那里面可能有一些生活的原型，但更多是根据你自己原来的生活经验想象的一个结果，是一个想象的天地。

所以研究理论发展的是理性，创作发展的是感性。但是创作中也要有理性，这理性是隐含在你所写的文字里面的，它不是跟人家摆事实、讲道理。

我认为，一个文学教师，是应该有想象力的。任何一个文学教师，既然喜欢读小说、读诗歌、读散文，那么他自己就必然会构思出一两部小说来。莫言说，小说就是写故事。有故事就是小说。我一直认为他的话不够全面。"讲故事的人"，关键是"讲"，而不是那个故事。讲故事，这里头有一个怎么讲的问题。故事可能来自生活，甚至生活本身就是很完整的一个故事，很好的一个故事，很讨巧的一个故事。但是你要把它变为一个文本，一个小说，这中间还有很长的路要走。

一个是结构，一个是语言。结构非常重要。莫言一系列的小说之所以能够创作成功，就是他苦心经营结构，他小说的结构是非常好的。语言，则要写出一定的情调来。我们一般人平时说话没有多少情调的。但是，一旦你拿起笔来写小说，你很自然要给自己定一个调子。这个调子是高昂的，还是低沉的，是一种带着忧伤的喜悦，还是带着喜悦的忧伤……它要有一种情调，这种情调实际上就是你自己的感情的色调在作品中的呈现。正是这个东西吸引大家来读你的小说。所以，没有人没故事，但不是所有人都能够成为小说家，原因就在这里。

详细来讲的话，中间的环节就多了。比如就结构来说，有各种各样的结构方法，回叙、倒叙、意识流等。也可以创造出新的结构来。《水浒传》《三国演义》《红楼梦》这三本小说，结构完全不同。《红楼梦》看起来好像没结构，实际上结构最复杂，它是按照生活的样式本身去构建的。它不像《水浒传》那样，一个人的故事大体上讲得差不多了，再讲另外一个人。结构很复杂，后来发展成了一门学问，叫叙事学。叙事学就是西方结构主义的一个成果。

就语言来说，前面讲到的文体也非常重要。比如，写一篇一千多字的短文，那我一定要有两处或者是反讽，或者是模仿的东西。这样人家一看，哦，这个作者是个很有文化素养的人。平时咱们比较常用比喻，但比喻是最容易用好的。有的时候呢，要用暗喻或者反讽，那就很有意味了。

很多人研究理论，但写不出小说。很多评论家看到我写的小说以后，说："哇，你是两栖人啊！"既能够写论文，又能够写小说，这种尝试不简单。我认为，一个教师要是自己既能够写论文，又能够写小说，对学生影响会很大。学生会对这个老师另眼相看，觉得老师不简单——不但是这样说的，还会这样做。说也能说，做也能做，他就是一个文学人。

罗：所以您是赞成在文学院培养这种传统的风气？

童：我一直提倡要搞点创作。你看有的老师一辈子几十年，就是写干巴巴的论文，一点感性的文字都写不出来。理论讲得有一套，可是自己在叙述一件事的时候毫无情调，这是不行的。一个文学教师应该要感性、理性达到一种平衡，实现双向的发展。

朴：童庆炳口述自传

罗：您的这种观念对于您的弟子——包括一些作家弟子，一些理论家弟子，是不是都有影响？

童：我觉得是有一些影响的，主要是在鲁迅文学院的那个班里有影响。1980年我就写出了第一部小说，那个时候他们还什么都没有发表。我写的好几篇散文，他们有的还拿去朗诵。我记得有一次在我们学校操场上开会，有个学生朗诵的就是我的散文《那天，我就是中国》，他朗诵得很有激情。我觉得老师应该给学生做出榜样，感性、理性双向同时发展。

在理论研究中，我认为是可以把自己的体验直接写到论文里面去的。所以在我的很多论文里都可以看到我的一些体会。比如月季花，为什么我在十一二岁的时候那么讨厌它，1980年代以后北京市把它定为市花，我又要种月季花。这种转变是怎么发生的，这里面包含着很重要的美学问题。

甚至有的整篇看起来是议论文，可是写的是一个故事，是我的一个梦。有一次，《群言》杂志约我写一篇文章，但我一直找不到感觉，不知从何入手。后来想起有天晚上做了一个梦，梦见北京冬天的四合院过去养的一种植物，叫"燕子掌"，绿色的，叶子肥肥厚厚，放在屋子里，靠火炉边上，长得很好。那时候我们住二龙路二号，也种了一盆燕子掌，长得绿油油的，很可爱。在梦里，这盆燕子掌的叶子通通长到我腿上了，我怎么也扒拉不下来，着急得不行，然后就醒了。醒了以后，妻子问怎么了，我就给她讲这故事，说明天一早赶快把这盆燕子掌送给别人，我不能再看见它了，再看见它会毛骨悚然的。这个故事是说每一个东西，美在关系。燕子掌的叶子长在枝条上面，是美的。一旦它的叶子长到你的腿上，就变成非常恐怖的了。它跟什么组合在一起，是很重要的。

后来《群言》杂志的人说，这文章写得很有意思，讲的是理论，可是从一个例子入手，通篇都围绕这么一个例子，这太好了。所以理论中可以有自己的体验。有时候其他文学作品中也可以有自己的一些理性的东西，用一种诗化的形式渗入其间。

罗：所以您是在寻求感性与理性的平衡？做学问，同时搞创作。

童：这是"五四"那一辈学人的传统，到我们这一代基本断了。其实很多人浪费了自己的才华。我现在身体不好，还有一部写好的长篇小说，没有改出来。此外还构思了三部长篇小说，现在没有时间也没有精力写。除非我身体逐渐好起来，有特别好的精神状态，这样子那几篇小说也许能出来。我给你讲的这个算口述历史，本来我自己是想写一部自传作为结尾的。

罗：这两者应该不相冲突，完全可以齐头并进。另外，您特别注重审美，以及文学性，但是现在好多文学理论，或者文学批评啊，都转向大文化方面，做大众文化批评。您怎么看待？

童：我觉得那不是文学理论批评，只是一种社会学批评。这来自西方，是英国威廉斯的文化批判的传统。后来法国的布尔迪厄，还有美国的一些学者——我们只要找这些人的传记，就会发现他们都是社会学家，不是文学理论家。他们也做文学批评、艺术批评，但是用的是社会学的观点，不是把作品作为一个具有审美品质的文本，而是只看其内容是否切合论点的需要，如果切合，就把其中的思想拿过来，作为一个论点；或者把审美的作品当作社会学的作品来加以批判，结果就是完全离开文学作品本身。

也就是说，文学本身的批评应该是审美的批评。因为它的本质、本体都是审美的，所以它的批评也应该是审美的批评。当然我这里说的审美的批评，并不是完全纯粹的"为艺术而艺术"的那种批评，是带有"真""善""美"性质的批评。

而现在流行的，特别是大众文化批评，这个最早是我的学生陶东风，还有人大的金元浦等两三个人发展起来的，后来影响很大，都是社会批评。文学作品不是批评的本身，而是要借文学作品来发表关于社会学的看法。

比如王蒙的小说《坚硬的稀粥》发表在《农民日报》[1]上，讲北京人吃早餐，老是馒头、咸菜、粥这三样，吃腻了，大家要求改革，但是改来改去，最后还是回到这老三样。有人曾从社会学、政治的角度对王蒙《坚硬的稀粥》提出批评，认为作品有影射政治的意味。王蒙有口难辩，对于大家没有从审美、艺术的角度来品味这部作品，觉得非常遗憾。所以后来他又写了很多有关粥的文章，把"粥"变成了一种文化。我们的确喜欢

1　这篇作品应该是刊载在《中国作家》1989 年第 2 期。

喝粥，写的就是粥的事情，没有其他的象征、影射。

罗：那您怎么看待这种批评和解释？

童：这种文化批评，完全是一种象征性的批评，一种影射的批评。包括文学评论家刘再复，他本来也是提倡审美的，但前不久写了一本书，专门否定《三国演义》和《水浒传》，说前者是阴谋论小说，后者是暴力论小说。他没有理解到这两部作品本身是审美的作品。它们是审美性的，里面的人物塑造得非常好，故事讲得非常吸引人，某些场面再现了当年的历史场景。审美的批评应该是从这些角度来加以理解：人物塑造，反映生活的真实程度，有没有诗意的东西。刘再复则完全按照阴谋论和暴力论来评这两部小说，都给否定了。

文化批评如果走向极端，就会变成一种政治批评，而政治批评正是我们有时候要避免的。当然有的作品政治性很强，进行政治性批评可以。但是不能够把所有的作品都当作一种政治学的文本、社会学的文本，因为作品的基本性质是审美的文本。比如孙犁的《荷花淀》《风云初记》，写的是芦苇、荷花，船转来转去，把日本鬼子弄得晕头转向，然后"呼呼砰砰"打几枪，就把日本鬼子打败了。看起来这打日本很容易嘛。他用那么一种笔调来写抗日战争，没有战斗气息。要是从政治学、社会批评的角度去看的话，他这个作品就是不成功的。但是从审美的角度去看，则能看出战斗当中也有诗意。

所以我写过一篇文章，专门把大众文化批评从文学批评里

346   朴：童庆炳口述自传

排除出去，那是社会批评，不是文学批评。

罗：现在咱们中心有不少人做这方面的东西，挺有影响的。

童：因为这些东西有人看。但它已经离开了文学最基本的要求。

罗：其实是做了文艺理论之外的事情，承担了文艺理论之外的任务。

童：文艺理论批评要发展，还是要往审美角度发展，这样才有比较纯正的文学批评。

罗：您的学术路数推崇融汇古今中外，但在现代，这何以可能？

童："古""今""中""外"这四者之间如果要进行对话，该遵循什么样的原则，我在一篇文章里曾提出过三项原则：

第一，强调对话的平等。各民族有不同的文化思想，这些思想有自身的背景，产生的语境是不一样的。因此，对话的时候，彼此之间要尊重，应该是一种平等对话的态度。不能说西方的文化是现代的，我们的是低级的、落后的；或者反过来讲，我们是中央王国，我们的思想才是最好的，别的文化都不在话下。

各民族的文化都有优长，有很多至今仍然能够被我们吸取的东西，当然也有糟粕。那么，彼此应该取长补短。不能只看到西方文化的缺点，一味地鼓吹古典文化；或者反过来，一味地就看到西方文化的优长，看到我们中国古典文化的糟粕。

第二，对话要历史优先。就是说，对话的时候不是单单拿出其中的一句话来对比，不是寻章摘句的对比，应该比较的是彼此不同的思想。既然对比的是思想，那么这个思想有它产生的特有的历史根源，有它自己的特有的历史背景和文化的语境，所以，要在一种深度的挖掘历史的基础上来进行对比。

这种对比，首先看重的是差异性，然后才可能发现彼此之间还有一部分能够相通，以及相近的地方。我从来不说相同，因为相同的东西没有。

第三，自洽原则。自洽，就是自圆其说。比如为什么这个是相通的、相似的，要有一番说理、论证，能够做到自圆其说。

从这三个原则就可以看出，文学理论不能够单纯地只研究文学本身的东西。文学理论实际上是一门跨学科的学问，必须了解历史、政治、语言学、社会学……各种学问都要知道。这样再去比较一个东西，一下子就出来了。

罗：现在为止，最令您自豪、骄傲的一项事业或者成果？

童：我这一生，就是教书育人、写作、搞研究，很平淡。但是，一个人在平淡中几十年如一日地这样去做，最终他是会有收获，会有结果的。只要不放弃，坚持这样去做，坚持这样去要求，在平淡中，最终会结出果实。

比如我的作品有两种，一种作品就是我的学生。我培养出来的这些学生，特别是各高校的这些骨干，还有诺贝尔文学奖得主，我为他们感到高兴，感到自豪。另一个作品就是我的学术。我的学术随着时代的变化而变化，随着时代的发展而发展，永远在追求新鲜的课题。

但是我总觉得我们没有受到良好的基础教育。大学期间，我们搞运动的时间很多。就在我读书那几年，肃反运动刚刚结束，然后又是反右、"大跃进"等各种各样的运动。运动占据了太多时间，我们读的书太少。幸运的是，我大学毕业以后有六年的读书时间，越南三年，阿尔巴尼亚三年。

我这个人看起来平平常常，从农村来的。一般人以为我胆子很小，也没有多少见识，开始都是这样来评论我的。但是实际上，在最关键的时候，我是有独立思考能力的。最关键时候的几次选择，我都选对的。

1963年批判"白专道路"，把我当作一个典型批判，让我承认丧失立场。我始终都不承认。"白专"就"白专"吧，但我没有丧失立场。我跟他们讲道理，这样批判拖了一个月，最后因为我得病，才不了了之。这是我自己一次很独立的选择。

再就是"文革"开始以后，我本来可以当红卫兵的头头、顾问。北师大一共有四个老师被工作组打成"反革命"，我是其中之一。那个时候，他们三个很快就进了"井冈山"，成了顾问，唯独我不进。当时我就想，这个运动在一天之内，就能把我从一个"反革命"变成"左派"，不知哪天又会在一天之内把我从"左派"变成"右派"，这种运动我参加它干吗？不参加，我当逍遥派。

这道遥派，当对了。后来就被派出国了，获得了六年的读书时间。这是第二个选择。

第三个是"文革"将要结束的时候，我还是学校大批判组组长，用一篇关于《红楼梦》的文章去《人民日报》试探了一番，他们说我门儿都没摸到，我就知道这事情不行了，所以立刻退出。不经批准，也不打报告就逃跑了。被扣了帽子，"无组织，无纪律""不像话"……什么话都被他们骂过了。所以"文革"里我没有"派"，这是我自己作出的一种选择。

另外到了1985年左右，我本可以去教育部当司长，甚至可以去当个副部长。我的选择也是不去。这关系到生活方式的选择问题。我到那儿去，不能自由说话的，当官就是亦步亦趋，上面说什么就是什么。我宁愿跟学生在一起，过着一种比较自由的读书的生活，教书的生活，研究的生活，获得一些乐趣，而不愿受他们的管制。也是还好没去，要是当年去了，很危险。说不定我后来忍不住要说话，立刻就被揪出来。

罗：您的这一生很精彩。在各种选择的关口，您一以贯之的选择标准或者说准则是什么？

童：实事求是，待之以诚。实事求是是最重要的。是就是，不是就不是，自己没有认识到的就是没有认识到，哪怕受到人家批判了又怎么样，没什么关系。

罗：您对好多人会用"真实"两个字来评价，包括您的一

　　　　　　　　　　　　　　朴：童庆炳口述自传

些学生。这"真实"二字在您这里应该是属于一个很高的评价？

童：对。一个事情首先你要弄清楚是真是假。这很重要。真善美的真，是真实，也是真诚。真实是讲客观的东西，真诚是讲主体对待事物的一种态度。

罗：大家都说您是"最牛导师"。您怎么看待别人对您的这个评价？

童：这完全是一种巧合。莫言拿到诺贝尔文学奖，主要是他自己的努力。他有才华，也努力，写了十几部长篇小说，成就很突出。我作为他的老师，只是在鲁迅文学院那段时间，给他们上课，可能对他们有点启发，不过如此而已。我一直采取很低调的态度。获奖的是莫言，不是我。所以那些记者涌到病房来采访，我一律拒绝。后来我都只是讲他的硕士论文写了哪些内容。但是一些好心的人说我是"最牛导师"，我自己从来不这么看。在中国，学问比我做得好的，工作比我做得好的导师有很多很多。我感谢他们的好意，但是我从来把这个当作一个玩笑。

罗：您的其他学生——几十个教授，也足够您荣耀的了。

童：是的。所以我刚才说，两种作品之一就是学生。我为他们自豪，为他们毕业以后在自己的工作岗位做出成绩，成为学术骨干，为祖国的学术事业作出贡献感到自豪。他们都在我这儿起步，然后离开北师大，走向了各个学校，慢慢地，成长起来了。

罗：其实这些才是您的真产品，其他纯属巧合。

童：对对对。

罗：您有没有一些闲情逸致？

童：我喜欢游泳。从小就喜欢在河里游，现在那条河已经不能游了。

我从阿尔巴尼亚回来以后，每天上午下午都必须到学校理事儿，于是中午就去积水潭的一个游泳池游泳。我坚持游了大概两年，把四种姿势全都学会了，游得很起劲，同时还把我当时读小学二年级的孩子也教会了。后来他游得比我快，还拿到了深水合格证。

再一个就是登山。不仅在北京登山，凡是去外地开会，只要有机会，我都会去登山。至今我登上的最高的山是四川的黄龙，一般人都要带着氧气罐一边走一边上去。那次我们是十三个人一起登黄龙，从九寨沟到黄龙，在岷江边上，一路减员，最后只剩下四个人，我一个年纪大的，三个年轻的，有两个拿着氧气罐子。我们到了黄龙顶上的五彩池（五彩池海拔三千九百米，是黄龙景点最高处），这个池是绿色的，那个池是蓝色的，另一个又是橙红色的……当时又是秋天，在红叶衬托下，美极了。

中国的景点，我都去过。旅游是我的兴趣。至今我还有两个理想没有实现，一个是去南非，一个是去北欧四国。如果这两个地方去过了，今生想去的地方也就差不多了。[1]因为南美、北美、欧洲、非洲的埃及、澳大利亚、朝鲜、韩国、日本，以及东南亚各国，我都去过。每一个国家的人有自己的风俗习惯，我喜欢了解这些东西。为什么喜欢游览？因为我觉得从游览过程中不但可以了解各个国家、各个地区的情况，而且可以得到很多诗情画意，愉悦身心。

我还喜欢看球。足球、篮球、排球……只要有球赛，多重要的新闻我都先放一放，电视里只有球赛能够吸引我。我喜欢看球赛，是因为我从小喜欢体育，高中时特别喜欢打篮球。都是在星期天的早晨打篮球，我们学生一个队，老师一个队，各出五个人，旁边还有替补。我打球是这样的，到达一个点上，球要是传到我手里，到点我就投，咦，真能投中，属于定点投球。后来有一次，厦门的一群中学生和我们龙岩师范的学生比赛，我也参加了。结果那一次出了事故。为了争一个球我往上跳，对方没抢到球，我往下落的时候，他嘴是张开的，结果我被咬了一口，鲜血淋漓，缝了七针。

到大学就开始踢足球。有一次跟历史系踢，我当守门员，球我都抱住了，历史系的人心有不甘，还给我手上来一脚。结果

---

1 本次访谈几个月后，2014年春节，童先生与他的一名学生直奔南非，在好望角海畔眺望世界的尽头，实现了访谈所言的理想之一。2015年春节，童先生赴东北松花江看雾凇，实现了一个南方孩子年少时的梦想。

骨头断了，赶快到医院去，给我接上了，用黄纱布包上，挂在胸前，一个多月才好。后来还是一直喜欢足球。其他的比赛我也很喜欢，比如游泳、跳水。

还有就是喜欢照相。我照了很多相。二十七岁到越南的时候，我用大使馆发给我们的零花钱买了一个二手的苏联照相机。"文革"期间没事，我就自己到处瞎拍。我孩子和我妻子的相片都是我拍的，拍了以后自己冲，自己洗，在那黑屋子里。

再就是结交一些比较实在的朋友。我在本校、本地，以及全国各地都有朋友，甚至有来这儿打工的朋友。那个打工的朋友，很小，二十出头，在北京人文大学读中文系。他原来在广东最北部的韶关打工，到北京读了一年书。有一年我去给他们讲课，他送了一本自己编的诗集给我，无论如何也让我留电话，我就把电话给了他。后来他真的打电话给我，我们约好在圆明园见面，聊了一个上午，然后我请他吃了顿饭，从此就认识了。他后来回到广东打工，他编的那本诗集每年都要寄来给我看看，还要我给他写短文，我也给他写了寄过去。这都是忘年交。

还有一些从未见面的朋友，一直都是信件来往。我在越南、阿尔巴尼亚的时候，也结交过一些朋友。青岛大学原来的一个副校长，现在退休了，是我能够说知心话的朋友。学校里也有，比如丁子霖两口子。反正这也花了不少时间，但我觉得交到好的朋友，对自己是很有益的。

杂忆杂谈

朋友四五人

汪曾祺

创作界和我来往比较多的，一个是王蒙，一个是汪曾祺。王蒙比我大两岁，汪曾祺比我们大十岁左右。

汪曾祺是个闲人。先说汪曾祺，我非常欣赏他的作品，但是他的作品不是篇篇都好，主要是两篇作品《受戒》和《大淖记事》。"文革"期间，"样板戏"《沙家浜》中《智斗》那一场是他写的，写得比较活，比较好。我和汪曾祺见面经常是在酒桌上，他嗜酒如命。他的妻子是福建人，不让他在外面吃饭喝酒。结果他每次都要问一问有哪些人，一说有我，他觉得比较意气相投，就来了。我不会喝酒，就喝茶，他经常是酒还没上来就着急了，说"有酒没有啊"，我说"肯定有酒，你别发愁"，他也要关心是什么酒，我说"肯定是你爱喝的酒"。

他家里我也去过几次。他是非常随性的一个人。有一次，天快黑了，我跟苏州大学的鲁枢元教授一起去他家，那时他都睡觉了，于是坐在床上光着膀子和我们聊天，什么都聊，最喜欢聊的是日常生活中的衣食住行，老百姓生活中这些琐琐碎碎的东西，他绝不聊国家大事。

像那次，我们就让他给写一副字，或者画一幅画。他说你们真是"来得早还不如来得巧，我正好画了两张画准备给谁谁谁的，既然你们先到了，就先给你们一人一幅"，很豪爽。给我的是一幅桃花，有诗，给鲁枢元的是一幅山丹丹花，也有诗。他会画画，诗也写得很好。他经常跟我们讲"文学是什么"，他认为文学就是语言，把语言写好了就是好作品，所以他说自己写得好的都是文字写得特别好的。他的老师是沈从文，所以他的作品也是沈从文那个调子，比较清淡，隽永。

有一次王蒙当团长，一共十几个人去牡丹江。那是 1990 年，最闲的一个时间。文联负责接待，安排了一个工作人员给我们当导游。汪曾祺一路上傍着这个导游不放，他坐哪就让导游坐哪，然后还情不自禁地把人家的手抓起来在自己的手里握着。后来，我们就给这个导游出主意，说"他抓了你手这么多次，要有回报。他字写得很好，让他给你写几个字，抓一次手写几个字"。后来汪曾祺也真的给她写了字。我的字写得不好，每次题字我都往后退。不管哪个单位，王蒙都写两个字——"奋斗"，用非常快的速度写下来，猛一看觉得还挺好的，但仔细一琢磨，功夫不够。但汪曾祺不一样，他到哪去都会给人家写两句诗，还是他自己构思出来的，他是真正的文人，天生的文人。现在文艺界这种文人没有啦！他很有趣，有一次抓住我的手说："我今天非得让你写几个字不可，每次写字你都往后退，今天不行。"

他嗜酒如命，最后也死于酒。他去五粮液酒厂，帮忙做广告，喝了几天的酒，回到北京就住进了协和医院，是肾或者肝得病了。他去世得比较早，我们很惋惜他。

王蒙

跟王蒙的联系是从我的学生开始的。我的学生很活跃，有几个学生和他很要好，包括陶东风、蒋原伦、黄卓越，还有王一川，都是我的学生。这样我们慢慢地熟起来了。

王蒙跟曾恬很要好，饭桌上只要有他和曾恬就要斗嘴，你一句我一句的。因为桌上没有人是王蒙的对手，他喜欢调侃，跟人家争论。曾恬也是非常喜欢说话的人，王蒙说一句她顶一句，非常有意思。后来我们跟王蒙的爱人崔瑞芳，也建立起了很好的关系，曾经几次到他家里去看望他们两口子，那个时候他们还住在一个平房院，当时的部长都住平房院，整个院子都是他的。到他的家里聊天说话，当然都是以王蒙为主，我说不出特别有意思的话来。基本就是王蒙一个人说，有时候我插几句。王蒙很随和，不是摆架子的人，他真诚地把我们当作朋友来对待。他有时候也到我们家走走看看，那时候我们还住在另外一栋楼的六层。我印象比较深的一次是谈到苏联解体，两个人都觉得惋惜，怎么说解体就解体了，我们那一代人是唱苏联歌曲成长起来的，对苏联歌曲充满了感情，觉得很好听。他当时就在书房，自己一个人唱了起来，说"以后还怎么唱这些歌？再也唱不出来了，这个世界变化就是这么大"。他认为我是个很认真在研究学问的人，很注意对文学规律的探索，这反映在《维纳斯的腰带》里，他为这本书写了一个序。

后来他到青岛的中国海洋大学出任文学院院长。这个文学院非同一般，最早的院长是闻一多。我猜想，他是想继承闻一多的事业，帮助海洋大学把文学院办起来。他正式接受青岛的大学约请后，要请人任教、讲学，我记得有柳鸣九，他是专门研究法国文学的专家，翻译过很多法国文学，写过法国文学史；再一个是何西来，他是社科院文学所的副所长，对当代文学很有研究，而且很会讲课；第三个就是我。我们连同他夫人一起去那举行各种活动，每个人都讲了一次课。

王蒙很感激我，我应约去了三四次，而且是签了合同的，每次都去。我到海洋大学去讲课，必然也要到青岛大学、青岛师范大学讲课。每年我都选择 5 月、6 月这个时间，那时青岛的各种花都开放了，樱桃也熟了。

我讲过多种课，有《文心雕龙》等，也讲过一些专题课，后来在他们那里还出了一本作为教材的书，叫《现代诗学十讲》。

王蒙听过我的课。这么多老作家，有谁听过我的课？没有，就他听过我的课。有一次我讲《文心雕龙》第一篇《原道》，关于第一句"文之为德也，大矣"，对"德"字有不同的解释，一般解释成伦理，即"文学作为一种伦理道德教化，它是很大的"；第二种是王元化先生的讲法，他说"这个'德'字是从《管子》来的，应该当成功来解释，说'文学的功用是很大的'"。王蒙听了我的课，说："你费了这么多时间来讲这个'德'字，中国的伦理、道德和美是分不开的，伦理是美的，道德是美的。所以这句话是说'文学的美，是很大的'，要是我来就这样讲。"我说："你这只能够是聊备一说，仅供参考，没有根据。还是王元化先生讲的比较好。"讲完课以后，我们私下坐在一起聊天，他说："'刘勰'的'勰'字我以前都不会念，以为是刘 si 呢，今天才知道是 xie。刘勰讲'文学之道'，这种'道'，现在我能理解了。"很有意思的是，有段时间他在哪里讲课，我也在哪里讲课，我在哪，曾恬也在哪，他的妻子崔瑞芳也在哪，我们四个人每天吃饭，说说笑笑，很愉快。

现在每年，他都逼着中国海洋大学党委书记将近过年的时候来一次北京，把到那里上过课的老师都请过来，一起吃顿饭。到后来他请的人就很多了，不但有教授，还请了很多作家，包括莫言、陶东风，但是他说上课最多的还是我。

和王蒙的交往一直没有断过，前几天发现他也老了，但他的身体比我的要好。他告诉我他每周还要游两次泳，每次游半小时到一小时。他现在什么都写，最近还出了一本专门讲为政之道的书。

这本书里有一些话是跟别人不一样的。他说"保守也是一种力量"，现在大家都批判"保守"，那读者就要看看这"保守"怎么是一种力量了。他很多话是反着说的，但你看了书以后觉得确有道理。他还说学习就是模仿[1]。

---

1 原句为"凡富于创造性的人必敏于模仿，凡不善于模仿的人决不能创造"。

季羡林

季羡林先生是我父辈的教师了，跟他认识纯属偶然。我们做的那套十六本的"心理学美学"课题丛书，不知什么原因，到了他的书房。他拿起了一本写古典的书来看，那本书恰好是陶东风的《中国古代心理美学六论》，看了以后觉得很好，就让他的学生把我和陶东风带到他的书房，跟他见面。后来我们就成为忘年交。

那次在书房见面，我们什么都聊。他问道："现在大家都说我是这个'家'那个'家'，历史学家、梵文学家、印度文学研究家、国学家……什么'家'都说。我真正是什么'家'，你们知道不知道？"我们说："不知道。"他说："我最近在中华书局出了一部书，叫《糖史》。我就是研究这一类历史的，这应该叫作法国的百科全书派，研究历史的一种方法。我实际上是个历史学家。人们都知道我写散文，但是我不是作家。"他送给我四部散文集，我觉得写得很好，他说："那都是业余的。"

他对我们都很热情，要我们留下来吃饭，我们坚决没吃。后来说要到外面去照相，外面有一个池塘，池塘里面有古莲子，是季羡林先生弄来的古代莲子，他撒到里面去，竟然长起来了，满池莲花。我们就在那里一起照了相。第二年他推荐了一个学生到我这来读博士。

季羡林先生是个很难得的人，学问很大，但从来都实事求是，不夸大自己。他有很多趣事，比如他永远穿一件中山装，一穿就是好几年，所以人家不把他看成教授。不是有这样一个故事

362

朴：童庆炳口述自传

吗？新学生来学校，看到他以为是看大门的，就对他说"你帮我看看这行李"。他的确是很好的一位老人。

蒋孔阳

还有一位老师跟我关系也是极好的，就是上海的蒋孔阳先生。虽然我们一个在上海，一个在北京，分别很远，但是我们每次开会都在一起，彼此之间能理解，所以后来关系变得非常密切。我不光认识他，还认识了他夫人和他学生。我们的学校的关系也很特别。蒋孔阳先生一辈子搞美学，美学研究做得非常好。他的学生朱立元，水平也很高。有一年蒋先生出了一本书，叫《美学新论》，非得让我给他写一篇书评，发在《文艺报》上差不多一版。朱立元也写了书评，他就到处说"童老师的书评比朱立元写的书评好多啦！他对我真理解"。他也给我写书评，我的第二本书《文学活动的审美阐释》就是他给我写的序，是真正把书都读完了以后写的序，这是很难得的。

1993年我们在山东师大开会，成立一个学会。那个学会有中国人，有外国人，一百多人挤在一起，可是教室太小，吵吵嚷嚷。蒋孔阳先生发言时，后面的人纷纷喊"听不见，听不见"，最后蒋先生说："童老师，你帮我念好了。"我那时候嗓子非常亮，我就说："大家安静一下，现在我替蒋先生念他的讲稿。"那讲稿我一念，蒋先生说："你念的，我怎么觉得，比我自己写的要好啊？"我说："我念的时候，你在静静地听呢，自己的书由别人念出来，都会有一种更好的感觉。"

蒋孔阳先生很不幸地走得比较早，他是七十四岁走的。他也是个非常厚道的人，有长者风度，特别是对年轻学者，有一种提携他们、鼓励他们的感情，这是很难得的。

杂谈语文教育

在语文教学方面，我自己有一整套的思考、一整套的思想，但是现在我没有精力写下来。要能写下来的话，定会引起社会的关注。

我编了一整套高中教材。先是人民教育出版社跟我们签订的合同，我们编了书，拿去竞标，竞标获得了成功。我们花的时间很长，从1990年代就开始做，一直到2002年还是2003年才编完。那是教育部招标的项目，给的钱很多，有三百五十万。

但是要问：这套书贯彻了我的想法吗？没有！说老实话，现在教育部所倚重的那些所谓的专家，年纪比我们要轻个二三十岁，经历比较少。有的主要负责人是搞现代汉语的，眼界比较狭窄。再加上原来有位领导负责当时语文教学新课标的制定，他把一群官员和老师带到荷兰去，学他们的语文教学，就变成了现在的语文教学思维，单元式的编写方法。这个我们都不太同意的。中国是一个有几千年语文教学传统的国家。我们的语文教学是有自己的特点，有自己不同的东西的，但是从民国开始就慢慢地被现代的学校完全给改造了，中国古代语文教学的思想慢慢地就消失了。现在的语文教学根本谈不上吸收中华古代文化的精神。

我的设想很简单，就是双语教育——语文教育和英语教育。从小学一年级到初中三年级，一共九年，在义务教育阶段实行双语教育。我在新加坡工作一年，他们实行的就是双语教育，从小学一年级到初中三年级，都是双语制。最后他们英文能读，中文也能读。不但英文解决了，中文也解决了，而且解决得很好。人家能做到的，为什么我们不能呢？

而且我认为小学、初中阶段的语文，不要学现代文。至于孩子们说话，他每天跟在跟亲人的交往中，在幼儿园，在任何地方都可以学到。看电视，上网，做游戏，到百货店买东西……都可以学到，甚至学得更好。赵本山，小学；莫言，小学；王朔，小学：他们都是小学学历，但是都成了真正的语言大师。

所以说，语言大师不是从课堂里，而是从生活里走出来的。那么语文教学的任务应该是什么？我认为在义务教育阶段，主要应该学习古文，比如学习三四百篇的诗词，两三百篇的古文。这些诗词古文都要背诵下来，只要背诵下来了，很自然地，就会读古文，就会喜欢中国的古典文化。特别是要记住古典文化中的精华、一些很有意思的故事。这样他们的人生就有了一笔了不起的财富。为人、治学、处世方面，我们的先辈做得那样好，我们为什么不应该向他们学习呢？

要是这样进行的话，起码首先解决了一个古文的问题。读古文的背后，还学到了中华古代文化精神。

任何语文都离不开思想，形式主义的语文是没有的。

古文很重要，我觉得应该根据我们中国自己的国情开辟新的思路，使我们这一次新的教材编写有一个新的思路。然后在教学中，有新的改造，实现新的变化。这样最终受益的是学生，九年学完，他不但会读古文，会读古代诗歌，了解中华古代文化，而且还会听说英文。即使毕业后，他不再继续学习，不再读高中了，没关系。他的言谈举止中有我们中国文化的精神内涵，有我们自己的故事。这多好啊。可现在打工出来的人，连几首诗都背不下来。我们的语文教材编辑了一个单元又一个单元，看起来很漂亮，实际上没有效果。

学习古文，要按朝代顺序来，而现在的体系则正好是颠倒的。可以说，在这一点上，我是比较极端的。按朝代教学，对老师来说，也不是很难的事情。其实原来我们编的第一套高中教材，就是按照时代来编的，从《诗经》开始，一直编到明清小说。那一次要真正地走下来就好了。那一次是胡乔木亲自来抓语文教学，出了一点成果。现在这些年编的教材，我觉得没有一部能够流传下去。不管从思想的角度、语言的角度看，还是从整个文化精神的角度看，都不够。有些提法也要改进，比如"文质兼美"的选文标准，宁可直接清楚点出就是要深入地了解中华民族的文化精神。要有很多对应的篇目，来讲人性，讲爱，讲我们是一个追求和平的民族。当然也讲"爱国主义""集体主义"……这些都可以从古文中找到，编起来不是困难得不得了。

反对的声音无非是说，民国时期用的一些篇章，都比较偏旧，而我们现在思想已经更新了。那么我们就用现代的思想去驾驭古代的诗文,使古代的诗文成为一个载体。这是完全可以的。古代的诗文的标点,现在学生读到博士都快毕业了还不会。

对于古文、现代文的学习次序,我认为要倒过来。我读过两年私塾,所以我知道,那个时候背的东西,连墙上写的什么东西,都是一辈子的记忆,永远不会忘掉的。现在的老师没有给学生提供这些东西。我小学五六年级时候是合班。周围的同学把历史年表改编为一首诗:唐虞夏商周秦汉,三国二晋南北朝,隋唐五代宋元明,清朝亡了民国兴。到民国就结束了,因为写诗那会儿还是民国时期。这一首诗,贴在教室里,根本没有人刻意去背诵,看着看着就把它记到心里,存留下来了,一存留就是几十年。所以对中国历史发展的脉络,朝代的更替,我用一首诗就可以背下来。下面还有注释,我都能记下来。南北朝指的是宋、齐、梁、陈;五代指的是梁、唐、晋、汉、周;梁唐晋汉周的皇帝都姓什么?朱、李、石、刘、郭……记得清清楚楚。这么好的记忆力为什么不用呢?现在的初中生,哪个朝代接着哪个朝代,每个朝代大概有多少年,说不清楚的。

现在的语文教学,没有走上一条坦途,没有走上一条我们自己的路。现在不是强调要有自己的特色吗?我们现在缺的就是这个。我们可以从吸收古代文化,从中国特色这些角度来谈谈。

现在社会反映出来的各种混乱情形,很大程度上跟语文教育没有注重讲古代一些很正确的思想有关。比如乐观、乐天。还有些古代思想及词汇,比如"孝",英文里面没有对应的词,欧洲所有的语言里面都没有。如果翻译成法文,"孝"要翻译成"对父母的虔诚"。

如果说，一个学生初中毕业以后，肚子里面有五百篇左右的诗词和散文——这些东西不是说随便学学，而是完全背下来的，那么，即使初中毕业以后上不了高中，他去打工了，当个打工仔，跟老板讲道理的时候，他可以拿出古代诗文中的一些成语、名句、小故事来讲。而且他还学了九年英文，说不定还能用英文跟外国老板去讲这些道理。所以你看，这人的素质就大大提高了。

　　我跟很多学校的教授都交流过，比如北大的袁行霈老师，我们都有这种感觉：现在的学生古文水平很低，他们上过大学，甚至念了博士，却读不懂古文。所以袁行霈老师有一次就有一个极端的做法，他对在座的考生说："现在谁能够把《文心雕龙》里面的某一篇背下来，我就录取谁。"最后，只有一位来自安徽师大的学生把《文心雕龙》的《论说》篇给背下来了，然后袁行霈老师就录取了他。所有其他学生，理论说得再好，都不要。连古文的句子都断不了，怎么研究古代文献？古文读不懂，又怎么能理解古代文化的精神？不可能的。

　　幸亏现在有些学校开设了古文班，比如二附中。古文班毕业以后，成绩考过去了，整个班就到北大去，以后就做古代经典的整理。这是谁的建议呢？启功先生的。

　　这些古文诗词，也不一定要由浅入深，比如只读一篇古文的一两句话。"己所不欲，勿施于人"，我认为这句话就可以作为小学语文教学的第一篇。老师先不讲，让学生回去和爸爸妈妈讨论。"己所不欲，勿施于人"这八个字，了不得。联合国曾经要搜集世界上的十条格言。其中，中国收的就是"己所不欲，勿施于人"。当然，这第一篇也可以换一句话，"先天下之忧而忧，后天下之乐而乐"。同样的，老师先不讲，自己回去跟爸爸妈妈讨论去。

我发现有很多孩子，不喜欢写简单的汉字，宁愿写笔画特别繁多的。比如"美麗"的"麗"，鹿突出那个角，那就是美丽。这很有意思。笔画很多，就像画画似的，可以把它画出来。

也许有人说，你这不是复古吗？要背五六百篇古诗文，只是就它的载体而言。而语言载体的背后，是有思想的。我们要把现代的思想作为选材的一个标准。那么现代思想有什么呢？六个词：真、善、美、自由、平等、博爱。这六个词在古文里面难道没有吗？肯定是很多的。所以传输的还是现代思想。"表"是古文；但是"里"，是现代思想。看起来学的是古文，实际上学到的是如何做人、如何治学的道理。当然可能也有人说，你说的这些现代思想还不够。那好，我可以增加一些，比如爱国主义、集体主义、环保、改革等。我们整个中国几千年多少改革家？连列宁都称赞王安石是"中国第十世纪的伟大的改革家"。

过去我们是读私塾的，我在民国时期读过两年私塾，那学到的东西至今不忘。后来年长了以后背诵的东西，则不同。比如大学时候老师要求将李白、杜甫、白居易这三个诗人合在一起背诵一百篇。当时我们都背诵下来了。但是现在我只能记得其中的一些句子，整篇已经背不下来了。那么我们为什么不可以提早到初中去背？那时背诵的，就忘不了。因为那个时候的记忆力是最好的。从心理学的角度来说，也需要记忆一些东西。

当然，并不要求中小学生写文言文。至于有的学生已经学会，他忍不住写了，给朋友用古文写封信，那是他自己的事儿，我们管不了。

再一个问题就是，将现代文摆在何处？学生要不要学现代文？学！现代文，我把它摆在最重要的地方——高中三年就学"鲁郭茅巴老曹"等人的现代文。这个时候他们的记忆力不如小学和初中的时候，但是理解力大大加强了。而读鲁迅、郭沫若、茅盾等人的小说、诗歌、杂文，是需要理解力的。没有一定的理解力，你根本就读不懂。所以我认为现代文应该放在高中去学。这个时候，要真正了解现代文学里所反映出来的社会思想、近现代以来中国的变化。现代的这些作家的思想，如果没有一定的社会史，没有对生活的一种把握作为基础，怎么能理解？理解不了的。像鲁迅，他很深奥的，你在初中时即使有注释也根本读不懂。比如鲁迅的《故乡》看起来似乎是比较容易的一篇，现在放到初中来学，实际上鲁迅跟他小时候的小伙伴闰土之间的那种关系的变化，那种隔膜——原来是那么要好的小伙伴儿，后来竟然从他嘴里叫出一个"老爷"——初中生很难理解的。要到高中，有了人生阅历之后才能理解。也只有到了高中，才能理解鲁迅的小说《药》。

那么写作呢？我的解决方法是从小学一年级到高中三年级都要设两门课：一门是作文课，一门是写字课，并行不悖。作文课课时很少，每周一节。这一节课，用来讲范文。选取一千字左右的文章，专门讲写法。比如说写一篇文章要有主旨；要有选材；要有结构，结构里面逻辑怎么处理；有哪些修辞方法。

为什么有的文章可以写得有文采，能动人；有的文章则不能。下一周，就按照范文来模仿。小学毕业，就不许一味地模仿了。

写字课也一样。现在已经开始认识到汉字的重要性，汉字是中国文化的精华，非学不可，非写不可。

我上述的观念和想法来源于两方面。一方面是我看到台湾和香港的语文课，在保存中华古代文化的精神方面做得更好。他们的语文教材中，古文编的分量比较重。另一方面就是我切身的体验。我带了很多博士生，虽然学历已经到最顶尖了，可还是要我给他们讲解古文。从1994年开始，我一共讲了十八次《文心雕龙》。本来我可以像黄侃先生那么讲。黄侃先生的讲法，是学生先读，读完了以后他抽出一些重点词语来讲。但是我这么讲就不行了。如果我不讲课文本身的意思的话，学生就不知道这课文讲的是什么。后来我就指定，一个学生讲一篇，别的学生都要预习，然后给他挑毛病。这样子课才上下来了。总之现在孩子们头脑中乱七八糟的思想太多，真正有用的东西太少，这是我很担忧的一个问题。这个问题，语文专家叶圣陶也意识到了。1948年——已经接近解放了，他还提出，中小学语文教学应该主要教文言文。

所谓写作技巧，我认为不是从课本上学来的。比如老舍的《济南的冬天》，没有太大的意思，但有一种情调。比如钟敬文先生写过一篇《碧云寺的秋色》，写得非常好，也很有情调。这个情调不是说你学学就能学会的，那要经过长久的写作练习，慢慢才能知道的。你形成了一种习惯，能够把自己的个性投射到写作的过程中，这样才能够形成自己的语言的情调。就像我写散文一样，开始战战兢兢不太敢写，但是写了第一篇以后，这信心就来了。

我写的第一篇散文叫《远山》，写我童年时候坐在门槛上面，一边吃着零食，一边看着远山的那个情景。这个《远山》我不敢拿到大刊物去发，就给《闽西日报》了。结果在闽西引起了一次轰动，都说大学教授写的散文就是跟别人不一样。根本不同的地方，就是散文要有情调，而有的散文就是写写事、写写情感，不能够通过写景把自己的情感蕴含其中。而且这种情感，又是淡淡的。

实际上，说话的艺术，也不是从课本里学的。它跟自己的个性、生活环境、周围交往的人有关系，甚至跟民族性也有关系。比如我们始终不能像美国人那样幽默。我们中国人一百年来都处在剥削、压迫之下，一直处在挨打的局面，感觉到万事不如人。慢慢地，自信心就丧失了，因此幽默不起来。幽默需要一种内在的力量，你觉得很强大，很有力量，你就可以幽默；如果你觉得很虚弱，说话总是战战兢兢地，那就怎么也幽默不起来。王蒙很欣赏启功先生的墓志铭："中学生，副教授。博不精，专不透。名虽扬，实不够。高不成，低不就。瘫趋左，派曾右……"只有有力量的人才能写出这样的句子。他不怕人家说他是初中生，也不怕人家说他的职称在"文革"期间只到了副教授，因为他有现在的成功作为底蕴，来说这个话。

语文教学有很多问题，我们心里很着急，可是解决不了。这里有各种各样的人事关系。从整体上看，语文教学如果还是这批人，它以后的发展好不起来。不过就是修修补补而已，不会有大的变化。当然，十年以后就另说了。等到现在五十岁左右的人当权了，也许会好一点。

北师大出的那一套小学、中学教材是郑国民老师他们编的，高中的北师大也编了，但是没通过。结果我在人教社的那套通过了。北师大出版社后悔不已，说当时为什么就没有想到童老师呢。他们又花了很多钱，才从人教社买过来。后来我们一共出了二十本书，有教材，有选修课。

浙江师大出了一个语文教学方面的论文集，里面讲到当代四大语文教学的大家，也就是四派：钱理群一派；我一派；王宁一派，他们研究古汉语；孙绍振一派。

语文教学最终是人的建设的问题，要跟人的建设密切关联起来。所以过去把语文课当作工具课，是不对的。我们要立足于中国古代和近代的语文教学传统，当然并不是全盘地吸收，而是吸收那些对我们今天仍然有意义、有价值的部分，摒除那些没有用的、没有价值的部分，这样语文教学才能够搞好。

哭曾恬

你匆匆地走了，在 2009 年 1 月 19 日傍晚时分平静地走了，连一句话也没有留下。春天还未到来，百花还未吐艳，你还来不及再瞥一眼那花团锦簇的世界。虽然你已经病了一年半了，但我一直认为你的生命力很顽强，一定能够继续活下去，能够迎接一个又一个新的春天。对于你的走，我还没有做好充分的准备，真的没有。你这样匆匆忙忙地走，我无法接受。不是吗？你自己做好准备了吗？你不是说，还要看一回房子前面园子里那五颜六色的迎春花、牡丹花、芍药花、月季花和石榴花吗？可春天还未到来。

记得 1959 年即将毕业填写分配志愿表的时候，我们两人都毫不犹豫地报了内蒙古，想携手为花的草原的孩子们带去知识和智慧。但是组织让我们留校。我们开始当助教。我在文艺理论组，你在教学法组。你不喜欢教学法，喜欢外国文学，但你服从了分配。你随后觉得与其在大学研究什么教学法，还不如亲自走上教学第一线，于是申请到中学去。你终于如愿，到了二附中。

你是那样喜欢你的新岗位，每天备课到深夜，对学生更是关怀备至。你的热情，你的无私，你的开朗，你的认真，你的责任感，你的教学能力，让大家都欣赏你、拥戴你。不久，你就当上了北师大二附中语文教研室主任。你盼望已久的入党申请似乎很快就要获批。但是，意外发生了。有一天，你在学校小餐厅吃中餐的时候，听见了当时二附中的一个人事干部，把一位老师档案里不应该公开的情况拿到饭桌上当谈资。你怒不可遏，无法忍受这个人事干部如此无原则的做派，你拍了桌子，当场与他争论起来。你一贯的正义感和直率的态度,感动了周围很多人。大家有顾忌的做不出来的事，你敢做敢说。事后你觉得不愿再在二附中校园里见到这个人事干部的面，愤然离开二附中，回到了你的母校北师大女附中，做一名普通老师。事后，有人说你是"一张大字报"，坦白，真实，毫不虚假，不管这样做会对自己产生怎样的影响。亲爱的，春天还没有到来，百花还未吐艳，你为何匆匆走了？我们不是说要慢慢地来回忆分析这件事对你的人生之路造成怎样的影响吗？

我们住在北师大学十二楼一间学生宿舍里，那窄小的空间就是我们的家。但你从不埋怨我无能为你提供更好一点的生活环境。我们真的是同生死、共命运的夫妻。1961年冬天，我们处在饥饿的状态。一个星期天，学校发了两斤黄豆，我们把火炉搬进房间里炒黄豆。我们是那样兴高采烈地吃了那些炒熟的黄豆，然后睡下了。我不知道自己睡了多久，但在睡梦中似乎听见了你的呼唤：水，水，我渴了。我勉强起来，走到桌边，拿起了水瓶，正要倒水，却突然倒下，失去知觉。过后，我才知道，我们都被煤气熏晕过去了。是你拼尽全力，一步一步爬到门边，握紧你的小拳头，使劲地敲，终于有人听见了，从外面把门踹开，把我们俩从四层楼抬到雪地里。我醒来的时候，看见你泪流满面，不断地呼唤着我的名字。如果那一天我们两个都走了，会怎么样呢？但我们都没有走。我们坚强地共着命运。我死过一回，从天堂又回到人间，我不能走，我舍不得你。亲爱的，春天还未到来，百花还未吐艳，你为何匆匆走了？你不是说那次中煤气的事件，可以写成一篇短篇小说吗？

还是在学十二楼里发生的事情。你在女附中做班主任，班里有一位在抗日战争结束后被抛弃的日本孤女 [1]，她生活困难，吃不上好东西，住的地方没有暖气，影响了学习。你是那样同情这个日本孤儿。你跟我商量，下课后要把这个孤儿接回家里来。其实，那是困难时期，我们自己也吃不好，也挨饿，学校宿舍的暖气也不暖和，而且我们只有一间屋子。接回来怎么办？让她住在哪里？有什么好东西让她吃？但你坚持认为我们的情况无论如何比孤儿的要好。我同意了。孤儿的确值得同情。我们在房间里拉了一个布帘，把房子隔成两间。我们吃什么，都会有她一份。后来，我们终于在宿舍中间的大房子里给她找到一个床位。你把她看成你的姐妹。你从不想自己是否有能力这样做。我那时候才发现你悲天悯人的气质，为你的善良和爱心感动，我一刻也没有忘记你的话：只要我们能帮助别人，一定要伸出援手。我一辈子记住了你的话。亲爱的，春天还未到来，百花还未吐艳，

1　前文的说法为"两姐妹"，而非"一位"。——编者注

你为何匆匆走了？你不是说有机会的话，我们要到日本旅游一趟，寻找那位你帮助过的日本孤儿吗？

1963年，我赴越南工作，把你和刚刚出生不久的儿子抛下，远走异国他乡，不能在你的身边看护你和孩子。你放弃了北师大的宿舍，想在女附中附近找到一个栖身之所。二龙路二号，这是女附中的宿舍，这个两层的四合院里，住着六位德高望重的女老师，她们虽然已经年过半百，却没有结婚。她们是"老姑娘"，不允许任何人员进入这个院子。那时你正为在女附中宿舍找到一间宿舍而犯愁。但她们伸开双手，欢迎你住进去，还带着刚生下不久的男孩儿。在这个院子里发生的故事可以写一部长篇小说。真的，我们似乎正是在那十平方米的小屋里才真正地找到自己温馨的家。但"文革"风暴遽然而至，是我们没有料到的。我们在那里一同经历了那场大风暴。红卫兵来院子里抄家，特别是抄那六位老先生的家。她们从未经历这种场面，吓得气喘吁吁东倒西歪。是你将她们一一扶到我们的小屋里，她们才临时找到一个避风港。你用最温柔的言语安抚她们，说这一切很快就会过去。你以"革干"的"红五类"出身的姿态，走到那些红卫兵中间，给他们做工作：千万不要大抄，她们是诚实的老师，她们为祖国工作，是什么"反动权威"吗？你还告诉他们，这几位老师中还有人与毛主席有密切关系，你们这次抄家是得到毛主席的批准的吗？红卫兵听了你的话，虚张声势地喊了几声口号，很快就撤了。几位老先生惊魂未定，见红卫兵在你的劝导下很快就走了，感到疑惑，不知你是用什么妙法把那群红卫兵弄走的。她们把你视为解救她们的英雄。但这仅仅是你的英雄壮举的开端。在整个"文革"中，你不论如何折腾，她们始终是你的忠实的支持者。因为不满工作队刚进校就把十个年轻的学生打成"反革命"，你不平，你愤怒，你贴了大字报质疑工作队。第二天工作队就把你打成"反革命"了。从此，你卷进了"文革"风暴中，再也走不出来。女附中的"文革"不堪回首。你竟然成为一派的头头之一。你奔走，你呼喊，你演讲，你写大字报。你就像穿了红舞鞋的舞女，再也停不下来。批判工作队的时候，你竟然到了团中央礼堂，你从远处看到了女附中工作队队长，你不顾一切从人堆里硬闯到了台上，你控诉，你批判，你还动了脚，踢了几下，你才觉得宣泄了自己蓄积已久的感情。军宣队入校后，支持你们，你们疯狂了。工宣队入校后，支持对立派，你们迷惘了。"文革"中"拉练"真是要了你的命。你带着严重的气管炎，整夜整夜地不能睡觉，还要带领几百学生跋山涉水，完全透支了你的体力。回到家的时候，简直认不出你来了。林彪事件后，我们有过彻夜长谈。我们对"文革"的路线提出了质疑，认为毛主席的话不是句句都对。从那以后，你的身心才稍微放松了一些，参与"文革"的热情才消退了一些。但树欲静而风不止。因为你揭露了他们中的一些人所搞的乌七八糟的见不得人的事，他们把你从女附中调到了四十二中。你终于离开了是非之地。但女附中的"文革"耗费的生命力量是难以估量的。亲爱的，春天还未到来，百花还未吐艳，你为何匆匆地走了。我们不是说好了要用一段时间,把女附中"文革"的前前后后用录音记录下来，作为后人研究文革的参考吗?

　　新时期开始之后，在《祝酒歌》那令人陶醉的歌声中，你以令人难以相信的废寝忘食的精神，热情地参与学校的教学工作。这时我们已经离开女附中宿舍，住到了月坛北街的六号楼。你当上了四十二中语文教研室主任。我至今仍然记得你那时的一些学生的名字，如季艳美、丁德旺。前者是你树立的好学生的代表，他们在你的教育下，先后考进了高校。后者是当时你带的一个班的坏学生的头头。你不认为他们是天生的坏，你一步一步接近他们，鼓励他们，一次次地去家访，终于使这些学生转变了，他们把你视为自己的亲人，不但自己做好事，还帮助把整个班都管好了。你每天都要跟我谈季艳美们和丁德旺们。你对他们的仁慈之心、热爱之情，如同甘露浇灌了干裂的土地。与此同时，我们共同的理想——文学创作也开了头，你写的短篇小说《熊兰的秘密》发表了，电视剧本《苔花》也发表了。接着《咪咪和她的加洛华》不但发表了，还被福建的《中篇小说选刊》转载。那是我们共同话题最多的一个时期，每天晚上都谈得很晚，谈读过的作品，谈生活中的故事。有一次你讲了一个假离婚的故事，给我留下很深的印象。我提议用我们自己的体验把这个故事填充起来，写成一个中篇或长篇。我们终于共同完成了这部小说，投到《当代》杂志。当时的编辑、著名作家、理论家秦兆阳看中了，约我们去谈，说要做出一点修改。后来小说起名《生活之帆》，1980年由人民文学出版社出版，初版七万册，很快售空。我们收到了五百多封读者来信。同学和朋友来信说：你们的《帆》也在我们这里"升起"了。你参加了北京作家协会。随后，你转入了西城职工大学，一边继续写作，一边开始了你心爱的外国文学的教学与研究，开始专注研究普希金和契诃夫。你写了系列论文，顺利发表，不久就被评为副教授。儿子出人意料地以高分考上北京大学。我先后被评为副教授、教授。1984年我们稿费收入猛增，成了"万元户"。生活如同一首长诗的开头，一切都十分令人期待。亲爱的，春天还未到来，百花还未吐艳，你为何匆匆地走了？你不是说，文学创作要继续下去，除了已出版的小说结集《太阳还会爬上来》，还要把已有的散文、诗歌整理出来，再出一本诗文集吗？

儿子突然放弃即将到手的硕士学位，要独自闯美国。他如愿进入了美国爱荷华大学。那时我们已经搬进了北师大宿舍。你对儿子的思念如潮水势不可当。你不满足于一个月一封信。在儿子去美国的第三个春天，你以探亲的名义去了美国。你的英语水平有了很大的提高，已经能用英语在公共汽车上与美国人交流，甚至能介绍自己和自己的家庭。你到了儿子身边。你的爱得到满足了吗？没有。你觉得不能白来一次美国，既要深入美国的生活，积累创作的素材，也要赚一点钱，弥补来回的路费。你竟然背着我和儿子到了芝加哥，通过朋友介绍，去一个美籍华人教授家当保姆，骗我和儿子说是做家教。你在北京是用保姆的，可你到芝加哥却是当保姆。美国的保姆是好当的吗？你是你们家最小的女儿，自小受父母亲和姐姐无微不至的照顾，养成了任性、率真的性格，这样的你怎么可能在美国那个国家的奢华的家庭里，听任别人的差遣，被主人呼来唤去，做那最脏最累最苦的事情？其间，你对当保姆的辛苦是怎样忍受过来的？你对那不懂事的孩子的折磨是怎样应对的？面对那位作为外婆的老太太的怀疑，你敏感的神经是怎样一次又一次斗争过来的？

你的苦衷、无奈、辛劳、苦闷总要找一个地方发泄吧，你终于在主人都出门了之后，打了长途电话，向我说了真话。你的哭诉我至今记忆犹新，仿佛就像昨天才发生的一样。我坚决劝你立刻离开，回到儿子那里去。我也立刻给儿子打电话，要求他立刻把你接出来。终于有一天，你跟老太婆大吵特吵起来。你回到了儿子身边，把赚到的两千美金——在1988年，对中国人来说，这是一个不小的数字——统统交给了儿子，一分不留。你在儿子那里给他做红烧肉，做他喜欢吃的各种菜。你的爱心，让左邻右舍的中国学生羡慕。你对儿子的爱博大无边。随后，你去了美国的一些地方游览。你去了你特别向往的好莱坞，在明星们停留的地方也漫步了一回。后来你回到祖国，回到了自己的家。你是那样欢欣和高兴，跟我平静地述说在美国的经历。你已经能换一种眼光来看那段生活，很快就拿起笔，写了你的长篇小说《中国女教授在芝加哥》(后改名为《梦醒衣阿华》)，时代文艺出版社也很快就出版了你的小说。在九十年代中期，你的小说成为排行榜上的畅销书。你的诚挚，你的童心，你那种敢于"暴露"自己的精神，你写的生活的真实，你笔下细致入微的细节，语言的灵动、活泼，都帮助你获得了成功。接着你创作的激情像决堤的河水一发不可收，《哦，领养的白孩子》《不是猛龙不过江》《洛杉矶的一块黑火腿肉》等多部中篇小说陆续发表。你自嘲地说：在一个地方生活了一辈子，写不出一个故事来；在美国生活三天，却写一辈子也写不完。是的，那的确是你创作的一个喷涌期。亲爱的，春天还没有到来，百花还未吐艳，你为何匆匆地走了？你不是说，还要写你自己的革命家族的兴衰，那说不定是最具有意义的一部长篇呢？

我们年老了，在别人面前，我们互称老伴儿。1996年我到韩国高丽大学讲学，你伴我而行。我们住在高丽大学山顶的外国专家宿舍里。你每天要下山买米买菜，为我做饭，吃饭的时候，你有说有笑。你还辅导韩国学生学习汉语，赚到的钱足够我们在首尔的吃用。你还到韩国一些大学演讲，讲中国女性如何成为"半边天"。你对周围的人具有无可争辩的魅力，大家都喜欢你的落落大方和天真幽默。你交了许多朋友，甚至还认了一位韩国女学生做干女儿。2000年我到新加坡南洋理工大学讲学，你又伴我而行。你还是为我做饭，但又花了很多时间学习英语，你的英语使我们无论走到哪里，都用得上吃得开。那时你的体力就开始出现问题，爬一个小小的山坡，都会觉得喘不过气来，要歇好几次。但我们不是克服了一切困难，在世纪之交的异国他乡，度过了相依相伴的很愉快的一年吗！有时我是你的支柱，可更多时候你是我的支柱。记得有一天国内传来一些对我不利的消息，我情绪波动，内心十分不安。但你此时平静得像一个坚强的男人，不过半小时，你通过学生的电话，通过一个可靠的朋友，立刻就把问题问到了中宣部，原来那消息是假的，是子虚乌有。我的情绪立时恢复正常，我那时是多么感谢你啊！我认识了你的另一面，你经过了"文革"风雨的磨砺，有经验和魄力，对任何突然发生的情况，都可以做到毫无畏惧，你是值得任何朋友信赖的勇士。亲爱的，春天还未到来，百花还未吐艳，你为何匆匆走了？我需要你这个勇敢的老伴儿啊！

如今，你走了，屋里静悄悄的，听不到你的欢笑，听不到你的喊叫，听不到你的唠叨，听不到你的吵嚷，听不到你在病床上的呻吟。我无法忍受这种寂静，这种凝固的寂静。我乞求你像平日那样欢笑、喊叫、唠叨、吵嚷和呻吟，那样我会感到一种生命的活跃、生活的鲜活，一种习惯的生活在继续，一种真爱在继续。可是你突然走了，留下了这无边的寂静。虽然你离我而去，但我总是在梦中见到你，你没有死，一切还是那样正常，做我们想做的事，走我们想走的路。梦醒时分，我才会意识到你已经不在。我感到失落，感到绝望，再也无法入睡。我心里呼唤你，你现在在哪里？我要寻找你，可我找不到。我投入蓝天，寻找不到你这白云；我投入白云，寻找不到你这细雨。亲爱的，请告诉我，你现在在哪里？春天还未到来，百花还未吐艳，你就不想再瞥一眼这花团锦簇的世界？！

［附］老伴儿（文／曾恬）

老伴儿？有时我心里好笑。在别人面前管他叫老伴儿，叫得琅琅上口，是从何时开始的呢？已记不清说不准了。明年就七十岁了，叫也是该叫的了，反正这是老人对配偶的一个中国特色的称谓，就这么叫吧。不过颇有几位至今仍旧叫他"小童"的。有的曾是我们的老师，也有年龄差不多的同窗和同事。每每听到他们对他的这个老称呼，觉得挺亲切、挺感动，甚至还有点美滋滋的呢。说明我们都还没老"透"嘛。

"嘿，你这是怎么搞的？这一流的眉毛和头发什么时候变成这个样了？跟遭了殃的树林似的……"也就是去年吧，一天的午饭后，他照例是靠在床头看报纸，照例是准备着一会儿就睡个小觉。我站在他跟前说什么事，突然发现那本不该吃惊的变化。那一双曾经浓黑的剑眉，跟那一头曾经密匝匝的黑发，竞相闪光。我忍不住伸手去摸他那如今稀拉拉的干枯的乱翘着的灰白头发，想抹顺它们。他见我那不服气不甘心的样子，忍俊不禁地推开我的胳膊，自己伸手挖起来，还一个劲地笑。

在他经常出差的日子里，我喜欢给他整理那一团乱的写字台以及乱得关不上门的书柜。见他夹在书里不同颜色的小纸条和在书里画着的也是不同颜色的圈圈道道，还有那积年累月写满了阅读摘抄和随笔心得的笔记本，逐年逐月地增多。那一日，我在他的书房里整理着整理着，心头忽地一颤，愣了片刻。我暂时停止了整理工作，翻开我的小本子，记下这瞬间的思潮。

哦，我看见了

它们跑到了这儿!

真是前仆后继啊

紧跟你岁月的脚步

还陪伴着

你一批又一批的脑细胞

并无悲伤地

告别了自己的弟兄

幻化成这无数的纸条

和无数的圈圈道道

颜色挺美

很像雨后天空的虹

落在你的书本里

夹在你的书缝中

带着你的呼吸

喧闹着你的书斋

呼唤着你新的脑细胞的诞生

　　写到这儿，我特别想说说他读书的情况。在这件事情上只有我知道得最清楚。大学时代，我俩同班。他担任着重头的社会工作，始终没有脱开过身。光是开会至少占去了他三分之二的学习时间。本来政治运动就多，其实我们学到的知识都太有限了。为此，在（提前一年）毕业留校于中文系文艺理论教研室后，他便拿出了吃奶的劲头去"补课"：尽可能多地听课，尽可能多地阅读，尽可能多地抄读书卡片，尽可能多地写读书心得笔记。此外，他还特别重视老教师的点拨和指导。在被派往越南之前，整整四年里，他几乎天天用功读书到深夜。在毕业后的第三年，他两万字的"处女"论文《论高鹗续〈红楼梦〉的功过》在北师大学报上发表了。可以毫不夸张地说，毕业后的四年，他读了个真正的大学本科。而他的收获，却是远远超过了我们上的本科。1963年他被派去越南河内师范大学教授中国文学。他带了满满一箱子书。那时，越南正是战争时期，生活很艰苦。他们都住在没有纱窗的房子里。除了炎热，还要和墙上的壁虎、满屋的蚊子抗争。就在那样艰苦的环境里，他再次系统地钻研中国文学史。为了让学生容易接受，他用最接近口语的白话文

　　　　　　　　　　　　朴：童庆炳口述自传

"译"出了不少古诗词,连难度极大的屈原的《离骚》他都不"躲过"。他为学生编写了深入浅出的讲义,给学生的学习扫除了难以想象的障碍。两年的越南教学经历,等于让他读了个硕士学位。回国后他被调出中文系去做越南留学生的工作。无论工作多忙,他一天没有放弃过读书。他总提醒自己:"知识一定要积累。力量靠厚积才能薄发。不厚积,靠爆发是爆不出来的。"在不久后的"文革"中,他被派到阿尔巴尼亚地拉那大学教授中国语言文学。真是天助他:在那三年里,他获得了得天独厚的读书条件——我国大使馆的一位负责同志,把已经封闭了的图书馆的钥匙悄悄给了他。课余时间,他可以钻到书堆里尽情尽兴地找书、读书。诸多经典文学名著和名人文集、全集,要么是在那里读完的,要么是在那里读了第二遍或第三遍。"文革"后期回国后,由于莫名其妙的原因,他在政治上被"冷冻"了两年:烧了一年锅炉,靠边站了一年。哪里想到这竟然又给他"创造"了一次自学的良机。似乎在冥冥之中他听到了这样的声音:"读吧,读吧!你是对的。"我忘不了他那三年的读书生活。那时,北师大图书馆早已经允许借书。他基本上是每周或每半个月借、还一次书。他的床头桌上和枕头边永远放着一尺多高的书籍和一些卡片、笔记本。除了宗白华和别林斯基等人的文学理论著作,更多的是些书名让我"头大"的著作。如马克思的《政治经济学批判》《哲学的贫困》,恩格斯的《反杜林论》《自然辩证法》,以及德国哲学家康德、黑格尔等人的著作。天天晚上,他就着一盏小台灯,一读就是四五个小时,常常在我睡醒一觉半夜起来上厕所时,他还完全没有罢休的样子。你以为他读得苦吗、困吗？不，他始终是神采奕奕地读呢。

"那些石头你啃得动吗？"一天晚饭后，我指着那些书不无讪笑地问他。

"啃不动也得啃。比如恩格斯的《自然辩证法》，我硬是读了五遍才明白他说的是什么。消化了没有我还不敢说。咱们以前少读多少东西呀，怎么有资格去独立思考？"

还需补充一句："文革"后期以及"文革"刚结束时出现了不少与他的专业有关的新书，对他的吸引力非常大。他买了一批又一批。新名词、新观念、新视角、新论点……扑面而来。他既不会对它们视而不见，也决不会轻易地向它们顶礼膜拜。他对所读的书永远用自己的"胃液"去消化，消化不了的决不违心地说"香"。

就这样，在"文革"期间，至少是在我看来，他等于读了个博士学位。七十年代末，在《祝酒歌》响遍神州大地的时候，他要用自己积累的知识努力地酿酒了。每到礼拜天一大早，他就把稿纸、笔、干粮、一瓶开水、必要的几本书、一个小板凳，全部放置到他的自行车上，到我家附近的八一湖边小山上的树林里，写呀写，天不擦黑不回家。那里没有任何干扰，是他特别"出活"的地方。我曾一度称那个地方是他写作的"伊甸园"。他写东西跟读书一样，不急不躁，积少成多。真是天不罚勤。就在"改革开放"的口号正式提出之前，他的文章（学术论文占一多半）已经是写一篇发表一篇了。对于文学理论的一些核心的、关键的问题，他提出了许多新的观点，其中不乏"颠覆"性的。他决不盲目赶新潮。他对文学理论事业的投入，是以火样的热情，而对每一个问题的思索，却是以冰样的冷静。他多年读书、探讨、独立思考，终于盼来了开花结果的季节，欣喜和兴奋是可想而知的。有人十分惊讶他的"多产"，说什么"睡醒一觉，他竟然成了一棵结'论文果子'的树了"。其实我太清楚了，他的成绩绝不是什么奇迹。他在大学毕业后不停歇地补了二十年的课（还说要补一辈子），早该厚积薄发了。他的果子不是靠催化剂催出来的。

在我与老伴儿共同生活的四十四年岁月里，许多方面他确实是我的榜样。在工作和生活这两方面，他所持的态度也和读书一样，有毅力，有耐心，有责任感。1986年之前，我们住校外，离师大不算近。他天天骑车上下班，从不迟到早退。无论刮风下雨，或被骑快车的人撞倒，回到家从不诉苦发牢骚。摔倒的事只是在很久后当笑话说给我听听。说起干家务事，年轻时我俩工作都忙，他总是拣重活累活干。出国时，年年暑假回家探亲，下了飞机一到家，立刻卷起袖子系围裙，炒菜做汤堪称一把高手。我常常开玩笑说，他身上总有一股厨师的味儿。在我们单位的宿舍院里，他被老教师们公认为"最理想的丈夫"。对儿子，他既是严父又是挚友。在孩子成长的过程中，他的付出，用呕心沥血来概括丝毫不过分。

我还想说说他跟学生的关系。当了四十七年老师，如今还在当，学生可以说是他的大爱。"文革"时有一年他当一个班（工农兵学员）的班主任。他把学生带到农村去搞教学改革，学生分几个小组住在不同的村子。他为了及时了解情况，天天骑车各村跑。由于路不好，人太疲乏，有一次竟猛地撞到了一棵树上。他就瘸着腿，扛着撞坏了的自行车，咬着牙继续各个村子走。他把那个班带得有朝气，爱学习，又很有凝聚力，毕业时报名去西藏的同学很多。他喜欢跟我说起那些学生的名字，而且每次提起撞树的事儿就哈哈大笑。八十年代以来，他年年带研究生，近几年只带博士生。他对学生绝对是严师，可又很像慈父。每年招上新生，他都要带着他们去爬香山，学生毕业前夕也尽可能约他们再爬一次。游香山时，师生之间谈笑风生，话题多多，彼此增加了了解，增加了亲和力。平时给他们上课，哪怕是讲过四遍五遍的内容（如《文心雕龙》），每讲一次，他还是要花一两天的工夫，在电脑上或删节或补充，甚至重新书写。凡是让学生讨论的课，他一定要用更多的力气去准备：要估计可能出现什么争论？不同观点可能拿出什么论据？学生可能掌握哪些资料？作为老师要掌握什么资料？自己的观点站不站得住脚？……准备得细而又细。他备课时需要绝对安静的环境，有时连电话都关上。学生到了写论文的阶段，便是他最劳心劳力的时候了。他要不厌其烦地一次次和学生讨论论文的核心论点以及大致的结构，一次次地给学生提供参考书目，一次次地询问学生论文撰写的进展情况，直至学生写完、把论文打印成册交到他手中。待到他一本本地看（每篇博士论文均六七万字）论文时，用我的话说，我的老伴儿"脱几层皮"的日子来了。他的写字台上等他看的论文堆成了几座小山（因为每个老师都是不仅要看自己学生的，也要看其他几位老师的学生的论文）。他总是一字字一句句地看，边看边写。他认为任何神奇的快速阅读法都不能用到看论文这件事情上。年年在看论文和学生论文答辩的日子里，他的胃溃疡症准要发作。看病去吧，时间已经很紧了。不管它吧，疼得受不了。这时他就一招儿："快把雷尼替丁拿来！"只好给他。这还算平安。最让他恼火且让我肝儿颤的事情，莫过于碰到他自己带的学生写的论文一改再改仍旧"拿不出手"。这种情况多数发生在读书不认真的学生身上。这会使我的老伴儿脾气变坏，失去耐心时他会粗暴地吼叫："再改不好就别交来！延迟毕业！"听到他这种"失常"的声音，我会吓得一哆嗦。可是脾气发完后，他还是要绞尽脑汁地去帮助那个学生。但凡能达到水准线的，都不让"沉"下去。可要是真的不够起码的水平，拖延一年两年毕业是有过的，这他不会心软。要说奇怪也不奇怪，凡是被他批评、吼叫过甚至推迟毕业的学生，都不恨他。过了许多年，他们还想念他。

我老伴儿还有个长处，就是不记仇。伤害过他的人和事，他不但忘得很快，这人求他帮助时，他还总是想尽办法帮。我做不到，也理解不了。我提起这些人的名字就气哼哼的。他说我小肚鸡肠。

他一直是个"努力型"的人。不了解他的人可能以为他的名利心很重。是啊，马上就七十岁了，（有人认为）他干的事情已经那么多，（有人认为）他都功成名就了，还何必干劲那么大。无利不起早，不为名利为什么？其实，我在近距离长期地"琢磨""研究"他，对他理解和体会得可以算是较全面了。名利之求，圣人难免。可是求名利在心里占多大"地盘"，人和人是有差别的。他走到这一步并且继续在走，还另有一个绝对不可否认的原因，那就是生活方式的"惯性"使然。平日我也爱说他是骑虎难下，其实简单了。他就是下来了，不骑老虎了，也会买匹马、弄匹骡子或一辆摩托车骑上去跑。总归，他这个人就只认自己那种"活法"：只要身体许可就要忙碌着，就要有许多事情做着。只有这样他心里才踏实，才快乐。有一天，我说我羡慕邻居那两口子到六十岁一起退休，遛遛狗，逛逛公园，开着小轿车去购物，出双入对儿，人家过的才是开心的晚年生活呢！他不假思索地回应道："让我那么过日子，告诉你：我三天就死！"我明白他说的不是自杀而死，乃是无聊至极而死。他在十年前就为自己的退休生活画了蓝图：写哪几本学术书，写哪几本小说，上午工作几个小时，下午工作几个小时，写的书名叫什么……也说退休后要加强锻炼，一周多爬一次香山，等等。我现在早已不指望他和我一起度过闲逸的晚年生活了。反正退休和不退休，对于他，生活方式一个样。他说，人如果有工作做，又有能力（包括身体条件）做，是福气；人若能做自己喜欢的工作，而且能有创造性地做，那就是人生的大享受，是大福气。

最后我想说说他对荣誉的态度。他对荣誉没有张扬的意识，所以历来没有张扬的习惯。去年年底，他的同事对我说，2004年是童老师的大丰收年。因为他获得了北京市模范党员的称号、全国优秀教师的称号，又被任命为高校什么什么（字太多，记了多次还是记不住）首席专家以及教育部社科委委员。为此，他们幽默地称他为"二优一首一委"。如果我不问他有无这些事，他不仅不会给我看那些奖状、奖章和任命书，而且连说也不说。不是故意矫情不说，而是想不起要说。喜欢埋头耕耘，不喜欢盯着收获，这是他数十年来的习性。我不敢说一定是品格，但确实已经成为他的习惯和个性了。

最后的最后，我必须说几句与本文不协调的话。近几年来，我渐渐不太喜欢我的老伴儿了。因为他变得越来越固执，主要表现在对身体健康的态度上。无论什么样的有关老年健康的话题，他都不耐烦听。他不把他的胃溃疡、血糖高视为"警钟"。甚至在他因忙得过度身体出现了明显的"透支"情况时，我劝他短期内刹刹车，他都置之不理。这使我焦虑和无可奈何，甚至使我对他反感。我们太需要沟通和交谈了。可恰恰是现在，我们从没有如此地缺乏沟通和交谈。一天说不上十句话，是我们现在的家常便饭。我都想过一百遍了：就算你的事业有意义，你有事业心很好，可是做任何事情不都应该有个"度"吗？你不是很欣赏儒家的"中庸"理论吗？可你认真想过事业真的比生命、比亲情都宝贵吗？"小车不倒只管推"的观念真的伟大吗？今天是在战场上打日本鬼子吗？科学院院士钟南山说得多人道啊！"我们现在就应该提倡'轻伤要下火线'的口号。因为重伤下火线的死亡率太高了！现在毕竟不是战争年代嘛。"老伴儿啊，警醒警醒，悠着点吧！

我不能否认我的老伴儿是个棒男人。他的弟子们准备在今年年底提前一年给他过七十岁的生日，凑个"过九不过十"的民间风俗之乐。我利用这个机会这么全面地夸奖他，既公平，又可以使他原谅我平日在一些生活小节上爱叨呼他的坏毛病。一举两得，真开心！

人生七十感言

　　时间是一种怪东西，有时你觉得它太长，过一日如度三秋，有时又觉得它太短，你的一生可能都快过去了，可觉得童年时光如在昨天。眼看就到古稀之年，生活似乎就快结束，却觉得生活才刚刚开始。航船好像刚从黎明时分美丽的港口起航，可转眼之间已经到达黄昏时分寂寞的港湾。人生对于我们只有一次，你尽管觉得那人生航船走了许多弯路，但已经不能回转，不能重新再来一次。你后悔，觉得虚掷了许多大好的时光，犯了许多已经无法改正的错误，如果没有虚度那些时光，没有犯那些错误，利用那些时光干什么什么的，那你的人生将如何更加美丽多彩更加幸福美满，将会如何青史留名，但这只是空想而已，因为你已经无法挽回。你获得的教训只能留给你的晚辈。但晚辈不见得听你的，照样走自己的路，照样浪费和虚掷大好时光，照样犯错误。可是你还想说，于是你的感言变成一种独语。

　　这些年，我喜欢这样一个"手握青苹果"的故事：一个年轻人独自到沙漠去冒险。他刚刚走近沙漠不久，就遇到了一阵狂风。在迎击狂风的慌乱中，他丢失了全部的行李，行李中有指南针、水、干粮和其他日用品。狂风过后，他在沙漠中，茫然四顾。四面都是沙漠，他不知自己站在什么位置。他慌了。这时候他希望自己衣服的口袋里，还残留什么救生物。他翻遍了所有的口袋，终于在一个裤子口袋里发现了一个青苹果。连他自己也不知道是什么时候，出于什么原因，往裤子口袋里塞了一个青苹果。他惊喜之极，觉得有了希望。他闻了闻这个青苹果，觉得这是一座水库，是一座粮仓，且无比清香。他握着这青苹果，朝一个方向走去。过了一天，他没有走出沙漠，但他不失望，他又一次看了看闻了闻青苹果。又过了一天，他还是没有走出沙漠，他仍然不失望，他再次看了看闻了闻青苹果。第三天黄昏时分，他惊喜地看到了绿树红花，他终于走出了沙漠。这时候，他兴奋地又一次看向自己手握的青苹果，发现青苹果已经变色，水分也差不多干了。他没有扔掉青苹果，而是把它珍藏起来。

　　我是偏僻山区里一个贫苦农民的孩子，我能上完大学，随后又留校任教，成为一名教授，指导研究生，纯粹出于偶然。如果不是手握青苹果，对自己的前途充满希望，并为之不懈努力，那么我也许在小学毕业后，遵从父母的要求，留在他们身边，一边充当半个打柴和种地的劳动力，一边过早地娶妻生子，一生走不出那个封闭的小山村。再往后说，即使时光走到了1963年，我被定为"走白专道路"，从而心灰意冷，放弃学术研究。再往后，在1966年"文革"开始被打成"反革命""阴谋家"时，从八层楼顶上往下跳。或者1990年又有人要整肃我时，躺倒不干……我的一生有许多机会和理由不再往前走，徘徊在人生的沙漠中，饿死，渴死，累死，痛苦而死，自杀而死，但我没有死，而是手握青苹果，一步步走出人生的沙漠。

满怀希望，不懈努力，永远向前，前面就是人生的绿树红花。但这不是人生的全部。

你能走出人生的沙漠，仅仅是你自己手握青苹果就能做到的吗？我前些日子编了一个题为《风景、倒影和湖水》的故事：一个风景十分秀丽的湖，湖旁边有一片美丽的树林，那树木高高低低，那树叶的颜色绿红相间，游人来到这里都要"啊"的一声，大叫起来，说太美了。可随后又会"哇"地叫起来：这倒影不是更美吗？你看这透明，这纯净，这写意式的画面，这摇曳多姿的图像！有一天，倒影对树林说：我的伙伴，你虽然站在我的头上，可游人来到这里总是更多地赞美我，看来我的美色还是比你强，不是吗？一阵风吹过，树林只是耸了耸肩，笑笑，不以为然，且得意地不容置疑地说：没有我，哪有你？！这时候，又来了一群游人，照样把倒影赞美一番。游人走后，倒影又忍不住说：难道你还不承认？树林保持沉默，根本不把倒影的话放在心上。秋天来到了，雨水少了，湖水越来越浅，终于有一天湖水干了。树林披上了秋天的盛装，五颜六色，游人为它的美丽所倾倒，纷纷摁下了照相机的快门。它的伙伴倒影却完全消失了。人们不免遗憾地说，要是这湖有水就好了，这树林配上倒影不是更美吗？一阵风吹过，黄色的树叶飘落下来。由于湖水干枯，树林的树叶也越掉越多，终于有一天，树叶全掉光了。游人不再光顾这里。没有湖水，就没有树林；没有树林和湖水，就没有倒影；没有倒影，这里就会缺少美色。湖水、树林和倒影三者构成了那里的完整景色。倒影要知道感谢树林和湖水，树林则要知道感谢湖水与树林，湖水也要感谢树林和倒影。人的一生都不是孤立的存在。你的人生有时是倒影，有时是树林，有时是湖水，三者相互依存。在年近古稀的时候，我感激你，我的祖国，你的每一次成功与失败都牵动我的心，我为你高兴得流泪，或者为你痛苦得哭泣。感谢你，我的故乡，你给了我辛酸而充满诗意的难忘的童年，让我时刻有乡愁的冲动。感激你们，生养我给我以生命和温暖的亲人，没有你们，就没有我。感激你，给了我爱情、温暖和支持的妻子，你是我生活的源泉。感激你，我的老师们，你们是我的指路明灯，你们给我以知识和勇气，我的身上有你们的影子。感激你们，给我以各种机会的同志和朋友，没有你们是万万不行的。感激你们，我的学生们，你们给我以安慰、愉快和自豪，并使我年轻起来，即使现在你们摆开架势与我争论，我一样地为你们感到安慰、愉快和自豪，因为你们终于成长了。还有你们，孔子、孟子、屈原、司马迁、陶渊明、刘勰、李白、杜甫、苏轼、柏拉图、亚里士多德、康德、黑格尔、席勒、马克思、恩格斯、普希金、别林斯基、卡西尔等等，你们留下的书本犹如知识的宝藏，让我挖掘了一辈子也不知道疲倦……

不忘祖国，不忘故乡，不忘前贤，不忘亲情，不忘爱情，不忘友情，不忘师生之情……一切给过我生命以各种滋养的人都是我的上帝，我对他们永远怀着感恩之情。但这不是人生的全部。

人要稳稳地站在大地上，难道是简单的吗？我经常想到古人用来煮食品所用的"鼎"。鼎有三足，所以才稳稳地站在大地上面。人生是不是也像"鼎"那样有"三足"呢？我写过一篇题为《祖母·山路·小溪》的散文，回忆我每一次返回故乡的共同经历：我在回到故乡之后，总要先到祖母坟前鞠躬，献上一把鲜花，或者按照故乡的风俗，给祖母磕头；然后就是在家门口的小溪旁徘徊，回忆童年在小溪旁度过的愉快时光；然后就要跟我小时候一起上山挑柴的伙伴，游我们走过无数次的弯弯柴路。每次回家所做的事都有很大不同，唯有上面所说的这三件事是必做的。为什么？我在散文的结尾写道："我终于体悟到，祖母、小溪和山路是童年对我的三大馈赠。祖母象征着爱心、亲情、善良、忠诚、宽厚、人性、人道……小溪象征着美感、艺术、自由、欢乐、享受、闲适、超脱……山路则象征着劳动、追求、勇气、决心、毅力、苦练、冒险、攀登……童年的三种馈赠构成了三组象征，犹如鼎之三足，这就是我的生命之鼎。有了鼎之三足，我才得以牢牢地站立在大地上。"我不敢吹牛我多么了不起，但我敢说，我心地善良，我热爱艺术，我喜欢不倦地劳动。

爱心、艺术和劳动是我的生命之鼎，是我能够幸运地走完和将要走完人生之路的保证。但这不是人生的全部。

人开始的时候总要模仿别人。没有一个人不是从模仿开始的。模仿不是可耻的事情。但是随着年龄的增长，随着学习的深入，你总要发出自己的声音，让人生开出别样的花朵。牡丹花，国色天香，她开放时的美丽往往令观者人头攒动。可如果你只是一朵如米大小的苔花，根本没有人关注你，难道你就不能以自己独特的方式静静地开放吗？你的生命与牡丹花是一样的，你也有别样的美丽。我又编了《萤火虫和电灯》的故事：农村的夏夜，有一条小路，原是没有装电灯的。那时候，人们在夜间走过这条路，常常感到困难。幸亏有那多如繁星的萤火虫不停闪烁的光，照亮了小路，使人们得以走过这段难走的路，人们感谢萤火虫。后来，人们在这里装了电灯，小路被照亮了，人们在夜间经过这条路不再困难，而萤火虫的光，被电灯的光所掩盖。人们感谢电灯。有一天晚上，萤火虫和电灯发生了争吵。电灯说：你萤火虫就不必再闪烁了吧！我的光是如此明亮，人们怎么会再需要你呢？萤火虫反驳说：你的光不是自己的，假如电厂不供应电的话，你就要消失，那时人们将重新需要我的光。尽管我的光是如此微弱，但我说自己的话，发我自己的光。电灯正要批驳，突然电厂出了故障，停电了。电灯灭了，可小路上仍然有亮光，人们发现那是无数萤火虫闪烁的光。我长期教书，我追求自己的一些教法。我研究，我竭尽全力提出一些想法。这些都属于我自己。尽管我的声音是那么微弱，但我庆幸这里有我的光。

不管我们做任何工作，我们都要说自己的话，发自己的光，不怕那话分量不够，不怕那光微弱暗淡，怕的是没有属于你自己的话和光。但这不是人生的全部。

人的天赋的确有差异，但差异并不大。大多数人的天赋属于中等，非绝顶聪明，也非愚顽不敏。我自己也是如此。天赋不可信，我更相信专注与用心。人只要不受外界的影响，走自己的路，就能到达终点。有这样一个故事：一群青蛙要爬一座高塔。他们争先恐后往上爬。过路的人看见这群青蛙的愚行，就大喊起来：塔这样高，你们爬不上去的。于是有一些青蛙停止爬塔，退了下来。可还有青蛙继续往上爬。人们又叫喊起来：你们绝对爬不上去的，赶快下来吧。于是又有一些青蛙退下来。经过人们几次喊叫，几乎所有的青蛙都退了下来。只有一只青蛙继续往上爬，不管人们怎样喊都不听，终于爬上了塔顶。待这只青蛙从塔顶下来后，人们问他：你凭什么精神爬到塔顶？青蛙摇摇头。原来这是一只耳朵全聋的青蛙，它根本没有听见人们的喊声，丝毫没有受到别人的干扰，它只是凭着自己的专注和毅力才爬上塔顶的。我的一生常常不能由我自己选择，但有几次机会是勉强留给我选择的空间：1963年我选择了读书和研究，没有想做行政干部；1966年8月"文革"初期，我被摘去了"反革命"帽子之后，没有上"井冈山公社"，而是当起了"逍遥派"；1975年我坚决辞去学校"大批判"组长的职务，回中文系当一位普通教师；1989年1月，我辞去了似乎前途"看好"的校研究生院副院长职务，回教研室整顿北师大文艺学的教学和科研队伍。多少人来劝我，向我喊话，可我没有听见，我是那只聋青蛙。

确定自己的目标，做自己想做的事，专心致志，长期积累，不动摇，不气馁，也许你就会接近你的目标。但这不是人生的全部。

人都觉得自己的选择总是最好的，事实不是这样。每个人有每个人的经验，有不同的性格、志趣和目标，要学会尊重彼此。我曾编过这样一个故事《小溪和石头的对话》：小溪旁有一块巨大的石头。巨石千百年来岿然不动，永远站在那里。无论刮风下雨，无论水涨水落，它总是蹲在这里，用冷眼观看着世界的变迁。小溪则流动不止，无论日升日落，无论白天黑夜，用它的哗哗的流水和浪花唱着歌。水主动，石主静。水流的理想是奔腾向前，石头的理想是坚定不移。没有理由贬责石头而独尊小溪，也没有理由独尊石头而贬责水流。每个人的健康的选择，都有可贵之处。我们一生都要学会尊重别人，尽管别人与你那样不同。

我身上缺点不少，一辈子做过许多错事，但值得庆幸的是，我尊重我周围的每一个有不同性格和毛病的人。谁没有缺点和毛病，你、我、他，都有这样那样的缺点和毛病。我们难道不应该彼此容忍和原谅吗？但这不是人生的全部。

人的一生都在寻找幸福，但幸福在哪里？金钱吗？金钱不一定会给你带来幸福。权力吗？权力不一定会给你带来幸福。妻儿吗？妻儿不一定会给你带来幸福。幸福如同穿鞋，你穿了一双鞋，却不觉得那鞋的存在。鞋没有引起你自己的注意，也没有引起别人的欣赏与议论。那种感觉就是幸福。鞋太长了不好，鞋太短了也不好。幸福是穿一双鞋很合脚的那种感觉。

幸福在于你寻找到适合你的位置。在这个位置上，你不觉得勉强，不觉得不安，不觉得为难，不觉得尴尬。生活像天空蓝得那样自然，像小草绿得那样平淡。"行到水穷处，坐看云起时"，我特别欣赏王维这个句子，那种自然而然，随遇而安，可又总能发现美的境界，可能是人生的极境了。但这也不是人生的全部。

人生的全部在你感性与理性全部展开的过程中。你能忍受贫苦，也能享受富有，没有经历过贫苦的人不能体会真正的人生。

你能够哭泣，也能够欢笑，不曾哭泣的人不能体会真正的人生。你尝过挫折和失败的痛苦，也有过成功的喜悦，没有尝过挫折和失败的人也不能领略真正的人生。你能够在黑夜中坚守，也能在阳光下劳动，没有在黑夜中努力坚守过的人也不能领略真正的人生。你能欣赏春天的美景，也能忍受冬天的严寒，没有经过严冬的人不能体会真正的人生。你有清醒的理智，也有丰富的感性，没有理智的人不能体会真正的人生。啊，人生的全部就是你是否尝遍了生活的甜、酸、苦、辣，是否经历了风、霜、雨、雪，是否体验了阴、晴、圆、缺！

附录：追忆

六月的思念

程正民

日子过得飞快，不觉你已经离开我们五年了。这些年，我只能在梦里见到你，但我无法忘记我们的别离、我们的真情和我们的事业。

一

2015年6月14日深夜，我们在二炮医院等你回来。先是站在院子里，后来医院首长请我们到室内。偌大的医院，偌大的会议室，死一般寂静，我只听到好像是东风在角落里哭泣。由卫东和赵勇陪伴，你终于回来了，简短的告别式无法表达我们的悲伤。我完全无法相信这是眼前的事实。离开医院，我精神有些恍惚，老想着你为什么要去爬长城，老想着前些天不是好好的为什么就这么去了。医院离我家并不远，但在浓重的夜色中，悲伤竟然让我迷了路。

2016年6月，在你离开我们一周年的日子，我同你的学生来到金山岭长城。在你倒下的台阶上，大家献上了鲜花，点上了香。随后大家爬上了你曾到达的最高处——五眼楼。论体力我也是可以爬上去的，为了不给大家添麻烦，我在长城脚下等待。在山下，我同当地的老乡聊天。很巧，有一位妇女竟然知道你那天倒在长城的事，她说是在五眼楼卖旅游产品时碰上你的，说你们那位老师可好了，为了照顾他们生意，特地买了一顶帽子和一件T恤衫。后来你又同她聊起家常，得知她儿子今年大学毕业工作还没有着落，你非常关心，马上把家里电话告诉她，说如果解决不了，你可以帮忙。这时，你完全不知道自己不久就要离开人世。

2016年10月，我又同你的学生来到你的家乡连城莒溪乡。29日那天，我们来到你的墓地看望你，狭窄的山坡上站满了人，你的学生一个个跪地磕头，我也在你墓前三鞠躬，这时墓地哭声一片，我怎么也控制不住自己，让眼泪尽情流淌，有同学过来拍拍我的后背安慰我，扶我慢慢下山。在山下，随着山风，我听见从山上传来阵阵歌声，那是同学们在唱着你平日喜欢的歌曲。歌声里，我久久回望山头，我想有家乡的群山和小溪陪伴你，有你的学生挂念你，你是不会寂寞的。但是我已经老了，我真不知道什么时候还能再来看你。

二

许多人知道你和我既是老乡，又是老同学、老同事。六十多年的友情是很难把我们分开的。我相信人生是有缘分的，

1955年考大学，为了躲开台湾飞机的轰炸，我从厦门到龙岩参加高考。而你正是龙岩师范毕业生，我们互不相识，但是同一考场的考生。冥冥之中，龙岩成了我们友情开始的地方。后来我们一起考上北京师范大学中文系，你在一班，我在四班，平日来往不多，但是互相知晓，我知道一班品学兼优的团支部书记是我的老乡。1958年因工作需要你提前毕业。1959年我也毕业留校了。当年上哪个教研室是由不得个人选择的，几十年后你才告诉我，是你代表教研室把我挑到文艺理论教研室的。我们虽同处一个教研室，但相处时间并不长。先是你被胡乔木的妹妹方铭调到社科处和文科学报工作。不久我也被调到苏联文学研究室和后来的外国问题研究所。尽管如此，我们还经常有来往，许多问题总能说到一块。文革后，你说落叶归根，坚决要我回中文系文艺理论教研室，我也很想回去，可是原单位和学校都不同意。1991年，苏联解体了，苏联文学研究所也莫名其妙随之解散了，这时，我才如愿回到教研室。回来后，你一直为我操心，先是让出教研室主任让我当，接着又操心我的职称。因为"苏文所"后几年不景气，学校一直不给正高名额。我的正高一直被耽误，回到中文系又面临剧烈竞争的局面。我虽然不是太着急，觉得只要有实力，早晚会评上，但你比我还着急。头年没评上，你和曾恬特地请我吃饭，安慰我，并拿出明年非要拿下不可的决心。我那时已有两本专著。你说为了保险还得搞一本。恰好有一个由你主持我也参加的教委博士点项目"马克思主义文艺社会学"，你就让我统稿，在出版的书《文艺社会学：传统和现代》上署上"程正民、童庆炳主编"，我不同意，你决意这么做，我心里明白你这是在帮我。

21世纪初我主持国家和教育部的重大项目"20世纪马克思主义文论国别研究"，你也出了很大力，七卷本出版时，我要在总主编上写上我们两人的名字，你执意不肯，最后达成妥协，成了现在看到的"程正民、童庆炳总主编"。学界有些人为了署名谁前谁后闹得不可开交，你在这个问题上的表现让我非常感动。当然，你全力帮助我有友情的成分，但也不全是。你当年为教研室后来为"中心"的老师的职称操心的事是尽人皆知的。1980年代中期，学校要提你为教授，你不肯，说"我的老师钟子翱没评上教授，我怎么能评教授"，你尽力帮他发文章，让他先评上教授。有个老师没评上教授，深夜打电话给系主任说要跳楼，你给他打电话说，"作为教研室主任这事我也有责任，要跳我们俩一起跳。你还是别跳，明年我们一起想法解决"。文艺学研究中心的老师们心里都清楚，哪个老师提职称的过程都少不了你在操心费力。你所做的一切，都是为学科的发展着想。在你那里，对同事的真情同对学科的挚爱是完全融合在一起的。

三

从你二十二岁迈进文艺理论教研室的那天起，你对文艺学专业是有很深的感情的。改革开放以来，从建立文艺学博士点到建立文艺学研究中心，你可以说是为文艺学专业操尽了心，拼尽了命。就拿建设文艺学研究中心来说，你先是组织了"四大战役"，取得了丰硕的科研成果，而在申请过程中，从组织论证、整理申请材料到购买图书、装修办公室，你和大家忙得不可开交，常常是无法回家吃饭，在食堂对付了事。我还记得，我们两人去请启功先生当中心顾问，他老人家正患带状疱疹（俗称缠腰龙），躺在床上疼得不行，但一听我们请他当顾问，他非常高兴，只说了一句"抬举我了！"，算是同意了。后来，他又为中心写下了"北京师范大学文艺学研究中心"十三个大字。他在《北京师范大学百年纪念私记》一文中写下了这样一段文字："去年评出两个学术基地，一是'民俗、典籍、文字'的一个基地，一是文艺理论的一个基地。其一是由民俗学老前辈钟敬文先生挑头，第二个基地是童庆炳教授和程正民教授组成，当然也有些助手和组外顾问。前一个基地因钟先生是'鲁殿灵光'，这一学科都是他的弟子，评议时已无人能争；第二个基地评议时，虽得到多数支持，也足见本学科中究竟有出类拔萃的成绩，才能在众中取胜。通过后，童、程二位到我舍下谈天，他们即说叫鄙人做一名顾问，以志同喜。"

"中心"建立以后，除了抓完成重大科研项目，你的心力全用在队伍建设上，把"中心"的未来寄托于新的一代。最早你有一个三人引进计划，最后只完成一个。后来我提出文艺学是个对外开放的学科，要引进各种语种的人才，引进一个语种的人才就等于向一个国家的文论打开一扇窗户。你非常同意这个意见，下很大决心引进了懂德语、懂法语、懂英语的人才。在生命的最后几年，你特别强调要引进"80后"的人才。在这个问题上，你从来不是只顾引进自己的学生，而是搞五湖四海，不管是谁的学生，只要德才兼备就引进。在引进人才的同时，你十分关心人才的培养和成长，记得你走的前一年（2014）7月，你领着大家来到京郊大觉寺，在古老的银杏树下，讨论每个人的学术方向。

老童，你的一生可以说用整个生命投入文艺学的事业，特别是在你的晚年，更是关心文艺学新一代的成长。在他们的身上寄托着你的对未来的希望。我记得你在2014年出版的《从审美诗学到文化诗学——童庆炳选集》的前言中曾经深情写过这样一段话："新时期过去了三十年，转瞬之间，我已从中年迈进晚年……回顾所走过的路，总觉得所做的太少，留下的遗憾太多……但生命的火焰即将暗淡，我可能再做不了什么来补救了。遗憾将陪伴上天留给我的日子。我只能告诫我的学生：努力吧，勤奋地、不倦地在文学理论这块园地里耕耘。……我从来不嫉妒学生。我希望你们成家立派。当你们像我这样老的时候，回首往事，觉得自己的生命没有虚度，你们已经成功，达到你们的老师没有达到的境界，那对我来说，就是最好的安慰了。"

这篇前言文末题的是："2012年5月，时年76岁"，三年后你离开我们了。今天我读这段话时感慨万千，仿佛感到你一颗挚爱文艺学的心，一颗关心文艺学新一代的心依然在怦怦跳动。我衷心希望文艺学的新一代能牢记你的嘱托，精诚团结，努力奋进，以告慰你的在天之灵！

2020年6月8日

后　记

　　记得五年前，正是这样一个春暖花开的时节，我敲开了童先生在北师大红三楼的家门。凭借报社记者的身份、本校本系学子的关系、闽西老乡的情谊，原定只是半天的采访，一篇报用人物通讯的计划，当天即确定铺陈为口述史的构想。

　　彼时童先生刚刚做完心脏手术，整整一个冬天都处在无人敢扰的状态。可能是我这个当年的愣头青年无知无觉无畏，也许是习惯了忙碌的童先生对"无人敢扰"的状态感到了"沙漠上似的寂寞"，总之，从白玉兰的香味弥漫整个学校，到月季花怒放在小红楼夏日的花园，每周二周五上午，我们口述的计划雷打不动地进行。

　　2013年上半年，我正处在光明日报社工作的第一年，几乎所有的业务都要重新开始学习。更要命的是也在同一时间我开始了网络评论的写作，每月都有那么一个礼拜，天天上午要赶出一篇网站的评论员文章。所以记得每次到了值班写网评的那一周，我就高度紧张，五六点就要起来写网评，九点多就要赶着交出去，因为约定是十点到童先生家，而当时我还住在十三公里之外的北坞村。记忆中我因此常常迟到，甚至有时过了十一点才到童先生家，童先生从没有责备过我，总是我来了就谈，能谈多久就多久，似乎认可了他是个清闲客，而我是大忙人。

口述史的妙处在于它是有痕的。除了头两次见面闲聊没有录音，后面的口述都有录音可循。记录显示第一次录音是2013年4月26日上午，地点在童先生家客厅，时长2小时19分，主题是童年难忘。连贯有规律的最后一次录音为2013年7月19日上午，地点在童先生家书房，时长2小时13分，主题是满门佳子弟、快友慰平生。前后集中口述历时近三个月，整二十次录音。2013年下半年我还来童先生家里补充录音过三次。今天大家看到的童先生口述自传，全部出自这些录音，可以说"无一字无来历"。保真，这部书的底色，也是我的使命。

那时候的童先生的确很弱，常常前半小时还正襟危坐和我在客厅里说话，后来就疲惫地斜靠或者半躺着和我聊。童先生家客厅不大，靠着两面墙摆着两张硬皮沙发，中间一个玻璃茶几，童先生坐对面沙发，指示我也坐沙发上。有一次童先生问我为什么听着听着就不坐沙发改坐板凳了呢，我回答说坐板凳上能离童先生近一些，一来自然地想亲近一点，二来因为童先生声音有点儿微弱。童先生笑了，打后来就移师书房。果然在书房里，我和童先生都找到了自如的那种状态，他常常是半躺着和我口述的，而我的感觉也比在客厅舒服多了。

我一直觉得自己是个不错的倾听者，但其实浅薄如我，是不配当童先生的对话者甚至倾听者的。那会儿我大部分时间忙在应付工作上，除了必不得已的功课，对童先生的了解和研究等准备工作是很欠缺的。所幸童先生极为体贴，自己做了很多准备，每次谈话之前，必定在小笔记本上写满了提纲和提示，在书桌上准备好相应的书籍，甚至已经把其中的一些签好名送给我。所以每次童先生的口述，都是极丰富而流畅，中间碰到常识性知识而我茫然无知的时候，他也从不抱怨或者小看我，而是不厌其烦地给我解释，务必让我听懂听明白。后来在整理文字一遍遍听录音的时候，我才深深感到，碰到童先生这样一位负责、体贴，而且能出口成章的口述对象，对我而言是多大的荣幸。事后再回想起那时的状态，感觉就像童先生每周都准备了一桌丰盛的大菜，就等着这个不长心的子女回来饱餐一顿，而我真的就是来了就吃，吃了就走。

2013年下半年，我开始整理童先生的录音材料，大概整理了三分之一，但是后来深感自己工作太忙，费时太多，于是在本科室友周云磊兄的介绍下，支付了点薄酬请了北师大文学院的几位学生帮我一起整理，我记得有齐思源、陈爽、王起晨、王施月、刘瑶、袁彧，于是口述自传的初稿于2014年初交付给童先生。后来2016年又有文学院的学生邓熠帮我整理了最后零散的几段录音。这些学弟学妹认真的态度、细致的工作，给我的整理工作助力良多。

大约是2013年7月我的采访快要结束的时候，有一次我正在童先生家，听到童先生接到了校宣传部的电话，大约校报副刊的"讲述"栏目，想要采访童先生，童先生很委婉地和宣传部的老师说，这里有一个他的老乡，也是《光明日报》的记者，已经在做并且快做完了，以后可以让他选取一段在校报上用。2014年初，我接到了当时的校报编辑祁雪晶老师的电话，说希望从夏天开始在校报刊登童先生的口述自传，已经和童先生沟通过。于是我从初稿中先编辑了七篇，发给童先生，请童先生审定后直接交给校报。有很长一段时间，童先生没给我回邮件。我到童先生家问起来，他才和我说，因为头七篇中有三篇都是关于他的老师们的。他说关于老师们的文字，一定要准确慎重，不能像一些人的口述一样，错误很多又根本是在借老师之名自夸，这样很不合适。他又解释长久没有回复的原因是他把校报要登的内容给了他几个同学看，请他们一起给他把关，说还真的有同学如韩兆琦就给他提出来，说关于启功给他们所上课程的名称记错了等等。

　　童先生对于校报刊登的这几篇文章很看重，自己编辑修改，费了不少功夫，我想也是有探探路听听反应的意思。我前后选编了十四篇，每篇二千余字。记得前几篇是祁雪晶老师负责，很快雪晶老师怀孕生产，后面就由张蔚老师接手。我记得童先生对他的修改颇为得意，有一次很高兴地和我说，我给他编的头七篇里，他给两篇改了标题。第二篇原题叫《坎坷的初中》，平淡很没有内涵，他给改成《祖母四个银元的故事》，这样就形象生动起来，人家就爱读了。第三篇原来叫《在龙岩读师范》，他给改成《在龙岩师范学校读书时》，他饶有心得地和我说，别看这两者好像内容差不多，但是改成"在……时"，就有味道很多，我还记得他笑眯眯地和我重复一遍张蔚老师改的这个标题，把那个"时"字拖得韵味悠长。

后来我曾逐句比对过我发给他的初稿和他修改过的见报稿件，发现童先生的确是进行了精心的再编辑和再创造，尤其是头七篇。再编辑的情况如原句是口述实录"到了开学那一天，清晨，很早，我一个人走了"，过了童先生的妙手，就成了"到了开学前一天，一个阴晦的清晨，天很早，我一个人担着行李走了"。再创造的情况，比如第二篇校报口述的第一句，我给童先生的口述实录原句是"穿着父亲给我的新衣服，我就高高兴兴地上了初中"。童先生在修改的时候，在这句之后即兴提笔加上几句，变成"穿着父亲给我的新衣服，我就高高兴兴地上了初中。一个孩子想读书，想读完初级中学，会有什么困难吗？对于现在的孩子来说，这不是水到渠成的事情吗？但我的初中充满艰涩的人生况味"。这种后面多出了一段很有文采的句子的情况在前几篇的修改中屡屡可见。童先生的这种修改倾向，一定程度上影响了我对书稿最后的修改，但因为我的权限有限，再创造这种增加点什么东西的就非我力所能及的了。而且我对于口语色彩的保留，更具有一种自觉意识，因为这样才能让读者看到文字，就立刻感觉到传主在娓娓道来，就好像童先生在对着自己说话。若是全部变成文采飞扬的书面语风格，反倒非我所愿。但总的来说，童先生编辑过程中透露出来的"爱美之心"，还是无时不刻在影响我，让我无时无刻在提醒自己要把这个口述自传做成一个"衔华佩实、文质相兼"的作品，这样方能对得起童先生的郑重其事和精心修缮。

2014年下半年有一次晚饭后，我带着爱人去童先生那坐坐，他家那会正闹蚊灾，但他老人家精神头很好，和我学医的爱人聊了很久，我私下里很为他的状态感到高兴。那年10月份我家屯儿出生，大概三个月大的时候，我和爱人抱着去给丽泽三楼年逾一百岁的卢乐山先生看看。从卢先生家出来，我们也顺道抱着屯儿在童先生家里坐了几分钟，那时候他也很热情很高兴。再后来听周云磊和我说童先生头受了点伤，我想着要去看看，结果当时忙着孩子和工作就一直没去，到2015年6月，竟然传来了童先生在金山岭遽归道山的消息，留给我的只有遗憾、内疚和无尽的哀伤。

童先生去世之后，我立刻想到了这部近三十万字的书稿，这应该是童先生一生的最完整记录，而童先生自己却还没有完整地审定和修改，因为他总是想着到八十寿辰的时候出版就可以，而相比编辑审定这部书稿，他还有比如《〈文心雕龙〉三十说》等更重要的事情要做。而我除了认识童先生外，几乎没有和童先生身边的师友们产生交集，童先生的突然仙逝，让我瞬间陷入了"举目无亲"的惶恐。所幸我得到了童先生的儿子童小溪和童先生的同事程正民、李壮鹰、过常宝，尤其是童先生的弟子赵勇、罗钢、王一川、陶东风、唐晓敏、陈太胜、陈学虎等人的热情帮助。童小溪先生提供了大部分的照片，并审定了全文，赵勇老师和程正民老师对全文逐字逐句地进行了精心的校对。赵勇老师对我有求必应，还主动帮我出了很多主意，他的热心和爽直令我感动。程正民老师对我这个福建小老乡非常亲切，解决了我的许多疑问，又给我补充了很多背景性的介绍，让我对口述内容有了更准确更深刻的了解。李壮鹰、罗钢、王一川、陶东风、唐晓敏诸位老师都对文中部分内容进行了确认。我又去拜访了书中提到的比童先生年长的杨敏如老师、聂石樵老师、邓魁英老师，也都有所收获。更有幸的是这部书稿得到了童先生生前忘年交谭徐锋先生的鼎力支持。可以说，没有谭先生的督促和帮助，本书不可能面世。

万事俱备，我却因为俗务缠身，没有时间仔细编辑处理最后一道，而将此事一拖再拖。直到 2017 年底 2018 年初，我才痛下决心，又将书稿最后修订了一番，忍痛将部分内容直接删除，又根据童先生"同期正在写博客，博客中有的内容，口述不再详述，可以参考或直接补入"的指示，选择了一部分博文插入其中进行补充或互证。需要说明的是，此书文字虽然均为童先生口述，但先生并未校订全文，文中不免也会有口误或不足之处，以这样的一个面貌公开出版，所有责任自然在我，希望各位读者有以教我，令此书不断完善。

最终，我仍选择了一个春暖花开的日子，将书稿交付出版社。此时距离初次在家见童先生时，北师大校园的玉兰花已经开了五次，香山的红叶也红了五遍，而童先生老家连城莒溪乡墓地边的坟草青了又青，惜乎不及见其亲口讲述的学术人生再次恩泽世人也。呜呼，愧哉！

罗容海
2018 年 3 月于北师大丽泽 11 楼

一頁 folio

始于一页，抵达世界

Humanities · History · Literature · Arts

出品人　范　新

品牌总监　恰　恰

版权总监　吴攀君

印制总监　刘玲玲

营销总监　张　延

装帧设计　山川制本 workshop

内文制作　燕　红

Folio (Beijing) Culture & Media Co., Ltd.

Bldg. 16C, Jingyuan Art Center,
Chaoyang, Beijing, China 100124

官方微博：@ 一頁 folio ┃ 官方豆瓣：一頁 folio ┃ 联系我们：rights@foliobook.com.cn

一頁 folio
微信公众号